UMA VIAGEM PELA FILOSOFIA EM 101 CASOS ANEDÓTICOS

NICHOLAS RESCHER

UMA VIAGEM PELA FILOSOFIA EM 101 CASOS ANEDÓTICOS

Direção Editorial:
Marlos Aurélio

Conselho Editorial:
Fábio E. R. Silva
Márcio Fabri dos Anjos
Mauro Vilela
Ronaldo S. de Pádua

Tradução:
André Oídes

Copidesque e Revisão:
Luiz Filipe Armani
Pedro Paulo Rolim Assunção

Capa:
Vinício Frezza / Informart

Diagramação:
Tatiana A. Crivellari

Título original: *A Journey Through Philosophy in 101 Anecdotes*
© University of Pittsburgh Press, 2015
University of Pittsburgh Press, Pittsburgh, Pa., 15260, USA
ISBN 13: 978-0-8229-6335-3

Todos os direitos em língua portuguesa, para o Brasil,
reservados à Editora Ideias & Letras, 2018

1ª impressão

Rua Barão de Itapetininga, 274
República - São Paulo/SP
Cep: 01042-000 – (11) 3862-4831
Televendas: 0800 777 6004
vendas@ideiaseletras.com.br
www.ideiaseletras.com.br

Dados Internacionais de Catalogação na Publicação (CIP)
(Câmara Brasileira do Livro, SP, Brasil)

Uma viagem pela filosofia em 101 casos anedóticos/Nicholas Rescher
[tradução André Oídes]
São Paulo: Ideias & Letras, 2018
Bibliografia.
ISBN 978-85-5580-045-0

1. Filosofia - Anedotas 2. Filosofia - História - Anedotas
3. Filósofos 4. História da filosofia I. Título.

18-16858   CDD-190.2

Índice para catálogo sistemático:
1. Anedotas: Filosofia 190.2

SUMÁRIO

PREFÁCIO – 9
BLOCOS TEMÁTICOS – 11
INTRODUÇÃO – 15

I. DA ANTIGUIDADE AO ANO 500 D. C.
1. A torre de Babel – 21
2. O burro de Esopo – 25
3. Os teólogos animais de Xenófanes – 29
4. Os números de Pitágoras – 33
5. O rio de Heráclito – 35
6. A terra de Anaximandro – 39
7. As corridas de Zenão – 43
8. A natureza dos atomistas – 47
9. Os mundos dos atomistas – 51
10. A decepção de Sócrates – 55
11. O enigma de Eubulides e a mentira de Epimênides – 59
12. A *República* de Platão – 63
13. O anel de Giges, de Platão – 67
14. O Demiurgo de Platão – 71
15. O conhecimento de Platão – 75
16. A batalha marítima de Aristóteles – 79
17. O preceito de Aristóteles sobre a precisão – 81
18. O meio-termo dourado de Aristóteles – 87
19. A verdade de Pilatos – 93
20. A alavanca de Arquimedes – 95
21. O navio de Teseu – 97

22. O absurdo de Tertuliano – 101
23. O tempo de Sto. Agostinho – 103

II. A IDADE MÉDIA, 500-1500
24. A prancha de Avicena – 109
25. O asno de Buridano – 111
26. O dedo de Omar Khayyám – 115
27. A bazófia do rei Alfonso – 119
28. A onipotência perplexa do escolasticismo – 123
29. As provas de Tomás de Aquino – 127
30. A verdade de Averróis – 131
31. O *Príncipe* de Maquiavel – 135

III. PRIMÓRDIOS DA MODERNIDADE, 1500-1800
32. O debate de Valladolid – 141
33. A *Utopia* de More – 145
34. A barganha do Dr. Fausto – 149
35. O *Leviatã* de Hobbes – 153
36. O enganador de Descartes – 157
37. O *ergo* de Descartes – 161
38. O alicerce firme de Descartes – 165
39. O sonho de Calderón – 169
40. A aposta de Pascal – 173
41. O verme de Espinosa e o salto de Leibniz – 177
42. Os planetários de Huygens – 181
43. A sala trancada de Locke – 185
44. O limite textual de Leibniz – 189
45. O moinho de vento de Leibniz – 193
46. A deusa mítica de Leibniz – 197
47. Os paradoxos das caixas de Aldrich – 201
48. As abelhas de Mandeville – 205
49. A busca de si de Hume – 209
50. O tom de azul de Hume – 211

51. As coisas-em-si de Kant – 215
52. O menino de Kant – 219
53. A visão pacífica de Kant – 223
54. O céu estrelado de Kant – 227
55. A reorientação de Kant – 229
56. O paradoxo de Condorcet – 231
57. A realidade de Hegel – 235
58. O incômodo de Schopenhauer – 237

IV. O PASSADO RECENTE, 1800-1900
59. A epifania de J. S. Mill – 243
60. O símio de Darwin – 247
61. O elefante desconcertante de Saxe – 251
62. A impaciência de Herbert Spencer – 255
63. O sol de Lorde Kelvin – 259
64. A senhora ou o tigre – 263
65. A liberdade de William James – 265
66. O esquilo de William James – 267
67. Os cooperadores de Kropotkin – 271
68. A transvaloração de Nietzsche – 275
69. O longo prazo de Nietzsche – 279
70. A biblioteca de Lasswitz – 283
71. A estrela da manhã de Frege – 287
72. Os suicídios de Durkheim – 291
73. A pata do macaco – 295
74. Os novos homens de Wells – 299
75. Os macacos de Borel – 303
76. O rei da França de Russell – 307
77. A galinha de Russell – 311
78. A ilusão de Angell – 313
79. A linha costeira de Richardson – 317
80. O urinol de Duchamp – 321
81. O atiçador de Wittgenstein – 325

82. Os pressupostos de Collingwood – 329
83. A armadilha da história de Collingwood – 333
84. O ômega de Teilhard – 337

V. A ERA CORRENTE, DE 1900 AO PRESENTE
85. Psicologia de ficção científica – 343
86. O contrassenso de Ayer – 347
87. A falsidade de Popper – 351
88. A ameaça de Boulding – 355
89. Os verbos de Austin – 357
90. As desculpas de Austin – 361
91. O teste de Turing – 365
92. As maçãs de Urmson – 369
93. A satisfação de Simon – 373
94. O dilema do prisioneiro – 377
95. Um bonde chamado Desastre – 381
96. A Terra Gêmea de Putnam – 385
97. A prescrição do Dr. Psycho – 389
98. Predicados vadios – 393
99. O quarto chinês de Searle – 397
100. A inclinação da curva de sino – 401
101. A demolição de Derrida – 405

ÍNDICE DE NOMES – 407

PREFÁCIO

A filosofia é, por tradição, o campo de investigação que aborda "as grandes questões" acerca de nossa natureza humana e de nosso lugar no esquema das coisas do mundo.

Este livro de anedotas filosóficas foi escrito para pessoas que podem, ou não, ter um interesse pela própria filosofia, bem como pessoas que gostam de pensar sobre enigmas e paradoxos. Em filosofia, problemas de pequena escala frequentemente têm uma relevância que é instrutiva para questões mais amplas. Os livros que mais se assemelham em espírito a este são aqueles que lidam com enigmas e paradoxos filosoficamente pertinentes. Contudo, a orientação especificamente histórica do presente livro diferencia-o de tais projetos comparáveis.

O leitor que tenha um interesse particular sobre uma dessas anedotas dispõe de amplos recursos que podem ser facilmente localizados online. Há duas excelentes fontes de informação: a *Internet Encyclopedia of Philosophy* [*Enciclopédia de Filosofia na Internet*] e a *Stanford Encyclopedia of Philosophy* [*Enciclopédia de Filosofia de Stanford*]. O problema não é de falta de informação, mas sim de excesso. A situação lembra a do menino que pediu à mãe uma informação sobre um assunto. Ela respondeu: "Você deveria perguntar isso ao seu pai", apenas para receber a resposta: "Na verdade eu não quero saber *tanto* assim sobre isso". Para dar ao leitor algumas orientações, cada anedota é acompanhada por apenas umas poucas sugestões relevantes de "Leituras adicionais". O autor está em débito para com os leitores da editora por suas sugestões construtivas e também para com Estelle Burris por seu trabalho paciente e cuidadoso para dar ao manuscrito do autor uma forma publicável.

BLOCOS TEMÁTICOS

Epistemologia

Ceticismo: 22, 36
Conhecimento e Determinação: 15, 17, 30, 41, 82, 87
Demonstração e Substanciação: 7, 8, 38, 57, 63, 87
Engano e Ilusão: 11, 36, 39, 97
História e Historicismo: 55, 68, 69
Perspectiva (Ponto de Vista): 3, 9, 66, 83
Princípios de Explicação: 5, 6, 8, 10, 22, 23, 27, 45, 51, 57, 63
Subjetividade/Objetividade: 3, 24, 39, 41, 51, 61, 77, 96
Verdade: 11, 16, 19, 30, 38, 61, 87

Ética e Antropologia filosófica

Beleza: 14, 34, 54, 81
Confiança: 52, 94, 97
Decisão e Ação: 2, 3, 24, 80, 93, 94, 87
Escolha e Avaliação: 25, 65, 92, 93, 94
Evolução: 60, 75, 82
Livre-arbítrio: 10, 43, 46, 65
Moral e Ética: 13, 18, 32, 34, 52, 59, 70, 83, 89, 95
Natureza Humana: 42, 43, 54, 58, 59, 60, 64, 65, 74, 85, 88

Racionalidade: 2, 61, 77, 91, 93, 97
Valor e Avaliação: 68, 73, 92

Lógica e Linguagem

Comunicação: 1, 11, 19, 44, 91, 99, 101
Medida e Quantidade: 4, 18, 74, 80
Possibilidade e Conceptibilidade: 3, 44, 50, 62
Significado: 21, 44, 47, 71, 76, 79, 96, 98, 101

Metafilosofia

A Filosofia em Si: 37, 38, 55, 57, 61, 62, 81, 83, 86, 89, 101
Ficção Científica: 9, 42, 85, 88

Metafísica

Existência e Inexistência: 16, 39
Mente e Matéria: 10, 24, 36, 45
Tempo e Transitoriedade: 4, 5, 21, 23, 26, 28, 29, 64, 75

Filosofia e Religião

Deus e Teologia: 3, 14, 28, 29, 40, 46, 82, 84
Planejamento Inteligente: 14, 46, 54

Sociedade e Política

Assuntos Públicos e Políticos: 12, 31, 33, 35, 48, 52, 56, 67, 72, 78, 88, 100
Justiça: 2, 12, 67
Natureza Humana e Personalidade: 24, 32, 34, 37, 49, 54, 58, 59, 60, 64, 74, 85
Política: 2, 12, 31, 33, 56, 79, 100
Utopia: 12, 53, 67, 79

INTRODUÇÃO

O que veio primeiro, o ovo ou a galinha? Todas as origens são obscuras. Na história dos primatas, quem foi exatamente o primeiro *Homo sapiens*? E logo que aquele bebê começou a balbuciar, quando exatamente aquele som foi considerado sua primeira palavra real? Em sua origem grega, *filosofia* significa literalmente "amor pela sabedoria". Mas assim como as pessoas falavam gramaticalmente antes de existir uma coisa chamada de gramática, a sabedoria teve seus amantes muito antes de haver qualquer coisa chamada de filosofia. No início houve vários agrupamentos tentativos nessa direção, mas ao chegar à época de Platão e Aristóteles a disciplina já estava em pleno vigor.

Conforme a ideia evoluiu, a filosofia passou a abordar três grandes temas: as obras da natureza, a obras da humanidade, e o esforço para estabelecer interações física e cognitivamente produtivas entre as duas.

A tarefa da disciplina foi então a de abordar "as grandes questões" acerca dos seres humanos, do mundo, e de nosso conhecimento sobre ele. Questões de aparência e realidade, conhecimento e ignorância, e as ramificações de ideias grandiosas tais como Deus e a natureza, verdade e beleza, normalidade e justiça, estavam agora na agenda de deliberações, com o foco em questões como:

Significado	Como funcionam os mecanismos da afirmação e do discurso.
Verdade	Como a verdade de nossas alegações deve ser substanciada.
Conhecimento	Como podemos assegurar informações sobre o passado, o presente e o futuro.
Valor	Que tipos de objetivos, objetos desejados e positividades existem para avaliar o caráter apropriado ou não das escolhas.

Ação	O que podemos fazer ao implementar nossas decisões.
Ética	O que deveríamos fazer e como deveríamos nos comportar individualmente e coletivamente em nossas relações conosco mesmos e com os outros.

Este é um livro de anedotas filosoficamente instrutivas escrito para pensadores filosoficamente sofisticados. Assim como uma prova matemática consiste em uma série de pequenos passos incrementais de argumentação, um percurso de raciocínio e reflexão filosóficos consiste em uma sequência de considerações, cada uma das quais é, em princípio, suficientemente pequena em escopo e escala para admitir ser examinada de uma maneira anedótica. Ao longo da história da filosofia, os filósofos empregaram pequenas histórias que ajudam a compor grandes argumentos. Tais anedotas sempre emitem convites duplos: por um lado, elas oferecem uma ocasião para aprender mais sobre o pensamento e a obra dos pensadores que agem em tais anedotas ou que reagem a elas. E por outro lado elas oferecem um convite para pensarmos por nós mesmos sobre as questões que estão em jogo.

A filosofia é um campo no qual a resposta a toda pergunta fornece o material para perguntas ainda ulteriores, e onde a perspectiva e a significância dessas perguntas ulteriores dependem de sua origem. Consequentemente, esse é um campo que pede atenção ao contexto histórico. Aqui, mais do que em qualquer outro lugar, lidar com uma questão exige efetivamente uma atenção à história do campo.

As anedotas apresentadas aqui ilustram o fato de que o manuseio adequado de grandes questões às vezes requer um tratamento apropriado de pequenos componentes. No decurso de suas grandes discussões, os filósofos frequentemente contam pequenas histórias ou enfrentam questões de detalhe. Essas incursões minúsculas frequentemente oferecem compreensões substanciais sobre projetos maiores, e frequentemente provam ser de interesse por si mesmas. O exame de tais episódios transmite uma boa ideia do escopo e do alcance das preocupações filosóficas, e das perspectivas variantes pelas quais os filósofos ao longo das eras avistaram as questões de seu campo. Além disso, uma anedota frequentemente serve para tornar vívido e memorável um ponto cujo desenvolvimento doutrinal de outro modo seria longo e tedioso.

Um exame de tais episódios provavelmente deixará o leitor com a impressão de que é mais fácil fazer perguntas filosóficas do que respondê-las. E essa visão do assunto parece substancialmente correta – e certamente o é, se por "resposta" entende-se uma resolução de uma pergunta que deveria ser aceitável de maneira bastante óbvia para qualquer pessoa e para todas as pessoas. Mas as questões filosóficas são geralmente de um tipo cuja resolução depende não apenas de descobrir e reconhecer os fatores relevantes que as substanciam, mas também de um estabelecimento de prioridades em relação aos mais significativos dentre esses fatores. E nesse ponto diferentes pessoas tendem a adotar diferentes linhas, em conjunção com a natureza de suas experiências dos assuntos relevantes. Em suma, diferentes avaliações sobre a importância de considerações relevantes apontam em diferentes direções, de uma maneira que bloqueia o caminho para uma resolução de tipo "tamanho único". E isso não quer dizer que os indivíduos não sejam capazes de estabelecer que uma resposta particular seja racionalmente correta e apropriada no contexto de sua própria posição (o que está em questão aqui não é um relativismo indiferentista de gostos subjetivos, mas antes um contextualismo racional de experiência objetiva).

As anedotas são aqui tratadas cronologicamente na ordem de nascimento dos autores ou sujeitos que são seus principais protagonistas. Como o leitor logo perceberá, assuntos anedóticos aparecem em todas as áreas de interesse filosófico e se entrelaçam uns com os outros para formar uma rede que abrange o campo inteiro. Essa situação é ilustrada no levantamento dos Blocos Temáticos na parte pré-textual e pelas referências temáticas cruzadas ao final de cada anedota.

Um dos aspectos mais problemáticos da filosofia relaciona-se aos recursos do discurso. Aquelas grandes questões que estão no cerne do empreendimento podem todas ser apresentadas com os recursos de linguagem do discurso da vida ordinária. Mas, em última instância, as tecnicalidades penetram aí e a filosofia adentra uma região técnica que lhe é própria, com toda sorte de questões e origens em jogo. Com o devido esforço, boa parte dessa complicação é evitável, mas os filósofos frequentemente não se importam. Soa mais profissional e científico falar sobre entidades em vez de seres, de particulares em vez de itens. Algum esforço foi feito para minimizar esse tipo de coisa no presente livro, mas deve-se reconhecer que hábitos incrustados por muitos anos de aculturação disciplinar são difíceis de abandonar.

I

DA ANTIGUIDADE AO ANO 500 D. C.

I

A torre de Babel

É adequado começar qualquer levantamento de encontros filosóficos com a alegoria bíblica da Torre de Babel:

> E o povo disse: "Construamos para nós uma cidade e uma torre cujo topo chegue até os céus; façamo-nos um nome e não sejamos dispersos sobre a face da terra". E o SENHOR desceu para ver a cidade e a torre que os filhos dos homens tinham construído. E o SENHOR disse: "Eis que todos constituem um só povo e falam uma só língua; isso é o começo de suas iniciativas; agora, nenhum desígnio que eles imaginarem para si será irrealizável para eles. Desçamos e confundamos a sua linguagem, para que não mais se entendam uns aos outros". Assim o SENHOR os dispersou dali por toda a face da terra, e eles cessaram de construir a cidade. Deu-se-lhe por isso o nome de Babel, pois foi lá que o SENHOR confundiu a linguagem de todos os habitantes da terra; e de lá o SENHOR os dispersou sobre toda a face da terra.[1]

Esse é um bom lugar para começar, porque coloca em evidência um dos fatos mais notáveis da filosofia – a realidade da discordância e a ausência do consenso. Por que isso ocorre?

Será que a razão se encontra, talvez, na incompreensão mútua, com os diferentes filósofos simplesmente falando por cima uns dos outros? Essa

---

[1] Gêneses 11: 4-9. (Nota do tradutor: versão adaptada da *Bíblia de Jerusalém*, editora Paulus).

era a visão do filósofo e historiador inglês R. G. Collingwood. Na visão dele, diferentes filósofos com posições filosóficas discordantes ocupam mundos de pensamento separados e desconectados. Os aderentes de filosofias conflitantes literalmente "falam uma língua diferente", de modo que, quando um deles faz uma afirmação e outro uma negação, o que está em questão não é realmente uma mesma coisa. Como escreveu Collingwood:

> Se houvesse um problema permanente P, poderíamos perguntar: "O que Kant, ou Leibniz, ou Berkeley, pensaram sobre P?", e se essa pergunta pudesse ser respondida, poderíamos então perguntar: "será que Kant, ou Leibniz, ou Berkeley, estavam certos no que pensaram sobre P?". Mas aquilo que se pensa ser um problema permanente é na verdade uma série de problemas transitórios, P_1, P_2, P_3, ..., cujas peculiaridades individuais são tornadas indistintas pela miopia histórica da pessoa que os agrupa sob o nome de P.[2]

Segundo essa visão, a discordância filosófica se encontra na incompreensão: os pensadores de diferentes lugares e épocas simplesmente discutem coisas diferentes – essa aparência de discordância sobre o mesmo assunto é uma ilusão que jaz nos olhos do observador.

Mas a proposição de Collingwood não se adequa à realidade das coisas. Os filósofos de fato discutem as mesmas questões: as questões sobre obrigação moral que preocuparam Kant são as mesmas com as quais lidamos ainda hoje; o problema do livre-arbítrio que preocupou Espinosa é o mesmo que perturbou William James. De fato, a própria questão que Collingwood aborda – o problema da discordância filosófica – é exatamente a mesma questão sobre a qual Immanuel Kant deliberou muito antes dele, condenando essa situação como "o escândalo da filosofia".

A filosofia, portanto, é o campo de batalha para um confronto de avaliações e crenças divergentes. E há amplo espaço para ver seus conflitos como discordâncias reais derivadas de diferentes prioridades e diferentes valores. Vez ou outra torna-se claro que essas disputas não são ilusões espúrias incitadas pela incompreensão linguística, mas antes diferenças

---

2 R. G. Collingwood, *An Autobiography* [*Uma autobiografia*] (Oxford: Clarendon, 1939), 69.

quanto à prioridade e ao peso na avaliação e interpretação de considerações evidenciais. Quando Maquiavel rejeitou a importância da moral nos assuntos internacionais e Kant insistiu nela, eles não estavam discutindo questões diferentes em termos reciprocamente incompreensíveis. Os escolásticos medievais corretamente sustentaram que o debate é um procedimento natural do filosofar, exatamente porque as posições filosóficas são inerentemente debatíveis. Quase invariavelmente, as questões filosóficas admitem respostas alternativas que são conflitantes, e ainda assim não inteiramente implausíveis.

A filosofia é bastante semelhante à engenharia – embora seja uma engenharia com conceitos, em vez de materiais. O avião de hoje é muito mais complicado que o de um século atrás. O mesmo vale para o automóvel. E o mesmo vale para a filosofia. Pois na filosofia, assim como na engenharia, toda "melhoria" projetada para reduzir um ou outro problema cria diferentes problemas adicionais por si mesma. E em ambos os campos é dito que a perfeição é inalcançável. Temos de fazer o melhor que podemos com os materiais à nossa disposição. Nenhuma de nossas soluções para as questões são livres de problemas, e junto com a complexidade vem a discordância.

Será que a discordância serve para algum propósito construtivo? Evidentemente ela pode e deve servir. Pois ela dá a cada participante em uma controvérsia um incentivo para estender e aprofundar nosso conhecimento em uma busca por razões convincentes. Lidar com a discordância raciocinada é claramente um incentivo à investigação, e nos impede de ceder rápido demais a nossas inclinações iniciais de identificar nossas opções com a verdade incontestável das coisas.

Anedotas relacionadas

21. O navio de Teseu, 97
47. Os paradoxos das caixas de Aldrich, 201

Leituras adicionais

Borges, J. L. "A biblioteca de Babel", um conto originalmente publicado em sua coleção de 1941, *El Jardín de Senderos que se Bifurcan* [*O Jardim de Caminhos que se Bifurcam*]. Buenos Aires: SUR, 1941; republicada em sua totalidade em *Ficciones* (*Ficções*) em 1944.

Cohen, Aver, e Marcelo Darcal (eds.). *The Institution of Philosophy: A Discipline in Crisis* [*A Instituição da Filosofia: uma Disciplina em Crise*]. Chicago: Open Court, 1989.

Collingwood, R. G. *An Autobiography* [*Uma Autobiografia*]. Oxford: Clarendon, 1939.

Rescher, Nicholas. *The Strife of Systems* [*O Conflito dos Sistemas*]. Pittsburgh: University of Pittsburgh Press, 1985.

Rohl, David. *Legend: The Genesis of Civilisation* [*Lenda: a Gênese da Civilização*]. Londres: Century, 1998.

Smith, W. T. *The Evolution of Language* [*A Evolução da Linguagem*]. Cambridge: Cambridge University Press, 2010.

Tomasello, M. *Origins of Human Communication* [*A Origem da Comunicação Humana*]. Cambridge: MIT Press, 2008.

2

O burro de Esopo

Um cânone[1] não é apenas uma bugiganga que faz "bum" e dispara projéteis – ou um funcionário oficial em uma catedral – mas também uma lista de obras aceitas como dotadas de autoridade em um certo campo. E embora os contos do fabulista Esopo (*ca.* 640 – *ca.* 560 a. C.) não figurem no cânone estabelecido de livros filosóficos, eles são ainda assim cheios de ideias e lições filosóficas instrutivas, e em consequência são frequentemente citados em discussões filosóficas.

Um esplêndido exemplo dos contos filosoficamente instrutivos que devemos a Esopo é sua fábula sobre "O homem, o menino e o burro". Ela diz o seguinte:

Certa vez, um homem já idoso e seu filho estavam indo ao mercado com seu burro. Como eles iam caminhando ao lado do burro, um camponês passou por eles e disse: "Seus tolos, para que serve um burro, senão para montar nele?". Então o homem pôs o menino montado no burro, e eles seguiram seu caminho. Mas logo passaram por um grupo de homens, um dos quais disse: "Vejam aquele menino egoísta, deixando seu pai caminhar enquanto ele vai montado". Então o homem ordenou ao menino que descesse, e montou no burro. Após uma pequena distância, eles passaram perto de duas mulheres, uma das quais disse ao pai: "Que vergonha deixar seu pobre filho caminhar enquanto você vai montado". E assim, o

---

[1] Nota do tradutor: nessa passagem o autor faz um trocadilho com as palavras em inglês *cannon* e *canon*, que são homófonas e se traduzem, respectivamente, como "canhão" e "cânone".

homem, confuso sobre o que fazer, pôs o menino montado junto consigo no burro. Nesse momento eles haviam chegado à cidade, e os transeuntes começaram a apontar para eles e a zombar deles. Quando o homem parou e perguntou do que estavam debochando, eles responderam: "Você não tem vergonha de sobrecarregar esse seu pobre burro com esse seu filho brutamontes?". O homem e o menino desceram e tentaram pensar no que fazer. Após muito pensarem, eles finalmente cortaram uma vara, ataram as patas do burro nela, e ergueram a vara e o burro nos ombros. Eles seguiram adiante, em meio aos risos de todos os que os encontravam, até chegarem à Ponte do Mercado, quando então o burro, tendo soltado uma das patas, escoiceou e fez o menino derrubar seu lado da vara. Assim, o burro caiu da ponte, e como suas patas dianteiras estavam amarradas, ele se afogou. "Isto vai lhes ensinar", disse um velho que viera seguindo-os: "Agradem a todos, e vocês não agradarão a ninguém".

A primeira e mais óbvia lição aqui é que não existe nenhuma maneira de agradar a todos: diferentes pessoas terão diferentes opiniões sobre como proceder em qualquer situação dada, e nenhuma resolução entre tais alternativas satisfará a todos. Então, o que fazer?

Talvez se possa minimizar a insatisfação. Um exame da situação sob o ângulo da tabela 1 mostra que somente as alternativas (3) e (4) contêm posições de nível 4. Então vamos excluí-las da discussão. E entre (1) e (2), a superioridade da alternativa (2) se destaca: uma vez que a situação do homem e do menino é simétrica aqui, poder-se-ia muito bem deixar o burro decidir – refletindo aquela verdade maior de que o que importa não é apenas a votação, mas quem tem a chance de votar.

Tabela 1. Escala de preferências para cada alternativa

Alternativas: quem vai montado	*Homem*	*Menino*	*Burro*
(1) só o homem	1	3	3
(2) só o menino	3	1	2
(3) ambos	2	2	4
(4) nenhum dos dois	4	4	1

A situação também é instrutiva por ilustrar os limites da teoria da decisão racional, que, é claro, só produzirá o resultado correto quando forem inseridos os dados corretos. No fim, os princípios operativos chave aqui são – ou deveriam ser – os seguintes:
- os interesses das pessoas têm precedência sobre os dos animais;
- idosos frágeis suportam esforços com mais dificuldade do que jovens saudáveis.

Supostamente, portanto, o homem idoso deveria por direito ir montado e o jovem ir caminhando. O foco sobre a *preferibilidade* em vez da mera *preferência* faz com que a abordagem do filósofo não seja algo inteiramente diferente daquela do teórico de decisões.

E uma lição adicional também paira em segundo plano. De certo modo, a fábula do burro é profundamente emblemática da situação da filosofia. Ela gira em torno do fato de que há várias alternativas mutuamente excludentes: o número de indivíduos montados no burro pode ser 0, 1, ou 2, e só. Mas, não importando qual seja a alternativa escolhida, haverá problemas e possíveis objeções – nenhuma alternativa é livre de custos a esse respeito. O desafio é realizar uma análise de custos e benefícios – não para encontrar uma opção não problematicamente livre de custos, mas para identificar aquela alternativa cujo saldo de benefícios em detrimento de obrigações, de vantagens em detrimento de desvantagens, de adições em detrimento de subtrações, seja a melhor opção.

A filosofia é algo bem semelhante. Suas questões sempre admitem soluções alternativas e nenhuma delas é livre de problemas e dificuldades. O desafio não é o de encontrar a solução sem defeitos, mas de encontrar uma que seja preferível diante do risco, porque seu saldo de benefícios em detrimento das obrigações – de instrutividade em detrimento da estranheza – é um saldo ótimo.

Assim, o trabalho do filósofo é principalmente um trabalho de avaliação e valoração. Frequentemente – e especialmente quando a questão dos modos de vida encontra-se na agenda – o filósofo não é chamado para identificar as alternativas: outros (romancistas, por exemplo) são frequentemente mais capazes de fazer isso. A preocupação do filósofo é criteriológica – explicar e implementar os padrões que definem as razões para considerar uma alternativa como sendo melhor que outra. A tarefa é fornecer os materiais com base nos quais alguém possa razoavelmente decidir qual lado da questão tem o argumento mais forte em seu favor.

Anedotas relacionadas

61. O elefante desconcertante de Saxe, 251
93. A satisfação de Simon, 373

Leituras adicionais

Há muitas edições excelentes – e com frequência lindamente ilustradas – das fábulas de Esopo.

Black, Max. *Perplexities: Rational Choice, the Prisoner's Dilemma, Metaphor, Poetic Ambiguity, and Other Puzzles* [*Perplexidades: Escolha Racional, o Dilema do Prisioneiro, Metáfora, Ambiguidade Poética, e Outros Enigmas*]. Ithaca: Cornell University Press, 1990.

Cahn, Steven M. *Puzzles and Perplexities* [*Enigmas e Perplexidades*]. Lanham: Rowman and Littlefield, 2002.

Fisher, Alec. *The Logic of Real Arguments* [*A lógica dos Argumentos Reais*]. 2. ed. Cambridge: Cambridge University Press, 2004.

3

Os teólogos animais de Xenófanes

O sábio grego antigo Xenófanes de Cólofon (*ca.* 575 – *ca.* 490 a. C.) ficou conhecido para a posteridade apenas através de um pequeno punhado de breves citações. A seguinte é proeminente entre elas: "Se os bois, os cavalos e os leões tivessem mãos e as usassem para produzir obras de arte, como fazem os homens, então os cavalos pintariam as formas dos deuses como cavalos, e os bois como bois, e fariam seus corpos à imagem de suas próprias diferentes espécies".[1] Essa pequena história tem muitos aspectos instrutivos. Ela marca a introdução de um novo dispositivo conceitual – uma nova ferramenta do pensar – na esfera da deliberação filosófica. Pois os raciocínios em questão aqui se desenrolam não por uma caracterização do real, com uma apresentação descritiva dos fatos, mas antes em termos da projeção puramente especulativa de uma hipótese inteiramente conjectural. Ela é um forte exemplo de um modo de desafio que se tornou notavelmente proeminente na filosofia: "O que você diria se...?".

Além disso, a suposição de Xenófanes inaugura a doutrina do relativismo: a posição de que a verdade sobre as coisas – nesse caso sobre o foco

---

[1] John Burnet, *Early Greek Philosophy* [*Primórdios da Filosofia Grega*]. 4. ed. (Londres: A. C. Black, 1930).

apropriado do culto – encontra-se nos olhos do observador, ou, para ser mais acurado a esse respeito, dos tipos de observadores em questão.

A ideia central aqui é que observadores diferentemente situados enxergarão as coisas a partir de seus respectivos pontos de vista. A ideia foi posteriormente desenvolvida por um conterrâneo mais jovem de Xenófanes, Protágoras (*ca.* 490 – *ca.* 420), que ensinou que "o homem é a medida de todas as coisas, das coisas que são, enquanto são, e das coisas que não são, enquanto não são". Isso novamente se desenvolve no nível da *espécie*, mas posteriormente pensadores mais dogmáticos estenderam esse relativismo da espécie para um relativismo mais distintamente *pessoal*, que enxerga cada indivíduo como árbitro de "sua própria verdade". É claro que a partir desse ponto a própria concepção de uma factualidade impessoal desaparece no ar, e resta-nos aquilo que é frequentemente descrito como o "relativismo segundanista" da declaração "isso é apenas o que *você* pensa".

A perspectiva de Xenófanes virou a apresentação bíblica da relação entre o homem e Deus de cabeça para baixo. Pois onde a Bíblia diz que Deus criou o homem à Sua própria imagem, Xenófanes efetivamente nos diz que o homem concebeu Deus à sua própria imagem.

De maneira um tanto frustrante, Xenófanes deixou de nos dizer justamente como devemos entender sua aventura no campo da especulação. Será que ele está tentando sustentar que a ideia de um deus é mera ficção – algo que nós humanos criamos em nossos próprios termos de referência, a fim de termos um conforto no difícil mundo que realmente não compreendemos? Ou será que ele está tentando nos dizer que nosso pensamento sobre o assunto é profundamente inadequado, repleto de um antropomorfismo que não pode fazer justiça a uma criatura cuja natureza real deve transcender a ideia presa ao homem, que nós humanos introduzimos na deliberação sobre esse tópico?

Em suma, será que Xenófanes está buscando *degradar* nossa ideia de Deus, ou *elevá-la*? Lamentavelmente, as fontes à nossa disposição falham em nos dizer isso – a informação que podemos recuperar sobre o pensamento dele é insuficiente acerca desse ponto crítico.

Anedotas relacionadas

30. A verdade de Averróis, 131
82. Os pressupostos de Collingwood, 329

Leituras adicionais

Armstrong, Karen. *A History of God: The 4,000-Year Quest of Judaism, Christianity, and Islam* [*Uma História de Deus: a Jornada de 4.000 anos do Judaísmo, do Cristianismo e do Islã*]. Nova Iorque: Ballantine, 1994.

Burnet, John. *Early Greek Philosophy* [*Primórdios da Filosofia Grega*]. 4. ed. Londres: Macmillan, 1930.

Kirk, G. S., J. E. Raven, e M. Schofield. *The Pre-Socratic Philosophers* [*Os Filósofos Pré-Socráticos*]. 2. ed. Cambridge: Cambridge University Press, 1983.

Lesher, J. H. *Xenophanes of Colophon* [*Xenófanes de Cólofon*]. Toronto: University of Toronto Press, 1992.

4

Os números de Pitágoras

O filósofo grego Pitágoras (*ca.* 570 – *ca.* 490 a. C.) colocou a matemática no centro e à frente do campo da deliberação filosófica. Aristóteles nos diz que "os pitagóricos, vendo que muitas estruturas de números caracterizam os corpos sensíveis, supuseram que as coisas reais são os números. [...] Pois os atributos dos números estão presentes na escala musical, nos céus, e em muitas outras coisas".[1] Conforme Pitágoras e sua escola o entendiam, as realidades últimas não são os itens sensíveis transitórios que figuram em nossa experiência cotidiana, mas as regularidades quantitativas estáveis e imutáveis que caracterizam suas operações. Em tal abordagem doutrinal, não é a maçã caída de Newton, mas a Lei da Gravidade que ela sempre obedece, juntamente com tudo, em qualquer lugar, que nos fornece uma visão interna sobre a natureza do real.

Essa linha de pensamento percorre diretamente a história do filosofar científico até os dias atuais. Uma de suas articulações mais salientes é o dito, frequentemente citado, do físico inglês Lorde Kelvin (1824–1907): "Quando você pode medir aquilo sobre o qual você está falando, você conhece algo a respeito dele; mas quando você não pode expressá-lo em números, seu conhecimento é de um tipo exíguo e insatisfatório".[2] A ideia de que somente aquilo que é quantificado pode contar como conhecimento

---

1 Aristóteles, *Metafísica*, 1090a, 20-25.
2 William Thomson, Lorde Kelvin, *Popular Lectures and Addresses* [*Aulas e Discursos Populares*] (Londres: Macmillan, 1891-1894), 1: 73.

real tem sido ativa desde os primeiros dias da filosofia. Contudo, ela é muito mais frequentemente sustentada do que argumentada. Afinal, não há nenhuma razão realmente decisiva para negar à dimensão qualitativa da experiência humana seu lugar instrutivo no esquema cognitivo das coisas. A ideia de que se você não pode dizer algo com números, então esse algo não vale a pena de ser dito é dificilmente defensável. Parafraseando Hamlet: há mais coisas no céu e na terra do que sonha a filosofia matemática.

Anedotas relacionadas

17. O preceito de Aristóteles sobre a precisão, 81
79. A linha costeira de Richardson, 317
93. A satisfação de Simon, 373

Leituras Adicionais

Aristóteles, *Metafísica*.

Barnes, Jonathan. *The Pre-Socratic Philosophers* [*Os Filósofos Pré-Socráticos*]. London: Routledge, 1982.

Heath, T. L. *Greek Mathematics* [*Matemática Grega*]. 2 vols. Oxford: Clarendon, 1921.

Kahn, C. *Pythagoras and the Pythagoreans* [*Pitágoras e os Pitagóricos*]. Indianapolis: Hackett, 2001.

Kirk, G. S., J. E. Raven, e M. Schofield. *The Pre-Socratic Philosophers* [*Os Filósofos Pré-Socráticos*]. 2. ed. Cambridge: Cambridge University Press, 1983.

Newman, James R. *The World of Mathematics* [*O Mundo da Matemática*]. 4 vols. Nova Iorque: Simon and Schuster, 1956.

5

O rio de Heráclito

O filósofo grego Heráclito de Éfeso (*ca.* 540-480 a. C.) ficou famoso, até mesmo em sua própria época, pela obscuridade de seus aforismos. Embora apenas por volta de uma centena de seus ditos tenha sobrevivido, estes asseguraram para sempre sua reputação como profeta da mudança, da transitoriedade, e da impermanência das coisas. Diógenes Laércio faz o seguinte relato sobre suas ideias:

> O fogo é o elemento, todas as coisas são trocadas pelo fogo, e vêm a existir por rarefação e condensação; mas ele não dá nenhuma explicação clara disto. Todas as coisas vêm a existir pelo conflito de opostos, e a soma das coisas flui como um rio. Além disso, tudo que existe é limitado e forma um só mundo. E este alternadamente nasce do fogo e se desfaz em fogo em ciclos fixos por toda a eternidade, e isto é determinado pelo destino. Dos opostos, aquele que tende ao nascimento ou criação é chamado de guerra ou conflito, e aquele que tende para a destruição é chamado de concórdia e paz. Ele chamou a mudança de um caminho de subida e descida, e esse caminho determina o nascimento do mundo.[1]

Embora o fogo tenha sido o elemento arquetípico na teoria da natureza de Heráclito, a água foi sua analogia mais famosa, e ele sempre será conhecido como o autor do famoso epigrama que diz que "você não pode

---

[1] Diógenes Laércio, *Lives of the Eminent Philosophers* [*Vidas de Filósofos Eminentes*]. Trad. R. D. Hicks (Cambridge: Harvard University Press, 1925), livro 9, seções 6-7.

entrar duas vezes no mesmo rio": "Águas diferentes fluem sobre aqueles que entram no mesmo rio [...] elas se espalham e se combinam [...] convergem e divergem [...] se aproximam e se afastam".[2]

Heráclito é, portanto, o vidente da transitoriedade, ecoando seu contemporâneo mais velho, o poeta Simônides de Ceos, que via todas as coisas mundanas como sujeitas ao conhecimento dos "dentes do tempo". Ao sustentar sua doutrina da transitoriedade de todas as coisas mundanas, Heráclito influenciou profundamente Platão e toda sua tradição.[3] E essa posição também é refletida no ideal pitagórico da matemática puramente abstrata, cujas verdades indicam que as coisas do mundo são eternas e indestrutíveis. Esse contraste entre aquilo que é material, e por isso impermanente, e aquilo que é imaterial, e por isso permanente, exerceu uma poderosa influência formadora ao longo do pensamento ocidental.

Anedotas relacionadas

7. As corridas de Zenão, 43
21. O navio de Teseu, 97
69. O longo prazo de Nietzsche, 279
85. Psicologia de ficção científica, 343

Leituras adicionais

Burnet, John. *Early Greek Philosophy* [*Primórdios da Filosofia Grega*]. 4. ed. Londres: Macmillan, 1930.

Hahn, Charles H. *The Art and Thought of Heraclitus* [*A Arte e o Pensamento de Heráclito*]. Cambridge: Cambridge University Press, 1981.

---

2 G. S. Kirk, J. E. Raven, e M. Schofield, *The Pre-Socratic Philosophers* [*Os Filósofos Pré-Socráticos*], 2. ed. (Cambridge: Cambridge University Press, 1983), 195.
3 Ver Platão, *Teeteto* 152e1; *Crátilo*, 401d5.

Hodge, David, e Hi-Jin Hodge. *Impermanence* [*Impermanência*]. Lanham: Snow Lion, 2009.

Kirk, G. S., J. E. Raven, e M. Schofield. *The Pre-Socratic Philosophers* [*Os Filósofos Pré-Socráticos*]. 2. ed. Cambridge: Cambridge University Press, 1983.

6

A terra de Anaximandro

O teórico grego antigo Anaximandro de Mileto (*ca.* 510 – *ca.* 450 a. C.) esteve entre os fundadores da teoria geocêntrica do universo. Mas é claro que se – como ele e a maioria dos antigos vieram a crer – a Terra está no centro das coisas no espaço, surge imediatamente a pergunta: o que a mantém firmemente fixa no lugar? Ali já estava disponível a antiga teoria indiana de que a Terra é sustentada apoiando-se no dorso de um imenso elefante cósmico. Mas e quanto ao próprio elefante? Algumas pessoas aparentemente sugeriram que ele se apoiava em uma tartaruga, que por sua vez se apoiava no dorso de um crocodilo (humoristicamente, poderiam existir "crocodilos empilhados até não acabar mais").

Por razões facilmente compreensíveis, Anaximandro rejeitou esse tipo de solução e ofereceu uma explicação diferente. Aqui Aristóteles fornece o seguinte relato: "Há alguns que dizem, como Anaximandro entre os antigos, que ela [a Terra] permanece em repouso por causa de seu equilíbrio. Pois cabe àquilo que está estabelecido no centro, e que tem uma relação igual com cada extremidade, não ser levado nem um pouco mais para cima, nem para baixo, nem para os lados; e é impossível que se mova simultaneamente em direções opostas, de modo que esse algo permanece fixo por necessidade".[1]

A solução de Anaximandro girava em torno de uma ideia central que teve uma profunda influência na filosofia grega antiga e desde então, a saber,

---
[1] Aristóteles, *De Caelo* [*Do Céu*], II 13, 295b10–13.

o que veio a ser conhecido como o princípio da razão suficiente. A ideia central aqui é que o universo é um lugar racional, e que qualquer que seja o caso acerca dele, ele admite (ao menos em princípio) uma razão para que esse seja o caso. E em vez de optar por alguma desajeitada solução mecânica, Anaximandro colocou esse princípio racional em ação. Se o universo é efetivamente simétrico, então não poderia haver nenhuma razão – ou explicação – ulterior para se ir para cima em vez de para baixo, ou para a direita em vez da esquerda. Sendo assim, um objeto posicionado no centro tende a permanecer no lugar, estavelmente fixado ali não por maquinações físicas, mas pela simetria racional das coisas.

Assim, emerge ali a lição básica de que a explicação das coisas não precisa ser mecânica: regras, leis e práticas também podem fazer o serviço. Claramente, há aqui um avanço significativo na compreensão da natureza da própria explicação – um avanço baseado na possibilidade de explicar aspectos da natureza não em termos de mecanismos causais, mas antes em termos de outros princípios explicativos racionalmente convincentes.

Anedotas relacionadas

10. A decepção de Sócrates, 55
72. Os suicídios de Durkheim, 291

Leituras adicionais

Aristóteles. *De Caelo* [*Do Céu*]. A versão mais acessível é a de W. D. Ross na tradução de Oxford de *The Works of Aristotle* [*As Obras de Aristóteles*]. Oxford: Clarendon, 1908.

Burnet, John. *Early Greek Philosophy* [*Primórdios da Filosofia Grega*]. 4. ed. Londres: Macmillan, 1930.

Kahn, Charles H. *The Art and Thought of Heraclitus* [*A Arte e o Pensamento de Heráclito*]. Cambridge: Cambridge University Press, 1981.

Kirk, G. S., J. E. Raven, e M. Schofield. *The Pre-Socratic Philosophers* [*Os Filósofos Pré-Socráticos*]. 2. ed. Cambridge: Cambridge University Press, 1983.

Lederman, Leon, e C. T. Hill. *Symmetry and the Beautiful Universe* [*Simetria e o Universo Belo*]. Amherst: Prometheus Books, 2005.

Pruss, Alexander R. *The Principle of Sufficient Reason* [*O Princípio da Razão Suficiente*]. Cambridge: Cambridge University Press, 2006.

7

As corridas de Zenão

Zenão (*ca.* 490 – *ca.* 420 a. C.) foi um membro importante do que se tornou conhecido como a escola eleática (nomeada a partir da cidade de Eleia, o lugar nativo de Zenão) da filosofia grega inicial. Um ensinamento central dessa escola era que a realidade é algo muito diferente do reino das aparências, conforme temos acesso a ele na experiência cotidiana. Particularmente, eles sustentavam que a mudança e o processo, conforme nós os experienciamos, são meras ilusões, e que a realidade última é ela mesma algo fixo e imutável.

Em apoio a essa visão, Zenão desenvolveu uma série de argumentos engenhosos sugerindo que o movimento é algo que, em última instância, é ininteligível, pois está fadado a conduzir a contradições inerentes. Zenão sustentou essa posição por meio de vários exemplos vívidos. Um desses tornou-se conhecido como "O estádio", e dizia o seguinte:

> Aquiles não pode vencer em uma corrida com a tartaruga. De fato, ele nem mesmo será capaz de começar. Pois para ir do ponto inicial até um ponto adiante, ele teria primeiro de chegar à metade da distância até lá, e assim por diante, *ad infinitum*. Mas alguém jamais pode alcançar um número infinito de pontos em um tempo finito. Tampouco Aquiles seria capaz de terminar a corrida. Pois para chegar ao final, ele teria primeiro de chegar ao ponto a meio caminho, e para fazer isso ele teria de chegar à metade da distância até ali, e assim por diante, *ad infinitum*.

Mas alguém jamais pode alcançar um número infinito de pontos em um tempo finito.[1]

Uma maneira promissora de derrotar esse raciocínio rejeita sua premissa-chave de que alguém não pode completar uma série infinita de passos em um período finito de tempo, sustentando que (por exemplo) a pessoa que efetua um translado do ponto *A* ao ponto *B* consegue fazer exatamente isso. É claro que isso não seria possível de ser realizado se o agente gastasse qualquer quantidade de tempo em cada um desses pontos intermediários – se esses passos envolvessem processos de alguma duração no tempo. Mas passar por eles como estações intermediárias a caminho de um destino ulterior não exige nenhum período de tempo: isso pode ser instantâneo. Paradas levam tempo, mas trânsitos não. E um número infinito de tais realizações pode de fato ser incluído em uma quantidade finita de tempo, uma vez que elas são instantâneas.

O argumento engenhoso, mas defeituoso, de Zenão traz várias lições importantes. A primeira delas é que a inconsistência pura e simples é inaceitável: o convencimento racional requer consistência. E a segunda lição clara agora emerge do fato de que a contradição surge na situação em questão se todas as quatro alegações seguintes forem admitidas:

(a) Correr uma corrida requer completar um número infinito de passos.
(b) Cada um desses passos invoca uma tarefa distinta.
(c) É impossível completar um número infinito de tarefas em uma quantidade finita de tempo.
(d) Correr uma corrida em uma quantidade finita de tempo é possível.

Para restaurar a consistência entre essas afirmações incompatíveis, pelo menos uma delas deve ser sacrificada. A terceira lição é que a contradição contemplada aqui pode ser evitada traçando-se algumas distinções apropriadas. Em particular, deve-se notar que a inconsistência em questão pode ser superada por uma distinção entre a realização de passos distintos

---

1 Para esse paradoxo, bem como outros propostos por Zenão, ver Wesley C. Salmon, *Zeno's Paradoxes* [*Os Paradoxos de Zenão*] (Indianápolis: Bobbs-Merrill, 1970).

(que não precisam de envolver nenhum lapso de tempo) e a realização de tarefas distintas (que sempre exigem algum período de tempo). Agora, com essa distinção em mãos, a premissa (b) do argumento que conduz à inconsistência é evitada.

Por certo, há um ponto importante nas preocupações de Zenão acerca do tempo e do processo. Nossos enunciados sobre ocorrências parecem fixá-las no tempo, e a fluidez do processo em constante mudança é difícil de capturar na linguagem.

Assim, o paradoxo de Zenão possibilita uma lição metodológica de amplo alcance, a saber, que as situações que se aproximam da inconsistência podem dar origem a uma deliberação filosófica, e que o estabelecimento de distinções fornece um meio efetivo e substantivo de lidar com o problema da consistência e da restauração que se torna inevitável aqui. Seus argumentos contra o movimento substanciaram a dedicação de Zenão a um projeto maior da filosofia grega inicial, baseado na teoria de que a razão revela para nós que a realidade das coisas difere radicalmente das aparências que nossas experiências humanas do mundo colocam à nossa disposição. Pois não há nenhum traço mais notável de nossa experiência do que a mudança e o movimento constantes. Mas se esse traço não pode ser real por causa de suas contradições inerentes, então a realidade que é subjacente a essa nossa experiência deve ser algo muito diferente daquilo que a própria experiência representa esse algo como sendo. Pois a razão requer que a própria realidade seja coesivamente consistente em si mesma – um compromisso axiomático inegociável de toda a filosofia grega, que também vale igualmente para nós.

Anedotas relacionadas

5. O rio de Heráclito, 35
79. A linha costeira de Richardson, 317

Leituras adicionais

Hawley, Katherine. *How Things Persist* [*Como as Coisas Persistem*]. Oxford: Oxford University Press, 2001.

Heath, T. L. *Greek Mathematics* [*Matemática Grega*]. Vol. 1, especialmente cap. 7, 271-83. Oxford: Clarendon, 1921.

Kirk, G. S., J. E. Raven, e M. Schofield. *The Pre-Socratic Philosophers* [*Os Filósofos Pré-Socráticos*]. 2. ed. Cambridge: Cambridge University Press, 1983.

Rescher, Nicholas. *Paradoxes* [*Paradoxos*]. Chicago: Open Court, 2001.

Salmon, Wesley C. *Zeno's Paradoxes* [*Os Paradoxos de Zenão*] (Indianápolis: Bobbs-Merrill, 1970).

8

A natureza dos atomistas

O filósofo grego Leucipo de Mileto (*ca.* 470 – *ca.* 380 a. C.) e seu contemporâneo mais jovem Demócrito de Abdera (*ca.* 460 – *ca.* 370 a. C.) foram os fundadores do atomismo grego, a teoria de que tudo que existe no mundo físico não é nada além de átomos no vazio: uma vasta multiplicidade de partículas materiais imperceptivelmente minúsculas e duras, movendo-se no espaço vazio. Conforme relata o antigo historiador filosófico grego Aécio, esses pensadores ensinavam que, embora vários teóricos atribuíssem realidade às coisas do mundo dos sentidos, os atomistas consideravam tudo isso como uma questão de artifício do pensamento humano: "Muitos sustentam que as coisas dos sentidos existem por Natureza (*physis*). Mas Leucipo e Diógenes consideram que tais coisas existem apenas por Convenção (*nomos*)".[1]

Desde o início do filosofar ocidental houve conflitos doutrinais acerca da constituição da realidade e da fronteira entre o que é verdadeiramente real e o que é meramente uma questão de como as coisas aparecem para nós humanos. E aqui a posição mais proeminente e persistente foi a do fisicalismo materialista inaugurado por esses atomistas gregos, considerando que o que é real são as coisas materiais e físicas do mundo, acessíveis aos sentidos, e que a esfera qualitativa de nossa experiência é meramente uma questão de aparência – de como as coisas aparecem para nós. Pois a única realidade, pensavam os atomistas, é um domínio de existência inteiramente fora do domínio da experiência humana: aqueles

---

[1] John Burnet. *Early Greek Philosophy* [*Primórdios da Filosofia Grega*]. 4. ed. Londres: Macmillan, 1930.

átomos materiais imperceptivelmente pequenos, distribuídos ao longo de um espaço vazio interminavelmente vasto e, exceto pelos átomos, inteiramente desocupado. Todo o restante – a totalidade das qualidades sensíveis e dos objetos de nossa experiência – é simplesmente uma questão de como essas realidades básicas aparecem para nós. Nossa "realidade" humanamente experienciada não é verdadeiramente real, mas apenas aceita como tal com base nas concepções guiadas pela experiência, que adotamos por conveniência para nossos propósitos práticos.

Consequentemente, esses filósofos atomistas fizeram as pessoas pensativas notarem que a investigação profunda mostra que a realidade é algo muito diferente daquilo que comumente consideramos que ela seja. Uma visão correta do mundo terá de ser algo decididamente diferente daquilo que o ser humano comum e desinformado considera que ela seja. Quando as ciências naturais vieram a adotar essa posição, os filósofos já haviam há muito nos acostumado a ela. O "realismo ingênuo" da doutrina de que as coisas são o que parecem já havia desde então entrado em dias difíceis.

Anedotas relacionadas

3. Os teólogos animais de Xenófanes, 29
30. A verdade de Averróis, 131
51. As coisas-em-si de Kant, 215

Leituras adicionais

Burnet, John. *Early Greek Philosophy* [Primórdios da Filosofia Grega]. 4. ed. Londres: Macmillan, 1930.

Kirk, G. S., J. E. Raven, e M. Schofield. *The Pre-Socratic Philosophers* [Os Filósofos Pré-Socráticos]. 2. ed. Cambridge: Cambridge University Press, 1983.

Melsen, Andrew G. van. *From Atomos to Atom* [*Do atomos ao átomo*]. Nova Iorque: Dover, 1952.

Pyle, Andrew. *Atomism and Its Critics: From Democritus to Newton* [*O Atomismo e seus Críticos: de Demócrito a Newton*]. Bristol: Thoemmes, 1997.

Taylor, C. C. W. *The Atomists* [*Os Atomistas*]. Toronto: University of Toronto Press, 1999.

9

Os mundos dos atomistas

Sendo Demócrito (*ca.* 460 – *ca.* 370 a. C.) o mais proeminente entre eles, os assim chamados atomistas da Grécia antiga imaginaram um espaço infinito contendo uma infinidade de mundos diversos. Com base nisso, eles propuseram uma dissolução radical do problema das possibilidades não-realizadas. No ensinamento deles, possibilidades não realizadas são uma ilusão – um possível sol "não realizado", duas vezes maior que o nosso, de fato existe, apesar de em um outro mundo localizado em outra parte do espaço infinito. Não há nenhuma possibilidade inexistente: todas as possibilidades encontram-se em existência de algum modo, e a realidade acomoda todas as possibilidades de tais alternativas através da distribuição espacial em diferentes regiões: "Há inúmeros mundos, que diferem em tamanho. Em alguns mundos não há sol nem lua, em outros eles são maiores que em nosso mundo, e em outros mais numerosos. Os intervalos entre os mundos são desiguais; em algumas partes há mais mundos, em outras há menos; alguns estão aumentando, alguns estão em seu auge, alguns estão diminuindo. [...] Eles são destruídos por colisão de uns com os outros. Há alguns mundos desprovidos de criaturas vivas, ou de plantas, ou de qualquer umidade".[1]

O que temos, com efeito, é uma teoria de "muitos mundos" dos quais toda possibilidade (adequadamente geral) é realizada de fato em algum lugar.

---

1   G. S. Kirk, J. E. Raven, e M. Schofield, *The Pre-Socratic Philosophers* [*Os Filósofos Pré-Socráticos*] (Cambridge: Cambridge University Press, 1957), 411.

Qualquer possibilidade alternativa para *este* mundo (isto é, este nosso *cosmos* local) é realizada por outro mundo em outra região do espaço infinito. As possibilidades "inexistentes" de fato existem: só que elas existem em outro lugar. Com base nisso, ao enfrentarem a questão "Por que os cães não têm chifres? Por que exatamente a possibilidade teórica de que os cães tenham chifres não é realizada de fato?", os atomistas responderam que essa possibilidade de fato é realizada, só que em outro lugar – *em outra região do espaço plenamente abrangente*. Em algum lugar nessa multiplicidade infinita, há outro mundo exatamente como o nosso em todos os aspectos, exceto um: que seus cães têm chifres. O fato de que os cães não têm chifres é simplesmente uma idiossincrasia paroquial do mundo local particular no qual nós, os interlocutores, nos encontramos. A realidade acomoda todas as possibilidades de mundos alternativas a este através da distribuição espacial: de acordo com os atomistas, *todas* as possibilidades alternativas são de fato concretizadas nos vários mundos subalternos incluídos em um mundo de ordem superior espacialmente infinito. Por certo, embora as condições naquele outro mundo possam diferir radicalmente em relação ao nosso mundo (os cães de lá podem ter chifres!), não há nada em tais regiões mundanas remotas que seja inconsistente ou incompatível com tudo que existe e acontece no nosso.

Vários teóricos gregos desde Parmênides se preocuparam acerca de como é possível ter discussões significativas sobre possibilidades irreais. Os atomistas tinham uma solução simples para isso: tais possibilidades simplesmente não existem, porque todas as possibilidades são realizadas. E é claro que essa teoria de muitos mundos também deu origem a questões sobre a natureza de tais mundos e a especulações sobre formas de vida alienígenas, as quais persistem até hoje.

Anedotas relacionadas

42. Os planetários de Huygens, 181
46. A deusa mítica de Leibniz, 197

70. A biblioteca de Lasswitz, 283
75. Os macacos de Borel, 303

Leituras adicionais

Barnes, Jonathan. *Early Greek Philosophy* [*Primórdios da Filosofia Grega*]. Nova Iorque: Penguin, 1987.

Dick, Steven J. *Plurality of Worlds* [*Pluralidade de Mundos*]. Cambridge: Cambridge University Press, 1982.

Kirk, G. S., J. E. Raven, e M. Schofield. *The Pre-Socratic Philosophers* [*Os Filósofos Pré-Socráticos*]. 2. ed. Cambridge: Cambridge University Press, 1983.

10

A decepção de Sócrates

No diálogo de Platão *Fédon*, Sócrates (450-399 a. C.), o principal porta-voz de Platão, conta a seguinte história:

> Eu soube que um livro de Anaxágoras dizia que a mente é na verdade a ordenadora e a causa de tudo. Fiquei satisfeitíssimo com essa explicação, pois parecia-me ser, de algum modo, correto que a mente fosse a causa de tudo, e pensei que, se isso for verdade, a mente, ao ordenar todas as coisas, dispõe tudo da melhor maneira possível. [...] Pensei que [Anaxágoras] me diria primeiro se a Terra é chata ou redonda. [...] Se ele dissesse que ela está no centro do universo, explicaria porque era melhor que ela estivesse no centro. [...] Mas conforme eu lia, via que Anaxágoras não recorria à mente para nada, nem estava enunciando nenhuma outra causa válida para o ordenamento de todas as coisas, mas apenas oferecendo o ar, o éter, a água, e muitas outras coisas extravagantes como causas. Começou a parecer-me que com ele acontecia como com alguém que dissesse: "Tudo que Sócrates faz é determinado pela mente", e depois, ao tentar dizer as causas de cada coisa que eu faço, esse alguém dissesse primeiro que a razão de eu estar sentado agora neste lugar é que meu corpo é composto de ossos e músculos, que os ossos são duros e têm articulações entre eles, e os músculos podem contrair-se ou relaxar-se [...] e me tornam capaz de dobrar meus membros neste momento, e por causa disso estou sentado aqui com as pernas

dobradas; e como se em seguida esse alguém indicasse outras causas semelhantes para o fato de eu conversar contigo, propondo como causas as vozes, o ar, os ouvidos, e milhares de coisas semelhantes, e deixando de mencionar as causas reais [...].[1]

A reclamação de Sócrates sobre Anaxágoras estabeleceu o cenário para uma ampla e duradoura controvérsia na história da filosofia ocidental. Ela inaugurou o conflito entre aqueles que buscam explicar as ocorrências e as ordenações do mundo unicamente com base na causalidade física e aqueles que atribuem um papel explicativo a princípios de racionalidade normativa. Em contraste com a tradição fisicalista de Anaxágoras, existe a tradição fundamentalmente finalista da escola platônica de pensamento acerca da racionalidade do real. Afinal, a abordagem da causalidade física acerca da natureza, embora seja eficaz para explicar como as coisas acontecem no mundo, mantém um silêncio embaraçoso acerca da questão de por que as coisas acontecem dessa maneira. (Leibniz, no século XVII, buscou reconciliar as duas ao propor que embora os acontecimentos possam e devam ser explicados de modo fisicalista, em termos das leis físicas da natureza, essas mesmas leis podem e devem ser explicadas de maneira funcional e de modo funcionalista.)

A controvérsia continua até os dias de hoje, e tem dois níveis. Um é o nível local da ação humana – será que nós, humanos, somos meramente máquinas complexas, ou será que uma nova capacidade, transcendendo o mecanismo, emergiu no curso de nossa evolução? E o outro é o nível global do desenvolvimento e constituição do cosmos – será que ele é um produto do jogo aleatório de forças naturais, ou será que é resultado de um planejamento inteligente, fruto não necessariamente de um planejador, mas, seja como for, de alguma força ou agente que opera de modo a incutir ordem, harmonia e coerência racional nos arranjos do mundo?

Assim, de uma maneira ou de outra, o conflito entre a causalidade material e a teleologia racionalista permeou toda a história da filosofia. Contudo, não é acurado nem justo caracterizar a primeira posição como *naturalismo*, como frequentemente é feito. Pois os teleologistas não negam as

---

[1] Platão, *Fédon*, 97d-99d.

operações físicas da natureza, mas apenas têm uma visão diferente acerca do que é natural, considerando o ímpeto finalista rumo à economia racional e à ordem como um traço inerente do *modus operandi* do mundo natural.

Anedotas relacionadas

6. A terra de Anaximandro, 39
43. A sala trancada de Locke, 185
45. O moinho de vento de Leibniz, 193
65. A liberdade de William James, 265
91. O teste de Turing, 365
99. O quarto chinês de Searle, 397

Leituras adicionais

Carlo, Mario de, e David MacArthur, eds. *Naturalism and Normativity* [*Naturalismo e Normatividade*]. Nova Iorque: Colombia University Press, 2010.

Platão. *Fédon*. Há várias traduções excelentes dos diálogos de Platão, incluindo esta: Bostock, David. *Plato's Phaedo* [*O Fédon de Platão*]. Oxford: Clarendon, 1986. Essa edição contém comentários úteis.

Wallis, W. T., e Jay Bregman. *Neo-Platonism and Gnosticism* [*Neoplatonismo e Gnosticismo*]. Albany: SUNY Press, 1992.

Whittaker, Thomas. *The Neo-Platonists* [*Os Neoplatônicos*]. Cambridge: Cambridge University Press, 1901.

11

O enigma de Eubulides e a mentira de Epimênides

Não sou capaz de sustentar coerentemente que "minha crença de que *p* é o caso é uma crença falsa", porque a segunda parte desse enunciado contradiz a primeira parte. Mas posso certamente, e sem problemas, sustentar que "a crença de Jones de que *p* é o caso é uma crença falsa". O fato de que eu tenho uma crença falsa não é apenas uma possibilidade, mas um fato real. Ainda assim, o predicado "_____ é uma crença falsa minha" é algo que não sou capaz de afirmar a respeito de uma crença especificamente identificada.

A preocupação com problemas lógicos de autorreferência originou-se inicialmente com o enigma do mentiroso (pseudomenos) do dialético grego Eubulides de Mégara (ca. 440 – ca. 380 a. C.). Ele apresentou o seguinte enigma: "Será que o homem que diz 'eu estou mentindo' de fato mente?"[1] O problema em questão foi articulado através do seguinte dilema: a declaração de que eu minto será ou verdadeira ou falsa. Mas se essa declaração for verdadeira, então eu minto, e minha declaração será falsa. Mas se essa declaração for falsa, então aquilo que ela diz – a saber, que eu minto – não

---

1   Aristóteles, *Refutações sofísticas*, 180a35; *Ética a Nicômaco*, 1146a71. "Si dicis te mentiri verumque dicis, mentiris [Se dizes que mentes e dizes a verdade, mentes]" (Cícero, *Academica priora* [*Do ceticismo acadêmico, primeira versão*], II, 30, 96; e compare com *De divinatione* [*Da adivinhação*], II, 11). Ou considere a questão de se a testemunha que declara "Estou cometendo perjúrio" de fato faz isso ao fazer essa afirmação.

é o caso, e devo estar falando a verdade. Assim, em qualquer um dos casos, o estatuto de verdade que está sendo atribuído é inadequado.

O que temos aqui é um enunciado que falsifica a si mesmo, envolvendo um conflito inerente de alegações de verdade. Se aceitamos a alegação em questão como verdadeira, então ela mesma terá de ser falsa, de modo que o enunciado implica sua própria negação.

O enigma de Eubulides foi popular na Antiguidade clássica.[2] Ele deu origem ao enigma da antiga história de Epimênides, o cretense, que supostamente disse que "todos os cretenses são mentirosos" – sendo "mentiroso" entendido no sentido de um "mentiroso congênito", alguém incapaz de dizer a verdade (por certo, se por "mentiroso" entende-se alguém que mente com frequência mas não sempre, não haveria nada de paradoxal no paradoxo do "mentiroso").

Tais situações de autocontradição trazem a instrutiva lição de que a autocrítica só pode ir até certo ponto. As pessoas que se declaram não confiáveis provavelmente o são – mas por essa mesma razão não podemos justificadamente considerar que elas o sejam na ocasião presente.

Anedotas relacionadas

71. A estrela da manhã de Frege, 287
98. Predicados vadios, 393

Leituras adicionais

Baroise, Jon, e John Etchemende. *The Liar* [*O Mentiroso*]. Oxford: Oxford University Press, 1987.

Beall, J. C., ed. *Liars and Heaps: New Essays on Paradox* [*Mentirosos e Pilhas: Novos Ensaios sobre Paradoxos*]. Oxford: Clarendon, 2003.

---

2 Ele não apenas foi discutido por Aristóteles e Cícero, mas nos tempos medievais tornou-se um item básico nas extensas discussões sobre *insolubilia* [problemas insolúveis].

Gardner, Martin. *Aha! Gotcha!* [*Aha! Te peguei!*]. São Francisco: W. H. Freeman, 1982.

Rescher, Nicholas. *Paradoxes* [*Paradoxos*]. Chicago: Open Court, 2001.

12

A *República* de Platão

A *República* do grande filósofo grego Platão (428-347 a. C.) não é apenas a primeira obra filosófica realmente substancial, mas também uma das mais grandiosas. Ela abrange um conjunto impressionante de tópicos: a natureza da justiça e da virtude, a verdade e o conhecimento, o mundo das ideias, o bem das pessoas, a organização apropriada dos assuntos públicos.

Em relação ao ofício de governar, Platão era explicitamente um elitista paternalista. Conforme a visão dele, os assuntos públicos de uma cidade-estado deveriam ser geridos por uma classe cuidadosamente selecionada e treinada. Conforme a visão de Platão em *A República*, o bom governo é menos uma questão de leis que dos homens encarregados da administração dos assuntos. Consequentemente, ele contemplou o estabelecimento de uma classe de elite de guardiões do Estado cuidadosamente selecionados e treinados, a partir dos quais, quando devidamente amadurecidos e testados pela experiência, o grupo dos governantes seria constituído. Os guardiões devem ser treinados para desenvolver tanto o lado mais duro, marcial, de sua natureza, quanto o lado mais leve, cultural:

> Devemos escolher dentre os guardiões os que observamos serem os mais cuidadosos durante todas suas vidas; que fazem com todo seu coração o que pensam ser vantajoso para a cidade [...]. Eles devem ser observados desde a infância; devemos estipular-lhes testes nos quais um homem teria maiores chances de esquecer tal resolução ou

ser enganado, e devemos escolher aqueles que têm boa memória e que não são facilmente enganados, e rejeitar os outros [...]. Então, quem quer que seja testado assim, na infância, na mocidade e na idade madura, e saia imaculado, deve ser estabelecido como governante e guardião da cidade; e devem receber honrarias enquanto vivos, e depois de mortos túmulos públicos e magníficos memoriais. [...] Esses governantes devem manter-se vigilantes sobre os inimigos do exterior e sobre os amigos no interior; devem cuidar para que os amigos não desejem causar danos, e para que os inimigos sejam incapazes de tal coisa.[1]

O pensamento político ao longo dos séculos girou em torno da questão da prioridade relativa das leis que orientam os assuntos públicos e dos homens que as operam. Ninguém discordaria de que boas leis com bons homens é algo muito bom, e más leis com homens maus é algo muito mau. Mas e quanto aos casos mistos? Alguns pensam que as leis têm prioridade: que boas leis automaticamente assegurarão a seleção de bons homens para operá-las (Thomas More inclinava-se para essa visão). Outros pensam que se bons homens estiverem no comando, o desejo de ter boas leis será consequentemente satisfeito. Mas outros ainda enxergam um potencial para conflitos reais aí, e consequentemente colocam a ênfase principal em um lado ou em outro – ou as leis (Montesquieu) ou os homens que têm de governar sob a égide delas (Thomas More).

Anedotas relacionadas

31. O *Príncipe* de Maquiavel, 135
33. A *Utopia* de More, 145
35. O *Leviatã* de Hobbes, 153
48. As abelhas de Mandeville, 205

---

1 Platão, *República*, 412b-44b.

Leituras adicionais

Annas, Julia. *An Introduction to Plato's* Republic [*Uma Introdução à República de Platão*]. Oxford: Oxford University Press, 1981.

Platão. *A República*. Existem muitas boas traduções dos diálogos de Platão incluindo *A República*; ver, por exemplo, Daryl H. Price, *A Guide to Plato's* Republic [*Um Guia à* República *de Platão*] (Oxford: Oxford University Press, 1998); Greg Recco, *Athens Victorious: Democracy in Plato's Republic* [*Atenas Vitoriosa: a Democracia na* República *de Platão*] (Lanham: Lexington, 2007); e Sean Sayers, *Plato's* Republic*: An Introduction* [*A* República *de Platão: Uma Introdução*] (Edinburgh: Edinburgh University Press, 1999).

13

O anel de Giges, de Platão

No Livro II da *República*, Platão usa a história de um anel mágico para ilustrar os benefícios do comportamento moral:

> Essa licença sobre a qual falei é basicamente a mesma dada pelo poder que teve o pastor Giges, ancestral de Giges, o Lídio. [...] Era costume entre os pastores realizar uma reunião mensal, para relatar ao rei tudo acerca dos rebanhos; ele foi a essa reunião com o anel no dedo. Quando estava sentado com os outros, aconteceu de ele virar casualmente a pedra do anel para a palma da mão, na direção de si mesmo. Logo que isso aconteceu, ele se tornou invisível para os outros, que passaram a se referir a ele como se tivesse ido embora do lugar. Admirado, tornou a mexer no anel, virando a pedra para o lado de fora, e depois disso voltou a ficar visível. Notando isso, ele testou o anel para ver se tinha aquele poder; e descobriu que sempre que ele virava a pedra para dentro, ele ficava invisível, e quando a virava para fora, ficava visível. Depois de descobrir isso, ele conseguiu ser apontado como um dos mensageiros para o rei; quando chegou lá, seduziu a esposa do rei, com ajuda dela atacou o rei e o matou, e apoderou-se do trono. [...] Ele teria o poder de pegar o que quisesse, mesmo do mercado, sem medo, de entrar em qualquer casa e deitar-se com quem lhe apetecesse, e de matar ou libertar da prisão quem ele quisesse, e de fazer qualquer coisa no mundo, como um deus. E ao fazer isso, faria justamente como o

outro. Ambos fariam a mesma coisa. Certamente se poderia dizer que isso é uma prova forte de que ninguém é justo por opção, mas apenas compulsoriamente [...].[1]

Aqui Sócrates confrontou o desafio: qual indivíduo real poderia – e qual indivíduo sensível faria isso – resistir a uma oportunidade de obter ilicitamente os muitos bens deste mundo, se tivesse a certeza de safar-se sem punição? O que está basicamente em questão aqui é uma visão dual do homem e da condição humana em geral, uma visão que nos enxerga sob a dupla perspectiva daquilo que somos e daquilo que deveríamos ser – daquilo que *aparente* e *superficialmente* faz parte de nossos interesses, e daquilo que *real* e *fundamentalmente* o faz.

E assim Sócrates tinha uma boa resposta à mão. Pois conforme ele enxerga, o malfeitor não consegue realmente "safar-se". Pois o malfeitor é, em última instância, capturado e punido – por si próprio. Pois ele ou ela sabe o que foi feito, e por isso um preço real é pago. O malfeitor não pode mais olhar-se no espelho e afirmar estar vendo uma pessoa honesta. As próprias ações do indivíduo aqui o condenam e impõem a pena: uma perda das afirmações de autorrespeito.

A história do anel de Giges exemplifica um tipo de questão filosófica particularmente disseminada e proeminente, a saber, um conflito de valores. Pois ela põe em destaque um confronto entre dois interesses de valores importantes para nós, a saber, o *autorrespeito*, por um lado, e o *benefício material*, por outro lado. E após um exame aprofundado da composição complexa da psique humana (as "partes da alma") e de como elas são desfrutadas e reguladas, a *República* termina com uma comparação entre a vida distorcida do tirano egoísta (Giges) e a vida harmônica e bem ordenada do filósofo – decidindo em favor da vantagem da última.

E assim, a história do anel de Giges comunica uma importante lição filosófica. As ações que realizamos têm um duplo aspecto. Elas influenciarão como o mundo nos vê – que é algo que podemos ser capazes de manipular. Mas, gostemos disso ou não, elas também são fatores determinantes

---

1 Platão, *República*, 359b-360c. Tradução inglesa de W. H. D. Rouse: *The Republic* [*A República*], em *Great Dialogues of Plato* [*Grandes Diálogos de Platão*] (Nova Iorque: Signet, 1984).

de nossa própria constituição, servindo para nos tornar o tipo de pessoas que de fato somos.

Anedotas relacionadas

34. A barganha do Dr. Fausto, 149
52. O menino de Kant, 219
59. A epifania de J. S. Mill, 243

Leituras adicionais

Crombie, I. M. *Plato's Doctrines* [*As Doutrinas de Platão*]. 2 vols. Londres: Routledge, 1963.

Irwin, Terence. *Plato's Ethics* [*A Ética de Platão*]. Nova Iorque: Oxford University Press, 1995.

Lodge, R. C. *Plato's Ethical Theory* [*A Teoria Ética de Platão*]. Nova Iorque: Hardcourt Brace, 1928.

Platão. *A República*. Existem muitas boas traduções dos diálogos de Platão incluindo *A República*; ver, por exemplo, Daryl H. Price, *A Guide to Plato's Republic* [*Um guia à República de Platão*] (Oxford: Oxford University Press, 1998); Greg Recco, *Athens Victorious: Democracy in Plato's Republic* [*Atenas Vitoriosa: a Democracia na República de Platão*] (Lanham: Lexington, 2007); e Sean Sayers, *Plato's Republic: An Introduction* [*A República de Platão: Uma Introdução*] (Edimburgo: Edinburgh University Press, 1999).

14

O Demiurgo de Platão

Em seu diálogo *Timeu*, Platão imaginou quatro fatores-chave atuando na constituição do cosmos: um *Caos* primordial que opera de maneira anárquica (literalmente *sem leis*) sob a égide de uma *Necessidade* limitadora, e um *Poder Criativo* ou *Artesão* (*Demiurgo*) que opera sob a direção da *Inteligência* (*nous*, Razão). Esta última, a Inteligência, gradualmente, no decurso do tempo, "persuade" (!) a Necessidade a aceitar a regularidade ordeira necessária para transformar o Caos em um cosmos ordenado. Com base nisso, transparece que a Inteligência que guia as operações do demiurgo criativo

> é o princípio sumamente válido do devir e da ordem do mundo. […] Desejando então que todas as coisas fossem boas e, tanto quanto possível, nada fosse imperfeito, o demiurgo tomou tudo que havia de visível – que não estava em repouso, mas em movimento irregular e desordenado – e o conduziu da desordem à ordem, por julgar que a ordem era sem dúvida melhor que a desordem. Ora, não foi nem jamais pode ser permitido que o trabalho do bem supremo seja algo senão aquilo que é melhor. Refletindo, portanto, ele descobriu que, dentre as coisas que são visíveis por natureza, nenhum trabalho que seja desprovido de inteligência será alguma vez melhor que um trabalho que tenha inteligência, quando cada qual é considerado como um todo, e, ademais, que a inteligência não pode estar presente em coisa alguma senão na alma. Em virtude desse raciocínio, quando fabricou o mundo, ele estabeleceu a inteligência

no interior da alma, e a alma no interior do corpo, a fim de que o trabalho que ele realizava pudesse ser, por natureza, tão perfeito quanto possível.[1]

Mas a Inteligência não obtém tudo a seu modo. Ela deve continuamente disputar com a Necessidade.

Ora, nosso discurso anterior [...] apresentou as obras realizadas pelo trabalho da Inteligência; mas devemos agora colocá-las ao lado das coisas que ocorrem por Necessidade. Pois a geração deste universo foi um resultado misto da combinação de Necessidade e Inteligência, que dominou a necessidade ao persuadi-la a guiar para o melhor a maioria das coisas que vêm a ser. Dessa maneira, e com base nesse princípio, este universo foi constituído desde sua origem pela vitória da persuasão razoável, ou da Inteligência sobre a Necessidade.[2]

Para Platão, a cosmologia é testemunha do desenvolvimento, sob a influência penetrante da razão, de um cosmos amplamente (mas não perfeitamente) ordenado e governado por leis, a partir de um caos primordial. O que emerge no final é uma ordem sistêmica instituída pela inteligência cósmica dotada de um foco criativo, que fornece uma multiplicidade existencial que é congênere com os seres finitamente inteligentes (e, portanto, limitadamente racionais) que emergem em seu interior.

A concepção de Platão, inspirada por Pitágoras, de um ordenamento racionalmente instituído de leis que transforma um caos primordial em um cosmos (em grande medida) ordenado, exerceu uma enorme influência ao longo da história subsequente do pensamento científico, filosófico e teológico ocidental.

---

1 Platão, *Timeu*, 29d-30b. Tradução inglesa de F. M. Cornford, *Plato's Cosmology: The Timaeus of Plato* [*A Cosmologia de Platão: o Timeu de Platão*] (Londres: Routledge, 1937).
2 Platão, *Timeu*, 47e-48b.

Anedotas relacionadas

4. Os números de Pitágoras, 33
8. A natureza dos atomistas, 47
46. A deusa mítica de Leibniz, 197

Leituras adicionais

Broadie, Sarah. *Nature and Diversity in Plato's* Timaeus [*Natureza e Diversidade no* Timeu *de Platão*]. Cambridge: Cambridge University Press, 1994.

Chardin, Teilhard de. *The Human Phenomenon* [*O Fenômeno Humano*]. Brighton: Sussex, 1999.

Johansen, T. K. *Plato's Natural Philosophy* [*A Filosofia Natural de Platão*]. Cambridge: Cambridge University Press, 2004.

Platão. *Plato's Cosmology: The* Timaeus *of Plato* [*A Cosmologia de Platão: o* Timeu *de Platão*] (Londres: Routledge, 1937). Traduzido por F. M. Cornford. Londres: Routledge, 1937.

15

O conhecimento de Platão

O Sócrates do diálogo *Teeteto*, de Platão, considera a teoria de que conhecer algo é definido por duas exigências: (1) que a alegação em questão seja verdadeira, e (2) que seu suposto conhecedor seja capaz de fornecer uma justificativa de por que esse é o caso. Sócrates então prossegue rejeitando essa teoria, embarcando em uma linha de raciocínio marcada pelos seguintes intercâmbios:

> SÓCRATES [a TEETETO]: [Você sustenta que ter] uma crença verdadeira com adição de uma justificativa é conhecimento?
> TEETETO: Precisamente.
> [...]
> SÓCRATES: Será, Teeteto, que em um só momento nós descobrimos hoje aquilo que tantos sábios envelheceram procurando e não encontraram?
> TEETETO: Eu, de qualquer modo, estou satisfeito com nosso enunciado presente, Sócrates.
> SÓCRATES: Sim, o enunciado por si mesmo pode ser satisfatório; pois como poderia haver conhecimento sem uma justificativa e sem uma concepção correta? Contudo, há um ponto na teoria, conforme enunciada, que não me agrada.
> TEETETO: Qual?
> SÓCRATES: Aquele que poderia ser considerado seu traço mais engenhoso: ela diz que os elementos últimos [como os axiomas da geometria] são incognoscíveis, ao passo que tudo que é complexo

[como os teoremas geométricos] pode ser conhecido.
TEETETO: Isso não está correto?
SÓCRATES: Devemos descobrir.[1]

Sócrates passa a argumentar que isso não pode estar correto, pois se todo exemplar de conhecimento exigisse uma justificativa – a qual, é claro, deve por si mesma consistir em uma verdade conhecida – então nada jamais poderia ser conhecido, pois estaríamos presos em um regresso infinito.

Esse tipo de raciocínio – no qual um resultado obviamente insustentável segue-se de uma tese projetada – veio a ser conhecido como *reductio ad absurdum*, uma "redução ao absurdo". Esse é um modo engenhoso de raciocínio refutativo, que era comum entre os filósofos e matemáticos da Grécia antiga.

Sócrates prossegue explorando essa refutação para argumentar que não pode ser verdade que todo conhecimento é "discursivo", sendo baseado em um conhecimento adicional. Em vez disso, deve haver um conhecimento que seja "imediato", sendo baseado na experiência em vez de mediado por um outro conhecimento prévio. Pois se o conhecimento sempre tivesse de vir do conhecimento, e sempre exigisse um conhecimento prévio para substanciá-lo, sua aquisição real nunca poderia ocorrer.

Uma objeção adicional notável contra a teoria do conhecimento do *Teeteto*, que equivale à alegação de que o conhecimento deve sempre ser baseado em razões que o validem, foi feita pelo filósofo e logicista inglês Bertrand Russell (1872-1970), por meio de contraexemplos do seguinte tipo. Suponha que X aceite uma tese p que tem o formato disjuntivo q- ou -r. Mas agora seja essa tese p verdadeira somente porque q (na qual X não acredita) é verdadeira, mas sendo que p é aceita por X somente porque ele aceita r (que na verdade é falsa). Então, é claro que não podemos afirmar de maneira apropriada que X sabe que p. Para fins de especificidade, seja que X está convencido de que Jones está na Coreia, mas somente porque ele (erroneamente) acredita que Jones está na Coreia do Sul (enquanto Jones na verdade está na Coreia do Norte). Então, a crença de X é verdadeira (porque Jones de fato está na

---

1 Platão, Teeteto, 202c-e. Tradução inglesa de F. M. Cornford: *Plato's Theory of Knowledge: The Theaetetus and Sophist of Plato* [*A Teoria do Conhecimento de Platão: o Teeteto e o Sofista de Platão*] (Londres: Routledge, 1935).

Coreia), e *X* detém essa crença com base em uma razão convincente (a saber, sua crença – errônea – de que Jones está na Coreia do Sul).

A teoria do *Teeteto* é, portanto, claramente falha. O conhecimento é mais do que uma verdade em que alguém acredita; ele é uma verdade em que alguém acredita de modo *apropriado*. Para contar como conhecimento, uma crença deve não apenas ser verdadeira, mas também seu possuidor deve ter uma base apropriada para ter essa crença.

Em discussões recentes, esse ponto foi ressaltado por uma proposta amplamente citada do filósofo norte-americano Edward Gettier (nascido em 1927).[2] Seu contraexemplo corresponde ao do marinheiro que (corretamente) acredita que a ilha distante da qual ele está se aproximando é habitada, mas ele só acredita nisso pois confunde alguns arbustos grandes com pessoas. Ele acredita em algo verdadeiro, e de fato tem bases para sua crença, mas as duas coisas são malogradamente desconectadas.

O ponto que emerge desse conjunto de deliberações é que a visão de que o conhecimento é uma crença verdadeira e justificada é inadequada. Pois se as considerações que fundamentam a crença em questão estiverem fora de sincronia com os fatos que asseguram a verdade dessa crença, não fará mais qualquer sentido falar sobre conhecimento. Conhecer não é apenas uma questão de ter *algum* fundamento ou razão para aceitar uma verdade: conhecer exige fundamentos *apropriados*, e o conhecimento não é meramente uma crença que é verdadeira e justificavelmente aceita, mas sim uma crença verdadeira que é justificavelmente aceita *como tal*.

Ao implementar a ideia de igualar o conhecimento à crença verdadeira justificada, não se pode e não se deve tratar a justificação e a verdade como fatores separados e separáveis. Pois a correlação não funcionará se sua estipulação equívoca for interpretada como "acreditada como sendo verdadeira com *alguma* justificativa". Em vez disso, ela deve ser interpretada como "acreditada como sendo verdadeira com uma justificativa *adequada*".

Pois a justificativa em questão não pode estar meramente nos olhos do conhecedor, como uma impressão subjetiva; ela deve vigorar objetivamente,

---

2 Edward Gettier, "Is Justified True Belief Knowledge?" ["Será que a crença verdadeira justificada é conhecimento?"], *Analysis* 23 (1963): 121-123.

de uma maneira que se sustenta não apenas para o conhecedor, mas para toda pessoa. A distinção crítica entre "Ele meramente pensa que sabe" e "Ele realmente sabe" não pode ser ignorada. Se você admite qualquer separação entre justificação e verdade nessa fórmula, o paradoxo de Platão-Russell-Gettier torna-se inevitável. O conhecimento não é apenas uma questão de uma crença que é justificada e aceita como verdadeira; ele é uma questão de o que é justificavelmente e corretamente aceito como verdadeiro.

Anedotas relacionadas

96. A Terra Gêmea de Putnam, 385
99. O quarto chinês de Searle, 397

Leituras adicionais

Huemer, Michael. *Epistemology: Contemporary Readings* [*Epistemologia: Leituras Contemporâneas*]. Londres: Routledge, 2002.

Moser, P. K., H. Mulder, e J. D. Trout. *The Theory of Knowledge* [*A Teoria do Conhecimento*]. Oxford: Oxford University Press, 1998.

Platão. *Teeteto*. Em: *Plato's Theory of Knowledge: The Theaetetus and Sophist of Plato* [*A Teoria do Conhecimento de Platão: o Teeteto e o Sofista de Platão*], traduzido por F. M. Cornford. Londres: Routledge, 1935.

Runciman, W. *Plato's Later Epistemology* [*A Epistemologia Tardia de Platão*]. Cambridge: Cambridge University Press, 1962.

Sosa, Ernest, Jaegwon Kim, e Matthew McGrath, eds. *Epistemology: An Anthology* [*Epistemologia: uma Antologia*]. 2. ed. Oxford: Blackwell, 2008.

White, N. P. *Plato on Knowledge and Reality* [*Platão Acerca do Conhecimento e da Realidade*]. Indianápolis: Hackett, 1976.

16

A batalha marítima de Aristóteles

Segundo a visão do pupilo premiado de Platão, Aristóteles (384-322 a. C.), o futuro é uma página em branco, aguardando a escrita do desenrolar da história. Alinhado com essa visão, ele escreveu o seguinte no capítulo 9 de seu estudo *Sobre a Interpretação*:

> Uma batalha marítima deve ocorrer amanhã ou não, mas não é necessário que ela ocorra amanhã, e tampouco é necessário que ela não ocorra, contudo, é necessário que ela ocorra ou não ocorra amanhã. Uma vez que as proposições não correspondem a fatos, é evidente, então, que em eventos futuros há uma alternativa real e uma potencialidade em direções contrárias, a afirmação e a negação correspondentes têm o mesmo caráter. [...] Uma das duas proposições em tais casos deve ser verdadeira e a outra falsa, mas não podemos dizer de modo determinado que esta ou aquela é falsa, mas devemos deixar a alternativa sem decisão. Uma delas pode, de fato, ser mais provavelmente verdadeira do que a outra, mas ela não pode ser nem verdadeira nem falsa em ato. É claro, portanto, que não é necessário que, para uma afirmação e uma negação, uma seja verdadeira e a outra falsa. Pois no caso daquilo que existe em potência, mas não em ato, a regra que se aplica àquilo que existe em ato não vale.[1]

---

1 Aristóteles, *Sobre a Interpretação*, I 9, 19a30-b5.

Assim, aqueles comandantes de frotas inimigas podem ou não escolher enfrentar-se amanhã. Só o tempo dirá. Consequentemente, Aristóteles sustentava que uma alegação acerca de um evento contingente feita de modo aberto não tem nenhum estatuto de verdade no presente, isto é, no presente ela não é nem verdadeira nem falsa.

No que diz respeito à ocorrência daquela batalha marítima, a questão é aberta, indeterminada. E assim, dada uma proposição p que diga respeito ao futuro, devemos ter então $N(p$ ou não-$p)$, mas não teremos nem Np nem $N($não-$p)$, onde N indica a necessidade. E tanto p quanto não-p terão consequentemente a mesma condição de verdade, a saber, a da contingência indeterminada, de não ser nem necessariamente verdadeira, nem necessariamente falsa.

Tal visão das coisas rejeita qualquer fatalismo predeterminístico. Ela enxerga o futuro não decidido como encontrando-se em aberto no presente, estando seu desenvolvimento sujeito à operação ainda incerta da escolha e do acaso. E ela enxerga a contingência da metafísica como diretamente coordenada com a indeterminação semântica da lógica.

Anedotas relacionadas

5. O rio de Heráclito, 35
23. O tempo de Sto. Agostinho, 103
26. O dedo de Omar Khayyám, 115

Leituras adicionais

Whitaker, C. W. A. *Aristotle's* De interpretatione*: Contradiction and Dialectic* [*O* De interpretatione *de Aristóteles: Contradição e Dialética*]. Oxford: Clarendon, 1996.

17

O preceito de Aristóteles sobre a precisão

Como é que nos contentamos com previsões vagas na medicina ou na meteorologia, mas exigimos precisão na química e na física? Por que empregamos padrões diferentes em diferentes áreas de deliberação? Sobre isso, assim como sobre muitas outras questões-chave nos assuntos humanos, Aristóteles tinha algumas visões bem desenvolvidas. No início de sua *Ética a Nicômaco*, ele escreveu:

> Não se pode aspirar à mesma precisão em todas as discussões, da mesma forma que não se pode atingi-la em todas as profissões. [...] Devemos contentarmo-nos, então, ao falarmos de vários assuntos, com a apresentação da verdade sob forma rudimentar e sumária quando falamos de coisas que são verdadeiras apenas em linhas gerais, e, partindo de premissas do mesmo gênero, não devemos aspirar a conclusões mais precisas. Cada tipo de afirmação, portanto, deve ser aceito dentro dos mesmos pressupostos; os homens instruídos se caracterizam por *buscar a precisão em cada classe de coisas somente até onde a natureza do assunto permite*, da mesma forma que é evidentemente insensato aceitar raciocínios apenas

prováveis de um matemático e exigir demonstrações rigorosas de um orador.[1]

Poucas passagens na história da filosofia oferecem uma observação mais sábia e mais instrutiva que essa. E seu conselho permanece tão válido em nossos dias quanto na época de Aristóteles. Com certeza ele estava correto ao sustentar que devemos ter expectativas muito diferentes acerca da generalidade, da exatidão e da precisão, no que diz respeito a diferentes ramos de investigação. No entanto, as coisas são bem diferentes no que diz respeito às razões de Aristóteles para essa visão.

Suas razões eram baseadas em suas visões sobre a natureza da ciência natural, que por sua vez eram baseadas nas doutrinas de sua metafísica. Aristóteles olhava para as realidades do mundo a partir da perspectiva do tempo, sustentando que, ao descrever como as coisas são na natureza e como elas funcionam, temos de distinguir aquelas características que vigoram:

- atemporalmente (como ocorre com as abstrações matemáticas);
- sempre e todas as vezes;
- geralmente e na maioria das vezes;
- às vezes e ocasionalmente;
- nunca, nenhuma vez.

A regularidade temporal é a chave aqui,[2] e naqueles casos cruciais iniciais nós lidamos com assuntos que prevalecem sempre ou na maioria das vezes, em contraste com o restante dos casos, que são meramente ocasionais e esporádicos. Ora, conforme Aristóteles enxergava o assunto, os primeiros casos definem o domínio da *ciência*, que aborda aquilo que regularmente (embora não necessariamente de modo invariável) ocorre.[3] Eles dizem

---

1 Aristóteles, *Ética a Nicômaco*, I 3, b12-27; ênfase acrescentada. Tradução inglesa de W. D. Ross: *Nichomachean Ethics* (Oxford: Oxford University Press, 1959).
2 Sobre o papel do tempo na concepção de ciência de Aristóteles, ver Jaakko Hintakka, *Time and Necessity: Studies in Aristotle's Theory of Modality* [*Tempo e Necessidade: Estudos sobre a Teoria da Modalidade de Aristóteles*] (Oxford: Clarendon, 1973).
3 Sobre a ideia de Aristóteles da "qualificação da generalidade ordeira como 'na maioria das vezes'", ver Gisela Striker, "Notwendigkeit mit Lücken" ["Necessidade com Lacunas"], *Neue Hefte für Philosophie* [*Novos Cadernos de Filosofia*] 24-25 (1985): 146-64. O papel dessa ideia na teoria da ciência de Aristóteles é discutido em Lindsay Judson, "Chance and Always or For the Most Part" ["Acaso e Sempre ou na Maioria

respeito ao atemporal (matemática), ao sempiterno (astronomia estelar), e ao geralmente regular (astronomia próxima e física terrestre, e certos aspectos dos campos biológico e social). Além disso, há o domínio do meramente ocasional e intermitente: o campo do acidental, que fica fora do escopo da ciência. Aqui entramos no domínio do acaso (*tuchê*) e do acidente (*symbebetokos*), onde a explicação científica não está prevista. A generalidade e a estabilidade temporal são as considerações cruciais para a receptividade em relação à ciência: para Aristóteles, a ausência ou pelo menos a infrequência de divergências "acidentais" em relação ao regramento ordenado é o pivô da inteligibilidade científica (em consequência, a medicina, por exemplo, é para Aristóteles uma arte em vez de uma ciência).

Vista dessa perspectiva, a ciência é uma atividade de busca por padrões de regularidade, e a estabilidade temporal torna-se então a chave para a compreensão científica. Essa abordagem se entrelaça uniformemente com a visão de Aristóteles sobre a metafísica da existência. Pois, conforme ele o enxergava, o mundo natural consiste em domínios distintos, como se segue:

(1) o céu exterior, a esfera das estrelas fixas;
(2) o céu interior, domínio do sol, dos planetas e da lua;
(3) a Terra, em relação a seus constituintes físicos, terra, água, ar e fogo;
(4) o domínio biológico da Terra, em relação a seus ocupantes vivos, incluindo humanos, animais e plantas.

Cada esfera exibe regularidades que fornecem uma base para a compreensão científica – mas isso ocorre em graus muito diferentes. As estrelas fixas funcionam com perfeita regularidade; o céu interior exibe padrões mais intricados e convolutos de regularidade; o domínio material correlacionado com a Terra é uma posição a meio caminho, às vezes admitindo divergências acidentais em relação à regra geral das coisas; enquanto o domínio biológico é em parte regular e em parte repleto de irregularidades acidentais, e não admite nenhuma lei geral (e menos ainda invariável). Quanto mais proximamente terrenos são

das Vezes"], em *Aristotle's Physics: A Collection of Essays* [*A Física de Aristóteles: uma Coleção de Ensaios*], ed. Lindsay Judson (Oxford: Clarendon, 1991), 73-99.

os fenômenos, menos eles são adequáveis à compreensão estritamente científica, e quanto mais remotamente celestiais, mais acessíveis eles são para a compreensão científica.

Sob essa ótica, o contraste entre nossa ciência moderna e a ciência de Aristóteles é instrutivo. Aristóteles estava disposto a contemplar uma ciência cujas generalizações são apenas isso – generalizações, em vez de universalizações estritas. Ele estava preparado para aceitar "leis" explicativas que valem "de modo geral e na maioria das vezes", em vez de insistir em uma universalidade rígida. E na aurora do empreendimento científico isso era não apenas razoável, mas também virtualmente necessário. Pois quando nossas investigações sobre a natureza tinham de ser baseadas inteiramente nos dados disponibilizados pelos sentidos sem auxílio, uma ciência empírica comprometida com a universalização estrita teria de ficar de mãos vazias, à luz do câmbio entre precisão e possibilidade de sustentação. A ciência teria então sido imobilizada na linha de largada a partir da qual os gregos começaram, com o domínio da matemática pura erguendo-se sozinho em um esplêndido isolamento.

E assim, ainda que Aristóteles e os modernos estejam de acordo em boa parte de seu pensamento metacientífico, resta uma área de profunda discordância. Pois Aristóteles exilou o estudo dos assuntos humanos da esfera da compreensão científica, situando-o como uma arte cuja conduta haveria de ser guiada por uma adequação meramente prática, instruída pelo juízo com base em experiências empíricas, em vez da compreensão científica. Como vimos, a ciência é dedicada à generalidade, em vez da particularidade, e à atemporalidade em vez da transitoriedade, ao passo que as artes práticas abordarão uma particularidade variável que é concreta e vinculada ao tempo.

A maioria dos modernos, com seu compromisso com um conjunto considerável de ciências sociais, adota uma visão muito diferente do assunto. Mas talvez não seja totalmente injusto dizer que o júri ainda está indeciso sobre se os modernos estão corretos nessa divergência em relação à posição do grande estagirita.

Anedotas relacionadas

4. Os números de Pitágoras, 33
79. A linha costeira de Richardson, 317
93. A satisfação de Simon, 373

Leituras adicionais

Ackrill, J. L. *Aristotle the Philosopher* [*Aristóteles, o Filósofo*]. Oxford: Oxford University Press, 1981. Ver especialmente o cap. 7, "The Philosophy of Science" ["A Filosofia da Ciência"].

Aristóteles, *Ética a Nicômaco*. Tradução inglesa de W. D. Ross: *Nichomachean Ethics* (Oxford: Oxford University Press, 1959).

Evans, Melbourne G. *The Physical Philosophy of Aristotle* [*A Filosofia Física de Aristóteles*]. Albuquerque: University of New Mexico Press, 1964.

18

O meio-termo dourado de Aristóteles

Aristóteles ensinou que um dos padrões que guiam a "virtude" ou excelência humana é constituído por uma intermediação proporcional entre extremos opostos de insuficiência e excesso. Como ele coloca em sua *Ética a Nicômaco*:

> [Em assuntos de conduta, assim como] em tudo que é contínuo e divisível, é possível selecionar muito, ou pouco, ou uma quantidade média, [...] e a quantidade apropriada é um meio-termo entre o excesso e a insuficiência. A virtude (*arête*), portanto, [...] é um meio-termo (*meson*) entre dois vícios, um de excesso e um de falta, sendo um intermediário em relação ao qual os vícios respectivamente ficam aquém ou excedem aquilo que é correto no tocante tanto às paixões quanto às ações, enquanto a virtude encontra e escolhe o meio-termo (*meson*) [apropriado].[1]

Assim, conforme Aristóteles a enxergava, a "virtude" em questão na excelência humana depende da obtenção do equilíbrio correto entre a falta e o excesso.

---
1 Aristóteles, *Ética a Nicômaco*, 1106a26–1107a3. Tradução inglesa de W. D. Ross: *Nichomachean Ethics* (Oxford: Oxford University Press, 1959).

Tabela 1. A virtude como intermediação

Modo de comportamento	Insuficiência defeituosa	Excelência mediadora	Excesso defeituoso
Projeção de si	Covardia	Coragem	Temeridade
Cuidado com as posses	Avareza	Liberalidade	Prodigalidade
Tratamento de si	Abnegação	Temperança	Indulgência
Indulgência consigo	Ascetismo	Moderação	Licenciosidade
Cuidado com a própria posição	Egocentrismo	Justa consideração consigo	Omissão em relação a si próprio
Cuidado com a própria imagem	Humilhação de si	Magnificência	Vaidade
Revelação de si	Secretividade	Veracidade	Fanfarronice
Risco pessoal	Cautela excessiva	Prudência	Imprudência
Compartilhamento	Avareza	Generosidade	Prodigalidade
Envolvimento	Indiferença	Gentileza	Intromissão
Autoestima	Menosprezo de si	Modéstia digna	Prepotência
Interesse próprio	Perdularismo	Prudência	Avareza
Assertividade	Pusilanimidade	Justa integridade	Irascibilidade
Manifestação verbal de si	Grosseria	Agudeza de espírito	Zombaria

E ele substanciou essa visão com base em diversos exemplos em conformidade com as linhas da tabela 1, explicando sua doutrina daquilo que Horácio viria a chamar de meio-termo dourado (*aurea mediocritas*). Por exemplo, o homem que não teme nada é temerário; o homem que teme tudo é um covarde pusilânime; no entanto, o homem que teme em raras ocasiões apropriadas é corajoso (1116b15).[2] A relativização desses critérios medianos para um modo de comportamento indica que esse modo de agir não é inerentemente mau nem inerentemente virtuoso. Tanto seu aspecto quantitativo quanto sua qualidade são cruciais. Consequentemente, Aristóteles estava preparado para compreender que "nem toda ação ou paixão admite

---

2 Contrariamente a vários intérpretes, proponho compreender aquilo que está sendo chamado aqui de "modos de comportamento" como tipos de reação (*pathê*) em geral, e não meramente ou mesmo principalmente como reações emocionais (para a visão contrária, ver George N. Terzis, "Homeostasis and the Mean in Aristotle's Ethics" ["Homeostase e o Meio-Termo na Ética de Aristóteles"], em *Aristotle, Virtue, and the Mean* [*Aristóteles, a Virtude e o Meio-Termo*], edição especial, Aperion 25, n. 4 [Dezembro, 1995]: 175-189).

um meio-termo. Algumas têm nomes que já implicam negatividade, tais como despeito, sem-vergonhice, inveja, e, no caso das ações, adultério, roubo e assassinato".[3]

Assim, Aristóteles enxergava a virtude ou excelência (*arête*) como uma disposição preferencial (*hexis prohairetikê*) a favor das coisas do caminho do meio, sendo que aquilo que é apropriado sempre pede por uma média (*mesotês*) apropriada que seja um meio-termo (*meson*) adequado entre dois vícios complementarmente correlativos de excesso ou insuficiência. O que a tabela 1 claramente indica é que qualquer tipo de intermediação tem de ocorrer *em termos de algum modo de comportamento em particular* (aqui representado por aquela coluna inicial). E em cada caso desses exemplos aristotélicos, esse parâmetro variável é algum modo de comportamento pessoal reflexivo (orientado para si mesmo) que varia em um amplo espectro de graus ou intensidades. As virtudes ou excelências humanas que estão à frente das preocupações de Aristóteles sempre envolvem algum traço quantitativamente comparável de preocupação do sujeito consigo próprio, que pode estar presente em insuficiência ou em excesso. E a virtude apropriada encontra-se em realizar esse fator na medida correta e apropriada, entre o pouco e o muito, ao longo de um espectro geralmente contínuo.[4] Para Aristóteles, a virtude pessoal é consequentemente determinada por uma proporção (1107a1), e adquire assim um caráter decididamente matemático.

Uma notável reviravolta de pensamento emerge aqui. Para nós, hoje, o cerne da ética é a moral, e seu objeto é especificamente a bondade moral, de modo que, conforme o enxergamos, o cerne da ética é agir com a devida consideração pelos interesses dos outros. Em contraste, Aristóteles adota uma visão muito diferente e mais ampla. Para ele, a ética é parte de uma tríade maior, conforme a preocupação da pessoa diz respeito à condição das pessoas em geral (*politikê*), das pessoas próximas a ela (*oikonomia*), e de si própria (*ethikê*). Conforme Aristóteles o enxergava, o objeto do empreendimento ético não é a *bondade (moral) do homem*, mas sim aquilo que

---

3 Aristóteles, *Ética a Nicômaco*, 107a9 ss. Comparar com a *Ética a Eudemo*, 1221b20 ss. Aristóteles poderia ter acrescentado que alguns modos de ação são inerentemente bons, tais como a honestidade e a confiabilidade.
4 Comparar com Aristóteles, *The Nicomachean Ethics* [*A Ética a Nicômaco*]. Trad. H. Joachim (Oxford: Clarendon, 1951), 89-90.

é *bom para o homem*, interpretado de modo mais amplo para abranger os principais objetos desejados da justiça, saúde e afeição (1099a26). Sua ética visa alcançar uma vida merecidamente satisfatória de excelência e valor pessoal (1099a21), e o alvo dela não é um comportamento especificamente *moral* ao longo da dimensão do bem e do mal, mas sim o comportamento apropriado em geral (1094b14). Consequentemente, o projeto ético de Aristóteles era algo bastante diferente do de nossos contemporâneos.

Aristóteles até mesmo encontrou uma aplicação política para sua doutrina ética da intermediação normativa: "Você não pode fazer uma cidade com dez homens, mas se há cem mil ela não é mais uma cidade. Mas o número apropriado não é supostamente um número único, mas qualquer um que caia entre certos pontos fixos".[5] Apesar de fixar um limite pequeno demais para o tamanho da cidade, Aristóteles deve ainda assim receber o crédito pela importante afirmação de que nesses casos numéricos o meio-termo adequado não tem de ser uma quantidade precisa, mas pode se encontrar em um intervalo indefinido. O raciocínio quantitativo é ao mesmo tempo possível e útil em situações onde não podemos ser exatos acerca das quantidades em questão. Não é necessário saber quanto haverá de chuva a fim de que seja sensato levar um guarda-chuva.

Anedotas relacionadas

52. O menino de Kant, 219
79. A linha costeira de Richardson, 317
93. A satisfação de Simon, 373

Leituras adicionais

Aristóteles. *The Nicomachean Ethics* [*A Ética a Nicômaco*]. Traduzida por W. D. Ross. Oxford: Oxford University Press, 1959.

---
5 Aristóteles, *Ética a Nicômaco*, 1170b30–32.

Joachim, Harold Henry. *Aristotle: The Nicomachean Ethics; A Commentary* [*Aristóteles: A Ética a Nicômaco; um Comentário*]. Oxford: Clarendon, 1955.

Pakaluk, Michael. *Aristotle's Nicomachean Ethics: And Introduction* [*A Ética a Nicômaco de Aristóteles: uma Introdução*]. Cambridge: Cambridge University Press, 2005.

Rescher, Nicholas. *Studies in Quantitative Philosophizing* [*Estudos de Filosofar Quantitativo*]. Frankfurt: ONTOS, 2010.

Ross, W. D. *Aristotle* [*Aristóteles*]. Nova Iorque: Meridian, 1959.

19

A verdade de Pilatos

Pôncio Pilatos (*ca.* 20 a. C. – 50 d. C.) foi o quinto governador da província romana da Judeia, servindo de 26 a 36 d. C., e ficou famoso como o oficial que autorizou a execução de Jesus. O evangelho de S. João apresenta-o no diálogo: "Pilatos disse-lhe: 'Tu és, então, um rei?' Jesus respondeu: 'Dizes que sou rei. Para este fim eu nasci, e por causa disto vim ao mundo, para dar testemunho da verdade. Todo aquele que é da verdade ouve minha voz'. Disse-lhe Pilatos: '*Que é a verdade?*' E tendo dito isso, saiu [...]." (João 18: 37-38). O episódio ocasionou a passagem clássica do *Ensaio Sobre a Verdade* de Francis Bacon: "O que é a verdade? Perguntou o zombeteiro Pilatos; e não ficou para ouvir a resposta".

O problema da verdade tem sido um foco de deliberação filosófica desde a época de Platão. As perguntas relevantes são: (1) o que é a verdade: o que deve ser o caso quando se diz que uma tese é verdadeira; o que está contido em uma alegação de verdade? (2) Como se deve determinar essa condição: quais tipos de indicações evidenciais justificam atribuirmos a verdade a uma tese; quais tipos de precondições podem justificar uma alegação de verdade? E o problema é que esses dois fatores podem não estar em perfeito alinhamento: pode haver uma lacuna de informação entre justificativa e conteúdo (Nós prontamente reconhecemos todos os tipos de indivíduos como verdadeiramente nossos semelhantes humanos, sem, por exemplo predeterminar o requisito essencial de que os pais deles, sobre os quais podemos não saber nada, também tenham sido humanos).

Por certo, a concepção da verdade é tal que uma alegação *p* qualifica-se como verdadeira quando (e somente quando) aquilo que ela afirma é realmente o caso: aquilo é um fato (a verdade, como diziam os medievais, é uma *adequatio ad rem* [adequação às coisas]). Mas isso é de pouca ajuda, pois não temos nenhum acesso cognitivo aos fatos para além daquilo que *pensamos* ser o caso, e que, portanto, aceitamos como verdadeiro.

Anedotas relacionadas

15. O conhecimento de Platão, 75
24. A prancha de Avicena, 109
30. A verdade de Averróis, 131
36. O enganador de Descartes, 157
61. O elefante desconcertante de Saxe, 251

Leituras adicionais

Kirkham, Richard L. *Theories of Truth: A Critical Introduction* [*Teorias da Verdade: uma Introdução Crítica*]. Cambridge: MIT Press, 1992.

Moser, P. K., H. Mulder, e J. D. Trout. *The Theory of Knowledge* [*A Teoria do Conhecimento*]. Oxford: Oxford University Press, 1998.

Sosa, Ernest, Jaegwon Kim, e Matthew McGrath, eds. *Epistemology: An Anthology* [*Epistemologia: uma Antologia*]. Oxford: Blackwell, 2008.

20

A alavanca de Arquimedes

O matemático, físico e astrônomo grego Arquimedes (287-212 a. C.) tem a fama de ter dito: "Dê-me um lugar para me apoiar, e [com uma alavanca] moverei o mundo inteiro [*Dos moi pou sto kai kino teal gael*]".[1] Reagindo a essa declaração, Mark Twain fez a seguinte piada:

> "Dê-me onde me apoiar", disse Arquimedes, "e moverei a Terra". Essa foi uma bazófia bem segura, pois Arquimedes sabia muito bem que o lugar para se apoiar não existia, e nunca existiria. Mas suponha que ele tivesse movido a Terra, e daí? Que benefício isso teria trazido para qualquer pessoa? O serviço nunca teria pago as despesas de execução, e muito menos dividendos, então qual era a utilidade de falar sobre ele? Pelo que nos dizem os astrônomos, me parece que a Terra já se movia bem rápido, e se houvesse alguns malucos insatisfeitos com seu ritmo de progresso, por mim eles poderiam empurrá-la sozinhos; eu não moveria um dedo, nem investiria um centavo para ajudar em qualquer coisa desse tipo.[2]

É claro que Twain estava certo. Ninguém daria a Arquimedes aquele lugar firme e imóvel para sua alavanca. O experimento que ele imaginou só era exequível no pensamento. Mas esse tipo de experimentação do pensamento

---

[1] A principal fonte é Simplício, *Sobre a Física de Aristóteles*, encontrado em C. A. Brandis, ed., *Handbuch der Geschichte der Griechisch-romischen Philosophie* [*Compêndio de História da Filosofia Greco-Romana*] (Berlim, 1835), 424a.

[2] "Archimedes" ["Arquimedes"], *Australian Standard* [*Padrão Australiano*], 1887; publicado pela primeira vez sob o pseudônimo Twark Main.

sempre foi proeminente na ciência e na filosofia. O que são os teólogos animais de Xenófanes e o asno de Buridano, senão experimentos de pensamento?

Há uma ideia filosófica importante na raiz da afirmação de Arquimedes – uma ideia que viria a se tornar conhecida como o princípio da uniformidade da natureza.

Afinal, as alavancas funcionam quando mudamos de piso ou quando abrimos tampas, então por que não como uma ferramenta astronômica? E quando estudamos mecanismos, e química, e pontes aqui na Terra, entre os recursos e condições locais que prevalecem em nosso domínio terrestre, não hesitamos em alegar uma aplicabilidade universal para as generalizações que encontramos, e ousadamente as chamamos de "leis da natureza".

Nós frequentemente baseamos conclusões em experimentos de pensamento tão prontamente quanto em experimentos reais abertos. O problema da justificação racional desse procedimento audacioso é algo que tem preocupado os filósofos por muito tempo, e que permanece sujeito ao debate até os dias atuais.

Anedotas relacionadas

3. Os teólogos animais de Xenófanes, 29
77. A galinha de Russell, 311

Leituras adicionais

Horowitz, Tamara, e Gerald Massey (eds.). *Thought Experiments in Science and Philosophy* [*Experimentos de Pensamento na Ciência e na Filosofia*]. Savage: Rowman and Littlefield, 1991.

Rescher, Nicholas. *What If: Thought Experimentation in Philosophy* [*E se: Experimentação do Pensamento na Filosofia*]. New Brunswick: Transaction, 2005.

Sorenson, Roy A. *Thought Experiments* [*Experimentos de Pensamento*]. Oxford: Oxford University Press, 1992.

21

O navio de Teseu

Em sua história do navio de Teseu, o historiador e moralista grego Plutarco (*ca.* 48-125 d. C.) propôs um enigma que logo dividiu os filósofos em escolas rivais:

> O navio no qual Teseu e seus jovens atenienses retornaram de Creta tinha trinta remos, e foi preservado pelos atenienses até a época de Demétrio Falereu, pois eles removiam as pranchas velhas conforme elas apodreciam, colocando madeiras novas e fortes no lugar delas, de tal modo que esse navio reconstruído tornou-se um exemplo notável entre os filósofos, pela questão lógica da identidade das coisas; um lado sustentava que o navio permanecia o mesmo, e o outro lado afirmava que ela não era o mesmo.[1]

A mesma questão foi levantada por Thomas Hobbes em seu exemplo das meias de Sir John Cutler, que ao longo do tempo se desgastaram completamente, pouco a pouco, sendo cada buraco remendado com agulha e linha de costura até que finalmente não restava nada do material original. Será que o resultado final ainda era o mesmo par de meias?

Assim, com relação a objetos físicos tais como barcos e meias, o que é que determina a identidade transtemporal? Será que é a continuidade material, com a estrutura desempenhando um papel secundário (ou

---

1 Plutarco, *Life of Theseus* [*Vida de Teseu*], em *Plutarch's Lives of Illustrious Men* [*Vidas de Homens Ilustres, de Plutarco*], ed. A. H. Clough, trad. John Dryden (Boston: Little, Brown and Company, 1880), 7-8.

mesmo inexistente), ou será que é a continuidade estrutural, com os materiais desempenhando um papel secundário (ou mesmo inexistente)? Será que o mais importante é o processo ou o produto? E será que a questão como um todo é uma questão de natureza ou de mera convenção?

E quanto aos objetos imateriais? Quando você toca uma peça no piano e depois no violino, será que ela ainda é "a mesma peça"? E se você traduz um épico homérico do grego para o inglês, será que ele ainda é a mesma obra? Tais enigmas tendem a dividir as pessoas em diferentes escolas. Mas o que isso significa para o empreendimento filosófico?

Os teóricos de orientação "positivista" diriam que a questão é irrelevante, pois tais questões não têm nenhuma resposta sustentável. Seus oponentes "doutrinalistas" responderiam que há apenas uma resposta correta: o que manda é a maior parte – enquanto a maior parte do material original permanece, aquele barco ou meia é o mesmo, mas depois disso ele se torna diferente. E os "contextualistas" diriam que tudo depende do contexto proposital do caso de Teseu, contanto que os mesmos grupos de marujos estejam envolvidos em uma viagem comum naquela embarcação que muda lentamente – isto é, enquanto o papel do veículo na história exibe tal continuidade, ele permanece o mesmo barco.

Então o que temos aqui é um típico debate filosófico no qual diferentes "escolas de pensamento" emergem para defender soluções distintas e discordantes.

A explicação para essas diferenças marcantes de opinião filosófica não é difícil de encontrar. Afinal, a tarefa da disciplina é engajar-se com questões fundamentais e de longo alcance acerca de nossa relação com nossos companheiros e com o mundo que compartilharmos em comum. Abordar esses assuntos envolve inevitavelmente questões básicas de perspectiva e orientação. Se você atua no contexto evidencial de um historiador, é inquestionável que você tenderá a ver o navio como sendo o mesmo; por outro lado, para fins da emissão de um seguro marítimo ele poderia não contar como tal. Assim, é mais do que provável que quando discordamos acerca do "mesmo X" – uma mesma pessoa, ou poema, ou navio – o que está de fato em questão pode não ser uma única ideia universal, mas uma variedade de questões distintas, diferenciadas por considerações de propósitos.

Anedotas relacionadas

5. O rio de Heráclito, 35
85. Psicologia de ficção científica, 343

Leituras adicionais

Chisholm, R. M. *Person and Object* [*Pessoa e Objeto*]. Chicago: Open Court, 1976.

Plutarco, *Life of Theseus* [*Vida de Teseu*], em *Plutarch's Lives of Illustrious Men* [*Vidas de Homens Ilustres, de Plutarco*]. Editado por A. H. Clough, traduzido por John Dryden. Boston: Little, Brown and Company, 1880.

22

O absurdo de Tertuliano

Quintus Septimus Tertullianus [Tertuliano] (*ca.* 160 – *ca.* 225 d. C.) foi um prolífico teólogo cristão de Cartago, na província romana da África. Contado entre os padres fundadores da teologia católica, ele escreveu tanto explicações filosóficas técnicas sobre doutrinas cristãs quanto polêmicas apologéticas em defesa delas. Ele inaugurou a expressão do credo de Deus como sendo "três em pessoa, mas um em substância". Em uma de suas obras cristológicas, Tertuliano escreveu: "E sepultado ele ressuscitou; isto é certo, pois impossível [*Et sepultus resurrexit; certum est, quia impossibile*]".[1] Com base nesse enunciado, o dito: "Creio [nisto], pois é absurdo [*Credo quia absurdum*]" foi (erroneamente) atribuído a Tertuliano ao longo das eras. Embora o "isto" em questão fosse inquestionavelmente a Ressurreição, ele foi frequentemente considerado (erroneamente) como sendo a Trindade, por causa da ligação de Tertuliano com essa doutrina.

A visão de Tertuliano parece ter sido que o ensinamento em questão é tão extraordinário que as pessoas nunca o teriam aceitado na ausência de bases bastante fortes e convincentes para fazê-lo. A ideia de que o absurdo denota credibilidade em assuntos teológicos atraiu muito interesse.

As deliberações de Tertuliano deram início a uma perene controvérsia acerca da desconexão entre as alegações e verdades "superiores" da

---

[1] Tertuliano, *De Carne Christi* [*Da Carne de Cristo*], ed. e trad. Earnest Evans (Londres: SPCK, 1956), cap. 5, 4.

religião e as alegações e verdades menores e mundanas da vida cotidiana – e mais ainda as da ciência teórica. Ironicamente, aqui se assoma um panorama trinitário: será que estamos lidando com algo que é uno em essência (a verdade real), mas de três tipos distintos: religiosa, científica e corriqueira? Os filósofos ao longo das eras debateram a questão da constituição dessas categorias, e a possibilidade de uma inconsistência aqui sempre os arrebatou. A resoluta insistência da Igreja Católica na compatibilidade delas deveria, por direito, ter-lhe trazido muito crédito.

Anedotas relacionadas

3. Os teólogos animais de Xenófanes, 29
21. O navio de Teseu, 97
30. A verdade de Averróis, 131

Leituras adicionais

Barnes, T. D. *Tertullian: A Literary and Historical Study* [*Tertuliano: um Estudo Literário e Histórico*]. Oxford: Clarendon, 1971; ed. revisada: 1985.

Kelly, J. N. D. *Early Christian Doctrines* [*Doutrinas Cristãs Iniciais*]. Nova Iorque: Harper, 1958.

23

O tempo de Sto. Agostinho

O espaço e o tempo preocuparam os filósofos desde o início de sua disciplina, mas eles descobriram que o segundo – o tempo – é algo especialmente desconcertante, pois virtualmente a totalidade dele simplesmente não existe no presente – ou, de fato, não existe nunca, em qualquer junção particular. Assim, Santo Agostinho de Hipona (354-430) escreveu:

> O que é, pois, o tempo? Quem poderá explicá-lo com facilidade e brevidade? Quem poderá apreendê-lo, mesmo em pensamento, para depois pronunciar palavras acerca dele? Mas a que nos referimos nas conversas com maior familiaridade e conhecimento do que o tempo? E certamente compreendemos o que dizemos quando falamos sobre ele; compreendemos também quando ouvimos outra pessoa falar dele. O que é, então, o tempo? Se ninguém me pergunta isso, eu sei; se quero explicar a quem pergunta, não sei. Porém, digo sem receio que sei que, se nada passasse, não haveria tempo passado; e se nada estivesse por vir, não haveria tempo futuro; e se nada existisse, não haveria tempo presente. O que são esses dois tempos, o passado e o futuro, portanto, quando agora mesmo o passado já não existe; e o futuro ainda não existe? Mas se o presente fosse sempre presente, e não passasse para o pretérito, verdadeiramente ele não poderia ser tempo, mas sim eternidade. Se, portanto, o tempo presente – para ser tempo – só vem a existir pois passa para o pretérito, como podemos dizemos que mesmo isso existe, cuja causa de sua existência é que ele deva não existir – a saber, de modo

que não podemos verdadeiramente dizer o que o tempo existe, a não ser porque ele tende a não existir?[1]

Tudo isso parece muito desconcertante. Se o futuro não existe agora, quando ele virá a existir? Tudo que podemos oferecer é a reposta (efetivamente circular): "no futuro", que certamente parece uma petição de princípio. (E o passado encontra-se essencialmente no mesmo barco – pois onde está ele agora? Resposta: "no passado").

Segundo todas as aparências, só o presente é atualmente real, sendo o passado algo que já se foi, e o futuro algo que não está disponível. Talvez o tempo exista apenas na mente, como um tipo de ilusão inerente ao modo como nosso pensamento vagueia pelo que é de fato uma vasta, mas imutável paisagem. Desde Parmênides, na Antiguidade, passando por Kant, até F. H. Bradley no século XX, vários filósofos pensaram algo parecido com isso, e até mesmo alguns físicos contemporâneos sustentam visões semelhantes. Mas mesmo que o tempo seja baseado no pensamento, será que isso não pressupõe já a realidade do tempo, uma vez que o pensamento está sempre mudando? Talvez o tempo seja apenas uma questão de meras aparências, mas aparências sistemicamente estáveis constituem por sua vez um tipo de realidade. E, enfim, não somos capazes de pensar com coerência sobre as coisas sem fazer referência ao tempo. Quando fazemos afirmações como "Está chovendo" ou "Estou com fome", o tempo torna-se o fator crucial na determinação da verdade e da falsidade, e, portanto, um fator essencial da comunicação significativa.

É lamentável que não haja nenhuma maneira plenamente satisfatória de explicar o que está em questão aqui. O tempo é aparentemente uma daquelas realidades elementares que simplesmente tem de ser entendida em seus próprios termos, sendo "inanalisável", como os lógicos se inclinam a dizer. Muito embora possamos querer combinar o espaço e o tempo (e desejar a unificação do "espaço-tempo" do qual fala a teoria da relatividade), resta o fato de que essas duas potências desempenham papéis muito diferentes em nossas vidas,

---

1 Sto. Agostinho, *Confissões*, livro 11, cap. 14, parág. 17. Trad. inglesa de E. B. Pusey, *The Confessions of St. Augustine* [*As Confissões de Sto. Agostinho*] (Londres: T. Nelson and Sons, 1937).

e falar em "viagem no tempo" significa misturar duas coisas muito diferentes e reivindicar para uma delas algo que pertence à outra.

Mas a despeito de o quanto o tempo seja desconcertante em sua resistência à caracterização descritiva por meio das estabilidades da linguagem, ele é um fator abrangente e crucialmente importante em nossa vida e em nosso pensamento. Não podemos escapar da assombrosa constatação de que nós mesmos, com basicamente tudo a nosso respeito, estamos "aqui hoje, desaparecidos amanhã". Para nós, o tempo é um referencial no interior do qual – inevitavelmente – vivemos, nos movemos, e existimos. Podemos, sendo essa apenas uma possibilidade, ser capazes de afastá-lo por meio do pensamento. Mas, mesmo assim, permanece a constatação de que a realidade é insensível àquilo que pensamos sobre ela.

Anedotas relacionadas

5. O rio de Heráclito, 35
16. A batalha marítima de Aristóteles, 79
85. Psicologia de ficção científica, 343

Leituras adicionais

Agostinho. *The Confessions of St. Augustine* [*As Confissões de Sto. Agostinho*]. Traduzido por E. B. Pusey. Londres: T. Nelson and Sons, 1937.

Bardon, Adrian. *A Brief History of the Philosophy of Time* [*Uma Breve História da Filosofia do Tempo*]. Oxford: Oxford University Press, 2013.

Gale, Richard M., ed. *The Philosophy of Time* [*A Filosofia do Tempo*]. Londres: Palgrave-Macmillan, 1968.

Hawking, Stephen. *A Brief History of Time* [*Uma Breve História do Tempo*]. Nova Iorque: Bantam, 1988.

II

A IDADE MÉDIA, 500-1500

24

A prancha de Avicena

O homem, *Homo sapiens*, é um anfíbio que vive em um mundo de natureza, mas também em um mundo de pensamento. E os dois aspectos podem facilmente entrar em descompasso, com o pensamento entrando em conflito com a realidade das coisas. Em particular, muitas vezes exageramos a magnitude dos obstáculos com os quais nos deparamos.

O filósofo persa Avicena (980-1037) apresentou em seu tratado enciclopédico *Kitâb al-shifâ* [*Livro da Cura*] uma história que dizia mais ou menos o seguinte: "Um homem foi desafiado a cruzar um profundo abismo sobre uma prancha sólida de madeira fixada de modo seguro do lado oposto. Ele ficou imobilizado com a própria ideia e prontamente recusou o desafio. Mas quando exatamente a mesma prancha foi posta no chão, ele a atravessou alegremente com passos largos".[1]

A diferença encontra-se, é claro, na contemplação de possibilidades (frequentemente remotas) por parte da imaginação. Acerca daquela prancha, o que é tão diferente nos dois casos é menos as atualidades da situação, e mais as possibilidades. Um desafio que é fundamentalmente o mesmo se torna cada vez mais ameaçador conforme a penalidade de uma possível falha aumenta, e conforme nos deparamos com alguma assustadora perspectiva do tipo "e se…".

---

[1] Para este exemplo, ver a tradução de Fazlur Rahman em *Avicenna's De Anima: Being the Psychological Part of the Kitâb al-shifâ* [*O De Anima de Avicena: Sendo a Parte Psicológica do Kitâb al-shifâ*] (Oxford: Oxford University Press, 1959).

Ainda assim, por que existe essa diferença tão dramática? Considerada de modo objetivo, é claro que a tarefa em questão envolvendo essa passagem não é mais difícil em um caso do que no outro. Mas, no fim, é sempre com nossa realidade subjetiva – a realidade conforme a enxergamos – que devemos lidar em nossas decisões acerca de assuntos relacionados à ação. Nosso único caminho rumo àquilo que existe passa por aquilo que pensamos existir.

Anedotas relacionadas

19. A verdade de Pilatos, 93
40. A aposta de Pascal, 173
43. A sala trancada de Locke, 185

Leituras adicionais

James, William. *Principles of Psychology* [*Princípios da Psicologia*]. Nova Iorque: Henry Holt, 1890.

Rahman, Fazlur, ed. Avicenna's *De Anima: Being the Psychological Part of Kitâb al-shifâ* [*O De Anima de Avicena: Sendo a Parte Psicológica do Kitâb al-shifâ*]. Oxford: Oxford University Press, 1959.

25

O asno de Buridano

Será que um agente razoável pode escolher um curso de ação ou selecionar um objeto na ausência de qualquer preferência? À primeira vista, certamente parece que essa pergunta deve ser respondida na negativa. Segundo o próprio conceito de "agente razoável", é necessário que tal indivíduo tenha *razões* para suas ações. E quando é feita uma escolha razoável entre alternativas, essa escolha deve, ao que parece, ser baseada em uma *preferência* pelo objeto realmente escolhido, em comparação com as alternativas disponíveis. Quando não existe nenhuma *preferência*, parece que não pode existir nenhuma *razão* para a escolha, de modo que, aparentemente, não pode existir uma maneira *razoável* de fazer a escolha. Essa linha de raciocínio parece estabelecer o preceito: *não há escolha razoável sem preferência*.

Contudo, apesar da plausibilidade superficial desse argumento, ele não pode ser aceito como plenamente correto. Pois há um contraexemplo bem conhecido, e de fato notório: o dilema ou paradoxo do asno de Buridano, nomeado em homenagem ao escolástico francês Jean Buridan [Buridano] (*ca.* 1300 – *ca.* 1360). Esse animal hipotético encontra-se faminto e posicionado a meio caminho entre dois montes de feno essencialmente idênticos. Assume-se que não há nenhuma razão pela qual o animal deveria ter uma preferência por um dos montes de feno em detrimento do outro. Contudo, ele deve comer um ou o outro, ou então morrer de fome. Sob essas circunstâncias, a criatura, sendo razoável, preferirá um monte de feno a nenhum monte de feno. Ela *deve*, portanto, *escolher um* dos montes. Contudo, não há, por hipótese, simplesmente nenhuma *razão* para preferir qualquer um dos montes. Parece seguir-se que a escolha razoável deve – de algum modo – ser possível na ausência da preferência.[1]

A questão da escolha indiferente se encaixa de modo bastante natural e harmonioso no contexto de problematização da teoria da vontade de Buridano. A vontade, sustenta ele, não decide espontaneamente a partir de seus próprios recursos, mas é sujeita aos comandos da razão. Conforme a razão julga, a vontade decide. Quando a razão considera um objeto como sendo um bem maior do que outro, a vontade só pode optar pelo bem maior – se forem iguais as outras coisas. Se a razão considerasse dois de seus objetos como inteiramente equivalentes, a vontade seria incapaz de agir para romper seu próprio impasse. Buridano sustenta esse determinismo intelectual da vontade dizendo que aqueles que reivindicam o livre-arbítrio para o homem, mas negam-no aos animais encontram-se em uma situação difícil: "Parece-me que, para mostrar a diferença entre a liberdade de nossa vontade e a falta de liberdade à qual a faculdade de ação de um cão é sujeita, seria melhor confiar na fé do que na razão natural. Pois seria difícil, de fato, mostrar que quando nossa vontade é inteiramente indiferente entre dois atos opostos, ela [em distinção contrastante com a faculdade de ação do cão] poderia decidir em favor de uma ou da outra alternativa sem ser assim determinada por algum fator externo".[2] É fácil, portanto, ver como,

---

[1] O asno de Buridano não ocorre em seus escritos sobreviventes. Não há dúvida, contudo, de que Buridano estava familiarizado, em essência, com o exemplo ao qual ele emprestou seu nome. Em seu comentário não publicado sobre o *De Caelo* [*Do Céu*] de Aristóteles, em uma glosa na seção 2, 13, Buridano dá o exemplo de um cão – não um asno! – morrendo de fome entre duas porções iguais de comida. Ver o artigo de L. Minio-Paluello, "Buridan", na *Encyclopedia Britannica* (edição de 1956). Isso quase, mas não totalmente, confirma a conjetura de Schopenhauer de que o exemplo de Buridano foi adotado a partir do exemplo de Aristóteles sobre o homem perplexo acerca de uma escolha entre comida e bebida, mas que Buridano "trocou o homem por um asno, somente porque era o costume desse parcimonioso escolástico tomar como seus exemplos Sócrates, ou Platão, ou um *asinum*" (Schopenhauer, *Prize Essay on the Freedom of the Will* [*Ensaio Premiado sobre a Liberdade da Vontade*] [Cambridge: Cambridge University Press, 2006], 59). Seria claramente inadequado apresentar os grandes em estado de perplexidade.

[2] Jean Buridan, *In Metaphysicam Aristotelis Quaestiones* [*Questões sobre a Metafísica de Aristóteles*], citado por P. Duhem, *Études sur Léonard de Vinci* [*Estudos sobre Leonardo da Vinci*] (Paris: Librairie scientifique A. Hermann et Fils, 1906), 3: 20–21. Duhem atribui nessa obra tais *Quaestiones* sobre a *Metafísica* a outro João

no contexto da teoria da vontade de Buridano, o exemplo do asno poderia, com sua duplicidade característica, servir (1) como um exemplo um tanto drástico para ilustrar o determinismo intelectual da vontade de Buridano, ou (2) como um exemplo aduzido pelos oponentes de Buridano em uma tentativa de tornar essa doutrina absurda.

É merecido enfatizar que o problema da escolha não preferencial serve também para destacar a diferença entre *razões* e *motivos*. Quando uma seleção aleatória entre objetos indiferentes é feita por mim, eu tenho uma *razão* para minha seleção particular, a saber, o fato de que ela me foi indicada por um seletor aleatório. Mas não tenho nenhuma *preferência* ou motivação psicológica de outro tipo que me incline a escolher este item em vez de suas alternativas (que por hipótese são indiferentes). No entanto, tal ausência de uma preferência psicologicamente motivante não acarreta a impossibilidade de uma seleção logicamente justificável. Uma escolha pode, portanto, ser logicamente justificada como tendo sido feita razoavelmente, mesmo que ela não possa ser vinculada a um raciocínio de avaliação diferenciadora. Em suma, podemos ter *razões* para uma escolha mesmo quando não há nenhum *motivo* racional.

É interessante a consideração de que o problema não pode ser resolvido pela delegação de uma escolha indiferente a um mecanismo tal como um lance de moeda ou de dados. Pois considere escolher entre *A* e *B* por meio da atribuição de "cara" para *A* e "coroa" para *B*. Mas agora existe a alternativa inteiramente indiferente de atribuir "coroa" para *A* e "cara" para *B*. Ao introduzir os lances de dados, nós simplesmente recriamos o mesmo problema através de mais uma situação de escolha indiferente.

Anedotas relacionadas

2. O burro de Esopo, 25
94. O dilema do prisioneiro, 377

Buridano, mas, diante de evidências manuscritas descobertas por ele próprio, ele posteriormente revisou sua posição (Duhem, *Le Système du Monde* [*O Sistema do Mundo*] [Paris: A. Hermann, 1917], 4: 126).

Leituras adicionais

Copleston, F. C. *A History of Medieval Philosophy* [*Uma História da Filosofia Medieval*]. Londres: Metheun, 1972.

Rescher, Nicholas. "Choice without Preference: The Problem of 'Buridan's Ass'" ["Escolha sem Preferência: o Problema do 'Asno de Buridano'"], em *Essays in the History of Philosophy* [*Ensaios sobre História da Filosofia*], 77-114. Aldershot: Avebury, 1995.

Zupko, Jack. *John Buridan* [*João Buridano*]. Notre Dame: University of Notre Dame Press, 2003.

26

O dedo de Omar Khayyám

Uma famosa quadra das *Rubáiyát* [*Quadras*] do poeta persa Omar Khayyám (1048-1131) diz o seguinte:

> O dedo em movimento escreve; e tendo escrito
> Segue adiante: toda tua Piedade e Sagacidade
> Não o trarão de volta para cancelar meia Linha,
> Nem todas as tuas Lágrimas lavarão uma palavra.[1]

O fatalismo subjacente desse sábio muçulmano não apenas enxerga o passado como estando para além da mudança, mas o futuro também: o que quer que venha a ser está escrito no livro do destino. Essa visão é vivamente apresentada no conto clássico do "Compromisso em Samarra", que na narração de W. Somerset Maugham diz o seguinte:

> Havia um mercador em Bagdá que mandou seu servo ao mercado para comprar mantimentos. Pouco tempo depois o servo voltou, pálido e tremendo, e disse: "Mestre, justo quando eu estava no mercado, fui sacudido por uma mulher na multidão, e quando me virei vi que era a Morte que tinha me sacudido. Ela olhou para mim e

---

[1] Omar Khayyám, *The Rubai'yât of Omar Khayyam* [*As Rubai'yât de Omar Khayyám*]. Trad. Edward Fitzgerald (Nova Iorque: Penguin, 1995).

fez um gesto de ameaça. Agora me empreste seu cavalo, e cavalgarei para longe desta cidade e evitarei meu destino. Irei para Samarra, e lá a Morte não me encontrará". O mercador emprestou-lhe seu cavalo, e o servo montou, afundou as esporas em seus flancos, e partiu tão rápido quanto o cavalo era capaz de galopar. Então o mercador foi até o mercado e me viu parada na multidão. Ele veio até mim e disse: "Por que você fez um gesto de ameaça para o meu servo quando o viu esta manhã"? Eu disse: "Aquilo não foi um gesto de ameaça, foi apenas um sobressalto de surpresa. Fiquei espantada ao vê-lo em Bagdá, pois eu tinha um compromisso marcado com ele hoje à noite em Samarra".[2]

A pessoa que fala aqui é a Morte, e a lição mais óbvia do conto é nossa incapacidade humana de escapar de seu abraço fatídico. Para além da mortalidade, há também a ideia adicional de um fatalismo mais amplo: o destino tem um plano de grande escala para nós, e não podemos nem evitar nem alterar seus decretos inevitáveis.

Por certo, isso não significa que devemos abandonar nossos esforços de deliberar, decidir, planejar, e de nos preocuparmos sobre o que fazer. Não poderíamos fazer isso, pois essas atividades fazem parte de nossa natureza enquanto seres humanos, e nossa realização dessas coisas é ela mesma uma parte do grande plano do destino. Então, resta enfim o fato de que nós pensamos – e talvez devamos pensar assim – que estamos no comando.

Essa perspectiva fatalista foi proeminente na cultura ocidental, e figurou de modo proeminente em religiões como o zoroastrismo e o maniqueísmo. A vigorosa oposição a esses credos por Agostinho e os outros Padres da Igreja ocorreu na maior parte do mundo mediterrâneo antes que a ascensão do islá entrasse na disputa.

---

[2] O conto é recontado na peça *Sheppey*, de W. Somerset Maugham, de 1933.

Anedotas relacionadas

34. A barganha do Dr. Fausto, 149
65. A liberdade de William James, 265

Leituras adicionais

Cahn, S. M. *Fate and Logic and Time* [*Destino, Lógica e Tempo*]. New Haven: Yale University Press, 1967.

Khayyám, Omar. *The Rubai'yât of Omar Khayyám* [*As Rubai'yât de Omar Khayyám*]. Traduzido por Edward Fitzgerald. Nova Iorque: Penguin, 1995.

O'Hara, John. *Appointment in Samarra* [*Compromisso em Samarra*]. Nova Iorque: Harcourt Brace, 1934.

27

A bazófia do Rei Alfonso

O rei Alfonso X (1221-1284), chamado de "O Sábio" (*El Sabio*), que governou Castela (e muito mais) em meados do século XIII, foi um erudito de coração. E ao estudar o sistema ptolomaico de astronomia, com sua profusão de ciclos e epiciclos, ele comentou: "Se o Senhor Todo-Poderoso tivesse me consultado antes de iniciar sua criação, eu teria recomendado algo mais simples".[1]

A esse respeito, no entanto, o caminho adiante não é tão fácil quanto possa parecer. Pois o que mais fundamentalmente bloqueia o caminho rumo a qualquer possível melhoria conjectural é a interconexão totalmente abrangente que existe entre as coisas.

Suponha que façamos apenas uma minúscula alteração na composição descritiva do real, adicionando, digamos, um seixo no leito de um rio. Mas qual seixo? Onde vamos obtê-lo, e o que vamos colocar no lugar dele? E onde vamos colocar o ar ou a água que esse novo seixo desloca? E quando colocamos aquele material em uma nova posição, como exatamente vamos reajustar sua história conforme ela era antes? Além disso, a região a seis polegadas em torno do novo seixo continha antes N seixos. Agora ela contém $N + 1$. Qual é a região que podemos dizer que perdeu um seixo, e que agora contém $N - 1$? Se é aquela região ali adiante, então como o seixo chegou dali até aqui? Por um transporte instantâneo milagroso? Por meio de um

---

1 Sobre a erudição de Alfonso, ver Robert Burns, *Emperor of Letters* [*Imperador das Letras*] (Filadélfia: University of Pennsylvania Press, 1990).

menino que o pegou e o arremessou. Mas então, qual menino? E como ele chegou ali? E se ele o arremessou, então o que aconteceu com o ar que seu arremesso deslocou, que de outro modo teria permanecido imperturbado? E conforme fazemos conjurações com esses seixos, o que acontece com a estrutura subjacente dos campos magnéticos, térmicos e gravitacionais? Como esses campos podem ser preservados como antes, dada a remoção e/ou deslocamento dos seixos? Como a matéria pode ser reajustada para preservar a consistência aqui? Ou será que faremos isso modificando as leis fundamentais da física? Qualquer suposta mudança da ordem real das coisas dá origem a problemas adicionais intermináveis.

Isso significa que não há nenhuma possibilidade real de intervir localmente no funcionamento do mundo sem que isso tenha ramificações mais amplas. Neste *mundo* – e, de fato, em qualquer mundo possível – os estados de coisas são tão interconectados que as mudanças locais sempre têm consequências abrangentes. Uma mudança em qualquer ponto tem reverberações em toda parte. Quando você adota a modificação da realidade como um pressuposto, então, no que diz respeito à lógica pura, todas as apostas são suspensas. Qualquer "solução" local sempre tem ramificações do princípio ao fim, e consequentemente nenhum ajuste ou intervenção pode ser capaz de efetuar uma melhoria. A introdução de hipóteses que transgridem as crenças põem tudo em risco. Na esteira dessas hipóteses, nada mais está seguro. Para manter a consistência, uma pessoa deve reformular toda a estrutura dos fatos, e assim enfrentar uma tarefa de proporções da tarefa de Sísifo. A realidade é algo complexo demais para ser refeito de modo não fragmentário por nosso pensamento, que só é capaz de efetivamente lidar com mudanças parciais *na* realidade, mas não com mudanças abrangentes *da* realidade. O alcance da realidade tem um aperto que nunca relaxará inteiramente: ela é uma teia densamente trançada, onde o corte de qualquer fio leva a uma desfiação do todo.

O mundo que temos – e, de fato, qualquer alternativa possível a ele – é um acordo de larga escala. Quando começamos a intervir nele, ele escapa como água entre nossos dedos. Ao buscar mudá-lo, criamos condições em que não há mais qualquer "isto" anafórico com o qual possamos lidar.

Modificar um sistema tão complexamente inter-relacionado quanto um "mundo" é o mesmo que aboli-lo – substituí-lo por alguma outra coisa. E isso pode ser algo que é muito, muito pior.

Com certeza, as negatividades *particulares* existentes no mundo são de fato remediáveis em teoria. Mas arranjar isso na prática provavelmente acarretará um conjunto ainda maior de negatividades na totalidade. A tese aqui é efetivamente aquela de Leibniz: a intenção não é alegar que o mundo seja *perfeito*, mas apenas que ele é *ótimo* – o melhor possível, com ênfase não no *melhor*, mas no *possível*.

Considerações como essas dão a entender que a ideia de que os defeitos do mundo possam ser consertados por intervenções hipotéticas é decididamente implausível. E dado o fato de que reformular o mundo como um todo é algo que está além de nossas míseras capacidades, temos de lidar com a consideração de que – até onde somos capazes de discernir – este é de fato o melhor dos mundos possíveis, e que alterar a condição existente do universo de qualquer maneira que seja diminuirá a soma total de suas positividades. Temos de lidar com a perspectiva de que não existe nenhuma "solução rápida" para as negatividades deste mundo. No que diz respeito ao mérito, a situação existente pode muito bem ser o melhor arranjo geral de coisas – apesar de seus defeitos manifestos em contrário.

Anedotas relacionadas

26. O dedo de Omar Khayyám, 115
28. A onipotência perplexa do escolasticismo, 123
73. A pata do macaco, 295

Leituras adicionais

Burns, Robert. *Emperor of Letters: Alfonso X* [*Imperador das Letras: Alfonso X*]. Filadélfia: University of Pennsylvania Press, 1990.

Gillispie, Charles C., ed. *Dictionary of Scientific Biography* [*Dicionário de Biografia Científica*]. Vol. 1. Nova Iorque: Scribners, 1970. Ver o artigo "Alfonso el Sabio".

Jacobs, W. W. "The Monkey's Paw" ["A Pata do Macaco"], em *The Lady of the Barge* [*A Senhora da Barca*]. Londres: Harcourt Brace, 1902.

Leibniz, G. W. *Theodicy: Essays on the Goodness of God, the Freedom of Man, and the Origin of Evil* [*Teodiceia: Ensaios sobre a Bondade de Deus, a Liberdade do Homem e a Origem do Mal*]. Traduzido por E. M. Huggard. Londres: Routledge, 1951.

28

A onipotência perplexa do escolasticismo

Os escolásticos da Idade Média, que adoravam enigmas teóricos, se depararam com um enigma bem grande acerca da teologia teísta. Ele foi levantado pela seguinte linha de pensamento: "Deus é onipotente: seu poder é ilimitado – ele pode fazer literalmente qualquer coisa. Mas se Deus pode fazer *qualquer coisa*, então ele pode limitar seus próprios poderes, e talvez até mesmo renunciar a eles e abandoná-los inteiramente. É concebível que ele possa até mesmo aniquilar-se – ou transformar-se em um sapo".[1] Esse tipo de coisa é claramente inapropriado, e ainda assim desconcertante.

Os mais sagazes entre os escolásticos – incluindo Tomás de Aquino (1224-1274) – tinham uma resposta para esse dilema, baseada em um segundo exame mais detalhado da própria ideia de onipotência. A onipotência, segundo eles, não requer a capacidade de fazer *absolutamente qualquer coisa*, mas consiste antes na capacidade de fazer *qualquer coisa que seja logicamente possível fazer*. Assim, não estaria ao alcance de um Deus onipotente duplicar-se, transformar-se em uma criatura estúpida, renunciar a seu papel, ou, é claro, aniquilar-se. Tais coisas são simplesmente impossíveis.

---

1 Os medievais chamavam esse tipo de enigmas de "insolúveis" (*insolubilia*). Eles favoreciam a análise de tais assuntos por causa de seu papel em evocar esclarecimentos.

Os escolásticos também estenderam essa linha de pensamento a outros atributos divinos, como a onibenevolência e a onisciência. Más ações são inerentemente impossíveis para Deus. E há restrições lógicas comparáveis acerca do conhecimento de um ser onisciente: ele não pode ter um conhecimento falso (em contraste com conhecer a falsidade). Também, se os detalhes de um futuro aberto forem inerentemente incognoscíveis, não se pode exigir que um ser onisciente os conheça.

Assim, dois fatores passam para o plano principal da deliberação aqui. O primeiro é a questão da natureza das coisas, do que é essencial para que algo seja um item de um certo tipo – um deus, por exemplo. Se alguma característica é definidora de algo, sendo a própria coisa que esse algo é, então não se pode atribuir a esse algo alguma característica adicional que seja incompatível com a primeira, de um modo que faça sentido. A análise dos conceitos torna-se então uma questão crucial – algo em cuja direção os escolásticos dedicaram muitos esforços.

O segundo fator problemático relaciona-se à questão da possibilidade lógica. A lógica – o estudo da coerência racional – tem de ser o árbitro da possibilidade, e o que está envolvido na coerência lógica e o que é necessário para a realização dessa coerência tornam-se questões cruciais. Os escolásticos não se dedicaram a minúcias lógicas por mera diversão. Eles assumiam que a lógica tinha uma tarefa crucialmente importante a realizar.

Anedota relacionada

26. O dedo de Omar Khayyám, 115

Leituras adicionais

Copleston, Frederick C. *Aquinas* [*Tomás de Aquino*]. Londres: Pelican, 1955.

Copleston, Frederick C. *A History of Medieval Philosophy* [*Uma História da Filosofia Medieval*]. Nova Iorque: Harper and Row, 1972.

Henry, Desmond Paul. *Medieval Logic and Metaphysics: A Modern Introduction* [*Lógica e Metafísica Medieval: uma Introdução Moderna*]. Londres: Hutchinson, 1972.

Spade, Paul V. *Lies, Language, and Logic in the Later Middle Ages* [*Mentiras, Linguagem e Lógica na Baixa Idade Média*]. Londres: Varicorum, 1988.

Tomás de Aquino. *Summa Theologica: Questions on God* [*Summa Theologica: Questões sobre Deus*]. Editado por Brian Davies e Brian Leflow. Cambridge: Cambridge University Press, 2006.

29

As provas de Tomás de Aquino

Em sua magistral *Summa Theologiae* [*Suma de Teologia*], o grande filósofo e teólogo italiano Santo Tomás de Aquino (1225-1274) considerou uma série de "provas" da existência de Deus que se tornaram conhecidas como as "Cinco vias" (*Quinque viae*). Assim como seu mestre Aristóteles antes dele, Tomás via os *Elementos* de Euclides como o próprio modelo do raciocínio demonstrativo. A demonstração convincente considerada dessa maneira é uma questão de dedução lógica a partir de premissas autoevidentemente óbvias. O que isso significa, no caso presente, é que a argumentação seguirá alguma linha como a de sustentar:

> Que Deus, agora visto por definição como o ente perfeito (supremo), não poderia não existir, uma vez que isso impediria aquilo que é (por hipótese) seu ser perfeito (supremo).

> Que Deus, agora visto por definição como a causa primeira e absoluta das coisas, não poderia não existir, porque na ausência de uma causa primeira e absoluta nada poderia existir.

O ponto central das cinco provas de Tomás era em cada caso algum fator crucial da filosofia aristotélica. E o teor da discussão como um todo é uma aristotelização da teologia cristã conforme esta havia sido desenvolvida pelos Padres da Igreja. Conforme é concebido aqui, o Deus de Tomás de Aquino é efetivamente "o Deus dos filósofos", um fator em uma sistematização racional, em vez de um destinatário adequado para a prece, a devoção e a obediência moral afetuosa. Mas o problema aqui – um incômodo para os teólogos filosóficos ao longo dos anos – é a desconexão bastante evidente entre a concepção "metafisicamente" abstrata de Deus que está em questão em tal argumentação, como "ente supremo" ou "causa absoluta", e a concepção paternalista de Deus da Bíblia. É difícil enxergar essa entidade, quando metafisicamente concebida, como sendo também um pai e protetor cuidadoso – um ente preocupado, benevolente e generoso, acessível na devoção e na prece, com um cuidado sentido até mesmo por cada pequeno pardal.

Com certeza, não há nenhuma razão pela qual o Deus dos teóricos e o Deus do crente ordinário não poderiam enfim ser o mesmo ente. Mas o modo como um mesmo ente está em questão por trás dessas concepções muito diferentes continua sendo algo desconcertantemente misterioso. E é talvez justamente por isso que o próprio Tomás no fim voltou seu olhar para a tradição da rejeição cristã para reconciliar essa dualidade de um Deus que se dirige tanto à mente dos filósofos quanto ao coração dos crentes.

Anedotas relacionadas

14. O Demiurgo de Platão, 71
22. O absurdo de Tertuliano, 101
28. A onipotência perplexa do escolasticismo, 123
71. A estrela da manhã de Frege, 287

Leituras adicionais

Maurer, Armand. *Medieval Philosophy* [*Filosofia Medieval*]. 2. ed. Toronto: Pontifical Institute of Medieval Studies, 1982.

Stump, Eleonore. *Aquinas* [*Tomás de Aquino*]. Londres: Routledge, 2003.

Tomás de Aquino. *Summa Theologica: Questions on God* [*Summa Theologica: Questões sobre Deus*]. Editado por Brian Davies e Brian Leflow. Cambridge: Cambridge University Press, 2006.

30

A verdade de Averróis

O filósofo hispano-muçulmano Averróis (1226–1298) tem a distinção de lhe ser atribuída uma teoria filosófica que ele de fato não sustentou. A doutrina do averroísmo – assim chamada por seus oponentes – ficou conhecida como uma teoria da verdade dupla. Ela supostamente sustentava que "há dois corpos de verdade distintos e discordantes: o da religião (com sua doutrina do Antigo Testamento, de um mundo criado no tempo) e o da ciência (com sua doutrina aristotélica de qualquer mundo)".[1] Assim como a doutrina do solipsismo, que considera que tudo que de fato existe é o indivíduo e suas ideias sobre as coisas, essa também é uma doutrina que ninguém jamais sustentou de fato com essa forma áspera e incondicionada de articulação explícita.

O problema do averroísmo em seu formato tradicional (ainda que incompreendido) encontra-se em seu conflito com a unidade da razão. Pois como Aristóteles já havia insistido, quando consideramos tanto p quanto não-p como verdades aceitáveis, não há nada que possamos dizer coerentemente sobre o assunto: ele efetivamente desaparece do cenário da comunicação significativa. Por certo, podemos salvar o assunto contextualizando nossas alegações, p é verdadeira às quartas e quintas-feiras e não-p durante o resto da semana, ou então p é verdadeira de um lado dos Alpes e não-p do outro lado.

---

[1] Sobre essa caracterização do averroísmo, ver Etienne Gilson, *History of Philosophy in the Middle Ages* [*História da Filosofia na Idade Média*] (Nova Iorque: Random House, 1955).

O que Averróis realmente ensinou é que há apenas uma verdade autêntica, mas, graças à limitação do intelecto humano, há de fato duas maneiras diferentes de apreender e ensinar essa verdade. Sob essa perspectiva, o problema encontra-se não em uma realidade indecisiva, mas em uma vacilação ambivalente do pensamento humano imperfeito. E o escolástico cristão Siger de Brabant (*ca.* 1248-1284) levou essa ideia mais adiante, para contemplar uma dualidade inerente ao intelecto humano que se move, por um lado, para o pensamento (científico ou filosófico) duro. Ele foi então acusado do "averroísmo" de sustentar uma teoria da verdade dupla, com a verdade religiosa em nítida contradição com a verdade da filosofia e da razão. Essa dualidade foi então contestada pelo filósofo e santo cristão Tomás de Aquino (1224-1274), que argumentou em seu tratado "Da unidade do intelecto: contra os averroístas" (*De unitate intellectum contra Averroistas*) contra qualquer conflito desse tipo entre verdades, e sustentou a doutrina cristã da criação do mundo como a única correta.

A posição averroísta de um dualismo do entendimento é refletida no influente contraste traçado por William James[2] entre pessoas de mente tenra e de mente dura.

> Pois todo tipo de permutação e combinação é possível na natureza humana; e se eu agora passar a definir de modo mais completo o que tenho em mente quando falo sobre racionalistas e empiristas, acrescentando a cada um desses títulos algumas características secundárias qualificadoras, peço que considerem minha conduta como arbitrária em uma certa medida. [Mas em geral] o racionalismo é sempre monista. Ele toma como ponto de partida as totalidades e os universais, e dá grande importância à unidade das coisas. O empirismo toma como ponto de partida as partes, e faz do todo uma coleção – ele não tem aversão, portanto, a chamar a si mesmo de pluralista. [...] O racionalista, finalmente, terá um temperamento dogmático em suas afirmações, enquanto o empirista pode ser mais cético e aberto à discussão.

---

2 William James, *Pragmatism: The Works of William James* [*Pragmatismo: as Obras de William James*] (Cambridge: Harvard University Press, 1975), 12-13.

Escreverei essas características em duas colunas. Penso que vocês serão capazes de reconhecer de modo prático os dois tipos de constituição mental a que me refiro, se eu encabeçar as colunas com os títulos de 'mente tenra' e 'mente dura', respectivamente.

Mente tenra	Mente dura
Racionalista	Empirista
(guiada por 'princípios'),	(guiada por 'fatos'),
Intelectualista,	Sensualista,
Idealista,	Materialista,
Otimista,	Pessimista,
Teísta,	Ateísta,
Voluntarista (partidária do livre-arbítrio),	Fatalista,
Monista,	Pluralista,
Dogmática.	Cética.

Além disso, a perspectiva averroísta encontra alguma justificativa final nas visões modernas sobre a lateralização do cérebro, com o lado esquerdo sendo proeminente para o pensamento formal (matemático, lógico, "analítico") e o lado direito para o pensamento criativo (humanista, emocional, "sintético"). Sob essa perspectiva, também há uma dualização na abordagem acerca da "verdade" das coisas.

Deve-se enfatizar, no entanto, que hoje em dia os teóricos com inclinações averroístas geralmente consideram o panorama de diferentes perspectivas de percepção sobre uma única realidade autoconsistente. A inconsistência direta é impopular hoje em dia entre os metafísicos. Somente os lógicos, com seu interesse em "forçar os limites" para determinar as fronteiras do discurso significativo, tentaram dar sentido ao discurso inconsistente.[3]

---

3 Sobre esse tema, ver N. Rescher e R. Brandom, *The Logic of Inconsistency* [*A Lógica da Inconsistência*] (Oxford: Blackwell, 1976), para uma tentativa de reter a coerência racional juntamente com compromissos inconsistentes.

Anedotas relacionadas

1. A torre de Babel, 21
19. A verdade de Pilatos, 93
22. O absurdo de Tertuliano, 101

Leituras adicionais

Bergh, Simon van den. *Averroes' Tahafut al-tahafut: The Incoherence of the Incoherence* [*A Tahafut al-tahafut de Averróis: A Incoerência da Incoerência*]. 2 vols. Londres: Luzac, 1954.

Dodd, Tony. T*he Life and Thought of Siger of Brabant* [*A Vida e o Pensamento de Siger de Brabant*]. Lewiston: E. Mellen, 1998.

Gilson, Etienne. *History of Philosophy in the Middle Ages* [*História da Filosofia na Idade Média*]. Nova Iorque: Random House, 1955.

James, William. *Pragmatism: The Works of William James* [*Pragmatismo: as Obras de William James*]. Cambridge: Harvard University Press, 1975.

McInerny, Ralph M. *Aquinas against the Averroists* [*Tomás de Aquino contra os Averroístas*]. West Lafayette: Purdue University Press, 1993.

Sonneborn, Liz. *Averroes (Ibn Rushd): Muslim Scholar, Philosopher, and Physician of the Twelfth Century* [*Averróis (Ibn Rushd): Estudioso, Filósofo e Médico Muçulmano do Século XII*]. Nova Iorque: Rosen Publishing, 2012.

31

O Príncipe de Maquiavel

Desde a *República* de Platão até a *Utopia* de Thomas More – com uma considerável literatura de "educação de príncipes" entre elas – teóricos lidando com a governança de Estados enxergaram o assunto a partir do ângulo da idealização. Mas *O Príncipe* do estadista e teórico político italiano Niccolò Machiavelli [Maquiavel] (1469-1527) pôs fim a tudo isso e revolucionou a orientação do pensamento político europeu.

Escrito na forma de conselhos a um príncipe governante, Maquiavel defende a linha dura:

> Um príncipe que não entenda de milícias, além de ter outras infelicidades, [...] não poderá ser estimado por seus soldados, nem poderá confiar neles.
> Portanto, jamais deve desviar o pensamento dos exercícios da guerra, e na paz deve exercitar-se ainda mais do que na guerra [...].
> Muitos imaginaram repúblicas e principados que nunca foram vistos nem verificados na realidade; há uma distância tão grande entre o como se vive e o como se deveria viver, que quem deixa o que se faz pelo que se deveria fazer aprende mais rápido para sua ruína que para sua preservação: pois o homem que quiser ser bom em todos os aspectos terminará arruinado entre tantos que não são bons. Por isso é necessário, se o príncipe quiser manter-se, que aprenda a poder não ser bom, e a valer-se disso ou não, conforme a necessidade. [...]

Para manter a fama de generoso entre os homens, é necessário não abrir mão de todo tipo de suntuosidade: de modo que um príncipe que assim faça sempre consumirá nisso todos os seus recursos, e será necessário, por fim, se quiser manter a fama de generoso, sobrecarregar o povo extraordinariamente de tributos e fazer tudo que pode para arrecadar dinheiro; isso começará a torná-lo odioso a seus súditos, e pouco estimado por cada um ao se tornar pobre. De modo que, tendo com esta sua generosidade prejudicado a maioria e premiado alguns poucos, sentirá o golpe na primeira adversidade e vacilará ao primeiro perigo; e caso se aperceba disso e queira recuar, incorrerá logo na infâmia de miserável. Um príncipe, portanto, não podendo usar essa virtude de generoso sem dano para si de modo que ela seja conhecida, deve, se for prudente, não se importar com a fama de miserável [...].[1]

Na tensão entre uma governança "idealista", baseada em princípios de moral, e a alternativa "realista" da *raison d'état* ["razão de Estado"] e da "força faz o direito", há, afinal, apenas um passo curto que vai da exclusão da ética da política por Maquiavel até o dito de Clausewitz de que a guerra é uma continuação da política por outros meios.

Maquiavel sempre foi o ícone do realismo político obstinado. E sua resultante reputação desagradável é denotada pela ideia (certamente espúria) que está em questão no seguinte dístico:

Nick Machiavelli knew many a trick,
And gave his name to our "Old Nick".

[Nick Machiavelli sabia muitos truques,
e deu seu nome ao nosso "Velho Nick".][2]

Segundo todas as aparências, o livro de Maquiavel sustentava que o sucesso político sobrepuja a moral, que a força faz o direito, e que os fins justificam os meios. Conforme a descrição feita por Maquiavel, o príncipe

---

1 Niccolò Machiavelli, *The Prince* [*O Príncipe*]. Trad. Tim Parks (Nova Iorque: Penguin, 2009), caps. 14-16.
2 Nota do tradutor: em língua inglesa, "Old Nick" ("Velho Nick") é um epíteto para o Diabo.

eficiente faz da consolidação do poder e da extensão do controle seus principais objetivos. Ele prefereria antes ser temido que amado, vendo que o primeiro é um incentivo mais potente para a obediência. Quando necessário, ele será implacável ao atribuir punições e penas, vendo que é fazer esse tipo de coisa de uma vez, em vez de distribuí-las em pequenas doses estendidas ao longo do tempo. Conforme Maquiavel o via, um tirano implacável serve ao Estado mais efetivamente que um fracote bem-intencionado (veja Stalin ou Tito).

O Príncipe, com sua separação da ética em relação à política, fez de Maquiavel o pensador político mais difamado desde o Trasímaco da *República* de Platão. No entanto, é discutível se o próprio Maquiavel aprovava e defendia as doutrinas que ele descreveu, ou se ele meramente relatou que elas refletiam a prática real.

Mas, em qualquer caso, o livro de Maquiavel foi apresentado criticamente ao longo dos séculos seguintes no conflito contínuo entre o utopismo político e a *realpolitik* [política realista]. E até hoje a questão de se um árbitro político deveria deixar sua moralidade pessoal em casa ao ir para o escritório continua a ser um assunto de vivo debate.

Anedotas relacionadas

12. A *República* de Platão, 63
33. A *Utopia* de More, 145
35. O *Leviatã* de Hobbes, 153
53. A visão pacífica de Kant, 223
78. A ilusão de Angell, 313

Leituras adicionais

Machiavelli, Niccolò. *The Prince* [*O Príncipe*]. Traduzido por Tim Parks. Nova Iorque: Penguin, 2009.

Parrish, John M. *Paradoxes of Political Ethics* [*Paradoxos da Ética Política*]. Cambridge: Cambridge University Press, 2007.

Strauss, Leo. *Thoughts on Machiavelli* [*Pensamentos sobre Maquiavel*]. Chicago: University of Chicago Press, 1958.

III

PRIMÓRDIOS DA MODERNIDADE, 1500-1800

32

O debate de Valladolid

Quando a Espanha estava colonizando o Novo Mundo, na época de Felipe II (1527-1598), emergiu uma amarga discórdia entre os conquistadores sedentos de lucro e os frades piedosos que, sob ordens do rei, sempre acompanhavam suas explorações. O objeto da disputa era a situação dos nativos locais, os povos indígenas das Américas. Será que eles eram – como argumentavam os frades – seres humanos com almas a serem salvas e vidas a serem integradas à comunidade da Igreja? Ou será que eram – como os conquistadores prefeririam pensar – como alguns dos grandes hominídeos da África, mamíferos sofisticados, disponíveis para o trabalho nas minas de ouro e prata, de modo bastante semelhante à maneira como camelos e bois serviam como bestas de carga? Será que eles eram na verdade humanos, ou será que deveriam ser vistos simplesmente como uma espécie de símios mais desenvolvidos?

Quando os frades que resistiram à exploração dos povos indígenas das Américas insistiram em defender sua posição, Filipe II encaminhou a questão a alguns dos melhores especialistas disponíveis na época – a elite da elite entre os teólogos e acadêmicos da Espanha. Eles se reuniram entre 1550-1551 na Universidade de Valladolid para resolver a questão, em um debate escolástico cujo foco foi, efetivamente, a seguinte proposição: *os indígenas nativos do Novo Mundo são entes racionais e dotados de alma, que, como tais, merecem a proteção do rei e da Igreja.*

Um frade dominicano formado em Salamanca, Bartolomé de las Casas – desde então chamado de "Apóstolo dos Índios" –, defendeu a posição dos frades com tanta eloquência e de modo tão convincente que os sábios reunidos, para seu eterno crédito, ficaram do lado da humanidade (não que isso tenha feito tanta diferença para os homens severos encarregados das coisas nas Américas).

A questão que tem um interesse filosófico perene aqui é a questão da metodologia da resolução. Como decidir se uma criatura aparentemente capaz de ação inteligente – não obviamente humana, e possivelmente mesmo alienígena ou andróide por natureza – é ou não um ente racional semelhante ao ser humano? Será que a questão deve ser abordada inteiramente em termos de analogias tais como aquelas que estão em questão no pleito de Shylock no *Mercador de Veneza* de Shakespeare?

> Um judeu não tem olhos? Um judeu não tem mãos, órgãos, dimensões, sentidos, afetos, paixões? Não ingere os mesmos alimentos, não se fere com as mesmas armas, não está sujeito às mesmas doenças, não é curado pelos mesmos meios, não se aquece e se refresca como o mesmo verão e o mesmo inverno, assim como um cristão? Se nos espetam, não sangramos? Se nos fazem cócegas, não rimos? Se nos envenenam, não morremos? E se nos causam injúria, não deveremos nos vingar? Se somos como vós no resto, seremos semelhantes a vós nisto.[1]

Muitas questões profundas emergem aqui. Será que ser humano depende de um exame detalhado da abrangência de tais analogias? Ou será que o fator operante é simplesmente um benefício da dúvida contanto que haja um espaço razoável para isso? Será que o peso de tais determinações repousa sobre o lado factual ou sobre o lado ético da balança? Será que deveria ser necessário pressionar a analogia do *modus operandi* sempre mais rumo aos maiores detalhes – ou será que mesmo um pouco de detalhes é suficiente para resolver a questão, fazendo valer o princípio

---

[1] William Shakespeare, *The Merchant of Venice* [*O Mercador de Veneza*], ed. Jonathan Bate e Eric Rasmussen (Basingstoke: Palgrave Macmillan, 2010), ato 3, cena 1.

da caridade cristã? O episódio de Valladolid fornece muito alimento para o pensamento ao longo dessas linhas, convidando à reflexão sobre exatamente o que é preciso para qualificar criaturas como realmente humanas.

Anedotas relacionadas

42. Os planetários de Huygens, 181
91. O teste de Turing, 365
99. O quarto chinês de Searle, 397

Leituras adicionais

Casas, Bartolomé de las. *A Brief Account of the Destruction of the Indies. In his Witness: Writings of Bartolomé de las Casas* [*Um Breve Relato da Destruição das Índias. Em seu Testemunho: Escritos de Bartolomé de las Casas*]. Editado e traduzido por George Sanderlin. Maryknoll: Orbis, 1993.

Prescott, William H. *The History of the Reign of Philip the Second, King of Spain* [*A História do Reinado de Filipe Segundo, Rei da Espanha*]. Londres: Routledge, 1855.

Shakespeare, William. *The Merchant of Venice* [*O Mercador de Veneza*]. Editado por Jonathan Bate e Eric Rasmussen. Basingstoke: Palgrave Macmillian, 2010.

33

A *Utopia* de More

Thomas More (1478-1535) foi um advogado, estadista e filósofo inglês – que foi também um mártir, por causa de seu conflito com os planos de divórcio de Henrique VIII. Canonizado como santo pela Igreja de Roma, a fama perene de More deriva também de sua obra imaginativa *Utopia* – um Estado imaginário onde as pessoas florescem em bem-estar, virtude e satisfação. Sua especulação engenhosa acrescentou uma nova palavra ao vocabulário europeu.

Embora a utopia de More mantivesse a estrutura hierárquica do antigo regime em sua versão renascentista, ela incorporava um sistema de obrigações da nobreza, no qual a subordinação dos que estavam embaixo era atenuada pela consideração paternalista vinda de cima. No domínio imaginário de More:

> Nenhum magistrado é arrogante, nem inacessível. Eles são chamados de pais, e se comportam como tal. Os cidadãos, como se deve, prestam-lhes a devida honra sem qualquer coerção. O príncipe não é distinguido dos outros por sua indumentária, nem por uma coroa, diadema ou barrete da função, mas apenas por um pequeno feixe de milho conduzido diante dele; assim como um círio de cera é conduzido diante de um bispo, pelo qual somente ele é reconhecido. Eles têm poucas leis. Para pessoas assim instruídas e treinadas, um pequeno número delas é suficiente. Sim, o que eles mais desaprovam em

outras nações é que inúmeros livros de leis e exposições das mesmas não são suficientes. [...]

Mas em Utopia todo homem é um conhecedor da lei. Pois, como eu disse, eles têm pouquíssimas leis; e consideram como mais justas as interpretações mais simples e diretas. Pois todas as leis, dizem eles, são feitas e publicadas apenas a fim de que por meio delas todo homem seja lembrado de seu dever. Mas as interpretações sofisticadas e sutis das leis só podem trazer essa lembrança a poucos (pois há poucos que as compreendem), enquanto que o significado simples, direto e literal das leis é acessível a qualquer homem.[1]

O Estado, conforme More o concebeu, outorga o poder para fins de serviço, em vez de exploração, sendo a submissão pessoal compensada pelo benefício geral da governança bem-intencionada.

De maneira interessante, o Estado ideal de More é de certa maneira uma inversão do de Platão. Em Platão, a virtude pessoal é em grande medida um produto de arranjos geridos pelo Estado. Em More, o Estado é benigno porque os cidadãos são virtuosos. E o debate ainda continua sobre a questão de se é necessário ter bons cidadãos para constituir um bom Estado, ou se políticas públicas bem concebidas são um requisito para ter um conjunto de cidadãos de mente devidamente correta. Além disso, a disputa histórica dos teóricos de assuntos públicos, entre idealistas de orientação moreana, cuja visão esperançosa olha para aquilo que é teoricamente possível, e realistas de orientação maquiavélica, que olham para as realidades aparentemente inevitáveis, não parece estar perto de uma solução.

Anedotas relacionadas

12. A *República* de Platão, 63
31. O *Príncipe* de Maquiavel, 135
48. As abelhas de Mandeville, 205
53. A visão pacífica de Kant, 223

---
1 Thomas More, *Utopia*, livro II.

Leituras adicionais

Ackroyd, Peter. *The Life of Thomas More* [*A Vida de Thomas More*]. Nova Iorque: Nan A. Talese, 1998.

Guy, John. *Thomas More*. Nova Iorque: Oxford University Press, 2000.

Manuel, Frank Edward, e Fritzie Prigohzy Manuel. *Utopian Thought in the Western World* [*Pensamento Utópico no Mundo Ocidental*]. Cambridge: Belknap Press, 1979.

More, Thomas. *Utopia*. Traduzido por Dominic Baker-Smith. Londres: Penguin, 2012.

Sullivan, E. D. S., ed. *The Utopian Vision* [*A Visão Utópica*]. San Diego: San Diego State University Press, 1980.

34

A barganha do Dr. Fausto

O conto do Dr. Fausto e sua barganha com Satã iniciou uma promissora carreira literária a partir da peça de mesmo nome escrita por Christopher Marlowe (1564-1593). Resumidamente, seu enredo era o seguinte: angustiado com as limitações do alcance e da utilidade do conhecimento humano, e incitado por um desejo interior de mais poder, o Dr. Fausto, um grande erudito alemão, vende sua alma ao Diabo para superar essas limitações. Mas mesmo isso não lhe rende nenhuma satisfação verdadeira de espírito, e no fim Fausto não apenas se arrepende, mas também recua e encontra o perdão de um Deus compreensivo, para o qual aqueles que verdadeiramente se arrependem do pecado podem obter perdão.

Um traço notável da peça de Marlowe é que ali, assim como na grande reformulação do mesmo tema por Goethe, o Diabo é uma figura tão interessante quanto Fausto, o herói. E é o Diabo, e não Fausto, que é o portador da lição crucial de que a punição final não se encontra nos tormentos físicos das regiões inferiores, mas no tormento mental do afastamento de Deus. Quando Fausto pergunta como Mefistófeles saiu do inferno, ele responde:

>Ora, isto é o inferno, não saí dele.
>Pensas que eu, que vi a face de Deus,

E provei as alegrias eternas dos céus,
Não sou atormentado com dez mil infernos
ao ser privado da bem-aventurança eterna?[1]

Posteriormente imortalizado no maravilhoso drama de Goethe, o conto do Dr. Fausto há muito tempo desfruta da atenção dos filósofos – o que não é surpreendente, uma vez que ele ilustra vivamente diversas fraquezas notáveis da condição humana, especificamente:

- nossa dedicação a nossos próprios interesses;
- nossa tendência a priorizar benefícios de curto prazo em detrimento de considerações de longo prazo, com nosso anseio por satisfação imediata e impaciência para a realização de coisas boas;
- nossa priorização de bens materiais e mundanos em detrimento de bens espirituais;
- nossa tendência a subordinar o juízo ao desejo;
- a fraqueza de nossa vontade ao escolhermos o pior enquanto reconhecemos o melhor.

O Dr. Fausto é um membro de uma família maior, daqueles que ilustram a futilidade e as frustrações de uma vida dedicada à aquisição de riquezas, sejam elas as riquezas da câmara de tesouros (rei Midas), do salão de bailes (Jay Gatsby), da alcova (Don Juan), da sala de jantar (Eduardo VII), ou da sala de estudos (o próprio Fausto). A lição objetiva em todos esses casos é que uma vida satisfatória não é alcançável através da dedicação ardente a bens mundanos (de qualquer tipo). Afinal, temos apenas uma vida para viver, uma única oportunidade de formação vital à nossa disposição. E nenhum daqueles objetivos fornece um meio para a satisfação real – para o "contentamento racional" a esse respeito –, nenhum deles nos orienta para uma vida que uma pessoa sensata estaria preparada para admirar e imitar. Isso nos coloca diante da assombrosa e deprimente perspectiva de que a realidade seja indiferente – e talvez até mesmo antagônica – ao bem: de que o valor não tenha nenhum lugar no esquema das coisas do mundo.

---

1 Christopher Marlowe, *Dr. Faustus* (Londres: Macmillan, 1969).

O conto do Dr. Fausto também admite uma interpretação gráfica que não apresenta um "pacto com o diabo" real, mas enxerga Fausto como um humano quintessencial, "tentado" por nossa fraqueza natural a ceder ao lado mais baixo e mais grosseiro de nossa natureza complexa. O ponto crucial aqui não é a discórdia da filosofia frequentemente manifesta no nível comum das rivalidades interpessoais, mas antes a discórdia não menos comumente manifesta das inclinações conflitantes que ocorrem no nível intrapessoal – a dissonância de aspectos diferentes e conflitantes de nossa natureza, ocorrendo no interior da própria pessoa.

Além disso, o fato da proeminência de Satã no conto também é importante para enfatizar o argumento filosoficamente significativo de que, neste mundo, nós humanos estamos envolvidos em uma lida com potências não amigáveis que se encontram acima e além de nossas capacidades de controle – tanto individualmente quanto coletivamente.

A proeminência de temas faustianos na agenda da filosofia fornece um lembrete da natureza diversificada das preocupações e inspirações filosóficas. Alguns filósofos encontram a água para seu moinho na investigação científica, outros nos assuntos públicos, e outros ainda na literatura e nas criações culturais. E assim, para alguns, a observação é o crucial, enquanto para outros é a imaginação. E ninguém pode reivindicar um monopólio. O campo pode, deve, e de fato fornece espaço para acomodar diferentes linhas de abordagem.

Anedotas relacionadas

48. As abelhas de Mandeville, 205
59. A epifania de J. S. Mill, 243
94. O dilema do prisioneiro, 377

Leituras adicionais

Goethe, J. W. *Faust: A Tragedy* [*Fausto: uma Tragédia*]. Edimburgo: W. Blackwood, 1834.

Marlowe, Christopher. *Dr. Faustus*. Londres: Macmillan, 1969.

Ruickbie, Leo. *Faustus: The Life and Times of a Renaissance Magician* [*Fausto: a Vida e a Época de um Mágico Renascentista*]. Stroud: History, 2009.

35

O *Leviatã* de Hobbes

A validade do poder do Estado tem sido uma questão na agenda filosófica desde a época de Platão. E aqui, fato e ficção colocam diante de nós a questão do cético: "Por que eu deveria me conformar aos costumes aceitos e obedecer as regras estabelecidas? Por que eu não deveria fazer o que quiser e ser minha própria lei? Por que eu deveria conceder a outros o direito de 'ditar a lei' para mim, reconhecendo a autoridade deles de delimitar o que eu posso ou não posso fazer"?

O filósofo inglês Thomas Hobbes (1588-1679) é especialmente proeminente entre aqueles que lidaram com essas questões. Considerando o Estado como um ente poderoso, uma espécie de super-homem ou Leviatã, ele apresentou a seguinte linha de pensamento:

> [Em] tempo de Guerra, […] todo homem é Inimigo de todo outro homem; o mesmo ocorre no tempo em que os homens vivem sem outra segurança senão a de sua própria força, e sua própria engenhosidade deve lhes fornecer tudo. Em tal condição, não há nenhum lugar para a Indústria, pois o fruto dela é incerto; e consequentemente não há Cultivo da terra; nem Navegação, nem uso das mercadorias que possam ser importadas pelo Mar; nem Edificações confortáveis; nem Instrumentos para mover e remover coisas que requerem muita força; nem Conhecimento da face da terra; nem registro do Tempo; nem Artes; nem Letras; nem Sociedade; e o que é pior de tudo, há

um medo constante, e perigo de morte violenta; e a vida do homem é solitária, miserável, sórdida, brutal e curta.[1]

O Estado vive uma vida própria. Ele é um tipo de organismo: a população é seu "corpo político"; o aparato de governo é sua "cabeça". E as pessoas deveriam (e geralmente o fazem) aceitar o que encontram estabelecido, pois a alternativa é a desestabilização – o caos, uma "guerra de todos contra todos".

Em tal situação, todo mundo sai perdendo. Sem regras acerca das estradas, haveria engarrafamentos de tráfego e colisões. Sem filas ordenadas, haveria empurrões e conflitos. Sem uma transferência ordenada de propriedade, não poderia haver nenhuma segurança de posse. Sem ordem social, haverá uma condição em que a força cria o direito, que transformará virtualmente todos em perdedores.

O argumento de Hobbes para reconhecer os "poderes dominantes" dizia efetivamente o seguinte: considere a alternativa. Pergunte-se que tipo de situação você enfrentaria em uma sociedade na qual todos passassem a ser uma lei para si mesmos. O resultado seria um vale-tudo sujeito ao princípio do cada um por si. Suas chances de uma vida satisfatória seriam quase nulas. Ao formar uma fila ordenada, eu desisto de minha chance de um sucesso inicial para estabelecer um processo ordenado que beneficia a mim e a todos.

Segundo a visão de Hobbes, não há nenhuma base teórica única para a autoridade: nem a legitimidade dinástica ("o direito divino de ser"), nem o poder estabelecido (o princípio maquiavélico de que "a força faz o direito"). Em última análise, essa é uma questão de o que as pessoas aceitarão e com o que elas consentirão, aquilo que elas estão dispostas a "engolir", devido à superioridade desta sobre outras alternativas desagradáveis.

Em 1792, aproximadamente cem anos após o *Leviatã* de Hobbes, Jean-Jacques Rousseau (1712-1778) publicou seu clássico *Emílio*, que efetivamente virou Hobbes de cabeça para baixo. Hobbes ensinara que a sociedade

---

[1] Thomas Hobbes, *Leviathan* [*Leviatã*], ed. Richard Tuck (Cambridge: Cambridge University Press, 1991), parte 1, cap. 13.

cívica tem e deve ter a função de restringir e de canalizar os instintos primais egoístas e destrutivos do homem natural primitivo; Rousseau, em contraste, considerou o homem natural primitivo como um paradigma de bondade, e enxergou a sociedade cívica como corrompendo esses méritos e empurrando o homem para a discórdia, o conflito e a perversidade.

A visão de Rousseau sobre o Estado era, portanto, o inverso da visão de Hobbes. Ele escreveu: "O homem nasce livre, mas em toda parte encontra-se acorrentado. Quase todo homem se crê senhor de seus companheiros, mas é ainda assim mais escravo do que eles. Como essa passagem da liberdade para a servidão veio a ocorrer?".[2] Segundo a visão de Rousseau, o Estado não é o limitador da discórdia social, mas sua fonte. Na narrativa do *Emílio*, Rousseau expõe seu paradigma da virtude humana natural: "Tudo é bom quando deixa as mãos do Autor das coisas; tudo degenera nas mãos do homem".[3]

Em seu devido tempo, o filósofo alemão G. W. F. Hegel (1770-1831) acrescentou outra nuance aqui. Em um esboço aproximado, sua visão do assunto era algo assim: o Estado não é o produto do contrato ou consentimento de seus cidadãos, ele tem uma vida própria e é uma força em seu próprio direito – assim como uma migração é mais que as decisões de vários indivíduos de se deslocarem. E o Estado é não apenas o que concede as leis e a ordem, mas também a matriz de uma sociedade civil que fornece a seus membros um referencial para a ação construtiva e a interação produtiva. Direitos, reivindicações e oportunidades de todo tipo só existem porque o Estado está lá para criá-las e promovê-las (pense em como seriam caóticas as reivindicações de posse de terras sem a intervenção coordenadora do Estado, e como as coisas seriam difíceis sem o dinheiro que ele fornece como meio de troca). Conforme a visão de Hegel, o Estado é uma fonte indispensável de recursos construtivos para o benefício de seus cidadãos. Ele existe não apenas para reduzir os danos (conforme Hobbes), mas também para prover benefícios positivos.

---

2 Jean-Jacques Rousseau, *The Social Contract* [*O contrato social*], trad. W. Kendall (South Bend: Gateway, 1954), livro 1, cap. 1.

3 Jean-Jacques Rousseau, *Émile* [*Emílio*], trad. Allan Bloom (Nova Iorque: Basic, 1979), 37.

Essa controvérsia sobre a relação do homem com a sociedade civil e o papel ou lugar das instituições organizadas nos assuntos humanos tem sido um setor chave de controvérsias filosóficas desde Platão até os dias de hoje. E nem na filosofia nem na política prática houve alguma vez uma concordância sobre o equilíbrio correto entre uma intrusão excessiva e uma intrusão insuficiente do Estado nas vidas de seu povo.

Anedotas relacionadas

48. As abelhas de Mandeville, 205
56. O paradoxo de Condorcet, 231
67. Os cooperadores de Kropotkin, 271
78. A ilusão de Angell, 313

Leituras adicionais

Thomas Hobbes, *Leviathan* [*Leviatã*]. Editado por Richard Tuck (Cambridge: Cambridge University Press, 1991).

Jean-Jacques Rousseau, *Émile* [*Emílio*]. Traduzido por Allan Bloom (Nova Iorque: Basic, 1979).

Jean-Jacques Rousseau, *The Social Contract* [*O Contrato Social*]. Traduzido por W. Kendall (South Bend: Gateway, 1954).

36

O enganador de Descartes

Em sua busca por uma afirmação factual cuja verdade fosse absolutamente certa, René Descartes (1596-1650), o pensador francês que é frequentemente chamado de "o pai da filosofia moderna", teve a engenhosa ideia de começar no outro extremo, não com a verdade, mas com a falsidade, e não com o conhecimento, mas com o engano. Assim, em suas *Meditações sobre a Filosofia Primeira*, Descartes imaginou um enganador perverso e poderoso que ele supôs que dedicasse seus poderes para enganá-lo e estragar todo o esquema de seu conhecimento e de suas convicções:

> Suporei, portanto, não que Deus seja sumamente bom e fonte da verdade, mas algum gênio maligno não menos poderoso que enganador, que empregou toda sua indústria em enganar-me; considerarei que o céu, a terra, as cores, as figuras, os sons, e todas as outras coisas exteriores não são nada senão ilusões e sonhos dos quais esse gênio se valeu a fim de dispor ciladas para minha credulidade; me considerarei como desprovido de mãos, de olhos, de carne, de sangue, de sentidos, mas dotado da falsa crença de possuir todas essas coisas.[1]

Será que alguma coisa pode ser salva dos destroços que restam no rastro de aparente destruição total deixado por essa suposição?

---

1 René Descartes, *Meditations in First Philosophy* [*Meditações sobre Filosofia Primeira*], "Meditation I" ["Meditação I"], trad. E. S. Haldane e G. R. T. Ross (Cambridge: Cambridge University Press, 1931), 148.

Descartes tinha certeza de que um fato permaneceria intocado e seguro: o fato de sua própria existência.

> Suponho, então, que todas as coisas que vejo são falsas; persuado-me de que nunca existiu nada de tudo aquilo que minha memória enganosa representa para mim. Considero que não possuo sentidos; imagino que corpo, figura, extensão, movimento e lugar são apenas ficções de minha mente. O que pode então ser contado como verdadeiro? [...] Eu mesmo, pelo menos, não sou alguma coisa? Mas já neguei que tivesse sentidos e corpo. Contudo, hesito, pois o que se segue daí? Serei tão dependente do corpo e dos sentidos que não possa existir sem eles? Mas persuadi-me de que não existia nada no mundo, nem céu, nem terra, que não existiam mentes, nem corpos: então, não fui persuadido da mesma maneira de que eu não existia? Não, de modo algum; com certeza eu existia, uma vez que me persuadi de algo (ou meramente porque pensei em algo). Mas há algum enganador, muito poderoso e astucioso, que emprega toda sua indústria em enganar-me. Então sem dúvida eu também existo, se ele me engana, e por mais que ele me engane, nunca poderá fazer com que eu não exista, enquanto eu pensar ser alguma coisa. De modo que, após ter pensado bastante e examinado cuidadosamente todas as coisas, cumpre enfim concluir e ter por constante que esta proposição: eu sou, eu existo, é necessariamente verdadeira a cada vez que eu a pronuncio, ou que eu a concebo em minha mente.[2]

Infelizmente, contudo, a abordagem de Descartes deixa em aberto um problema tão grande quanto o que ela tenta resolver. Considere as duas afirmações seguintes:

- Há um gato no tapete.
- Tenho a impressão de que há um gato no tapete (ou "Considero que haja um gato no tapete").

Claramente, a segunda é firme e segura. Não importa o quanto você possa estar enganado acerca do assunto dos gatos e dos tapetes, aquele

---
2 Descartes, *Meditations in First Philosophy*, 149-150.

segundo enunciado, sendo subjetivamente orientado para si próprio, sobrevive intacto. Mas aquela primeira afirmação é novamente uma outra coisa. Aqui há muitas desconexões possíveis entre a realidade e sua apreensão.

Infelizmente aquele item seguro é meramente uma afirmação autorreferente do sujeito sobre si mesmo, em vez de ser sobre qualquer característica do mundo exterior. Nos deparamos com o fato inconveniente de que a afirmação é sobre você, e que a existência e a realidade das coisas do mundo são deixadas inteiramente fora de vista. E aqui se encontra uma grande dificuldade, tanto para Descartes quanto para a multidão de pensadores "evidencistas" modernos que seguem em seu rastro. Quando tudo que há nas premissas são fatos sobre o sujeito – os regressos e conexões de seus próprios pensamentos, e assim por diante – então o raciocínio sozinho não é capaz de conduzi-lo para fora dessa esfera. Quando operamos inteiramente a partir de dentro da esfera da subjetividade orientada para si mesma, então tudo que pudermos alguma vez extrair disso com segurança permanecerá sendo algo subjetivo e sem acesso a uma ordem do mundo objetivamente independente.

E assim, Descartes logo se viu acuado em um canto de onde somente um apelo a Deus poderia tirá-lo. E aqueles dentre seus sucessores que – como a maioria dos modernos – se sentiam relutantes em pedir apoio filosófico a Deus logo se viram recorrendo a expedientes problemáticos como o de constituir gatos a partir de impressões de gatos. A iniciativa cartesiana conduziu a filosofia moderna rumo a um esforço de construir uma realidade objetiva a partir de materiais subjetivos. E – de modo não surpreendente – isso se revelou uma virtual impossibilidade. Aos olhos de sua posteridade, a aparentemente promissora guinada de Descartes na direção do sujeito provou ser um beco sem saída filosófico.

Anedotas relacionadas

15. O conhecimento de Platão, 75
39. O sonho de Calderón, 169
93. A satisfação de Simon, 373

Leituras adicionais

Descartes, René. *Discourse on Method* [*Discurso sobre o Método*]. Traduzido por Desmond M. Clarke. Nova Iorque: Penguin, 2000.

Descartes, René. *Meditations in First Philosophy* [*Meditações sobre Filosofia Primeira*]. Traduzido por E. S. Haldane e G. R. T. Ross. Cambridge: Cambridge University Press, 1931.

Rescher, Nicholas. *Scepticism* [*Ceticismo*]. Oxford: Blackwell, 1980.

37

O *ergo* de Descartes

Descartes tornou-se eternamente famoso por seu dito "Penso, logo existo" (*Cogito ergo sum*). Ele considerava que esse dito tinha uma grande tarefa a realizar: "Notei que enquanto eu queria pensar que todas as coisas eram falsas, era absolutamente essencial que o 'eu' que pensava isto existisse de algum modo, e observando que essa verdade 'Penso, logo existo' era tão certa e tão segura que todas as suposições mais extravagantes propostas pelos céticos eram incapazes de abalá-la, julguei que eu poderia admiti-la sem ressalvas como o primeiro princípio da Filosofia que eu buscava".[1] Ao tomar a apreensão de si mesmo como modelo para o conhecimento, a filosofia cartesiana efetivamente inverteu a Revolução Copernicana na ciência. Pois enquanto Copérnico havia removido os seres humanos de uma centralidade aristotélica no mundo da natureza, Descartes nos situava no próprio centro da esfera *cognitiva*.

Em seu filosofar, os antigos queriam saber qual a situação das coisas no mundo; os modernos desde Descartes concentram suas investigações em como nós mesmos podemos e devemos nos portar ao explicar essa questão. A ênfase mudou de "O que é o caso?" para "Como podemos saber o que é o caso?", onde o centro da preocupação passou agora do ser para o conhecer, da ontologia para a epistemologia. Eles refocalizaram a

---

[1] René Descartes, *Discourse on Method* [*Discurso Sobre o Método*]. Trad. Desmond M. Clarke (Nova Iorque: Penguin, 2000), parte 4.

atenção, passando-a do objeto da investigação para os praticantes desta, e assim, em última instância, para os indivíduos em cujas atividades qualquer investigação deve ser baseada.

O principal exemplo do egocentrismo filosófico que evoluiu dessa maneira foi o filósofo inglês G. E. Moore.

> Afirmei que de fato tenho certas percepções, as quais é muito improvável que eu devesse ter, a menos que alguma outra pessoa tivesse certas percepções particulares; que, por exemplo, é muito improvável que eu estivesse tendo precisamente essas percepções que estou tendo agora, a menos que alguém estivesse ouvindo o som de minha voz. E agora quero perguntar: que razão eu tenho para supor que isso é improvável? Que razão qualquer um de nós tem para supor que qualquer proposição desse tipo seja verdadeira? E por "ter uma razão" entendo precisamente aquilo que entendia antes. Entendo: qual outra proposição eu conheço, que não seria verdadeira a menos que minha percepção estivesse conectada à percepção de alguma outra pessoa, do modo como afirmei que elas estão conectadas? Aqui, novamente, estou pedindo *uma boa razão*; não estou fazendo uma pergunta psicológica com relação à origem. Aqui, novamente, não estou pedindo uma razão no sentido estrito da Lógica Formal; estou meramente pedindo uma proposição que provavelmente não seria verdadeira, a menos que aquilo que afirmei fosse verdadeiro. Aqui, novamente, estou pedindo alguma proposição de um tipo no qual cada um de nós acredita; estou perguntando: que razão *cada um* de nós tem para acreditar que algumas de suas percepções são conectadas a percepções particulares de outras pessoas, da maneira como afirmei? – para acreditar que não teria certas percepções que de fato tem, a menos que alguma outra pessoa tivesse certas percepções particulares? E aqui, novamente, estou pedindo uma *razão*.[2]

---

2 George Edward Moore, "Objects of Perception" ["Objetos da Percepção"], *Philosophical Studies* [*Estudos Filosóficos*] (Londres: Routledge and Kegan Paul, 1922), 48-49.

O pressuposto que subjaz a boa parte da filosofia moderna em relação ao próprio pensamento filosófico é típico, paradigmático e representativo: que aquilo que vale para *mim* vale para *nós*. Isso significa, é claro, que o sujeito deve tomar como foco central aqueles aspectos de si mesmo que são gerais e genéricos, em vez de pessoais, excêntricos e idiossincráticos. E isso é algo que é muito mais fácil de dizer que de fazer.

Por certo, um caminho promissor que conduz para além da subjetividade é fornecido pela linguagem. Afinal, a comunicação é baseada na coordenação, na comunalidade (neste ponto, a rejeição por parte de Ludwig Wittgenstein da ideia de uma "linguagem [totalmente] privada" torna-se crucial). E assim, o indivíduo humano e a mente humana com suas instrumentalidades – acima de tudo a *linguagem* – passam agora para o centro do palco filosófico. E essa "virada linguística" significou que o artifício, em vez da natureza – e a linguagem, em vez da realidade impessoal – tornou-se o foco de boa parte do filosofar moderno.

Anedotas relacionadas

49. A busca de si de Hume, 209
85. Psicologia de ficção científica, 343

Leituras adicionais

Descartes, René. *Discourse on Method* [*Discurso Sobre o Método*]. Traduzido por Desmond M. Clarke. Nova Iorque: Penguin, 2000.

Moore, George Edward. *Philosophical Studies* [*Estudos Filosóficos*]. Londres: Routledge, 1922.

Rorty, Richard. *The Linguistic Turn* [*A Virada Linguística*]. Chicago: University of Chicago Press, 1967.

Ryle, Gilbert. *The Concept of Mind* [*O Conceito de Mente*]. Nova Iorque: Hutchinson's University Library, 1949.

Urmson, J. O. *Philosophical Analysis: Its Development between the Two World Wars* [*Análise Filosófica: seu Desenvolvimento entre as Duas Guerras Mundiais*]. Oxford: Clarendon, 1956. Ver especialmente as referências a Ludwig Wittgenstein.

38

O alicerce firme de Descartes

Em seu *Discurso Sobre o Método*, Descartes descreveu a filosofia como um projeto de construção. Ele escreveu:

> [Não vemos] todas as casas em uma cidade serem demolidas só com o propósito de que a cidade seja reconstruída de outra maneira e de tornar as ruas mais belas; mas não é incomum que as pessoas mandem derrubar suas próprias casas a fim de reconstruí-las, sendo obrigadas a fazer isso quando há perigo de que as casas caiam porque seus alicerces não são seguros. A partir de tais exemplos, me persuadi de que [...] no que diz respeito a todas as opiniões que até então eu aceitara, o melhor a fazer seria me esforçar para varrê-las completamente de uma vez por todas, de modo que pudessem ser substituídas depois, seja por outras que fossem mais seguras, ou pelas mesmas, quando eu as tivesse feito ajustar-se à uniformidade de um esquema racional.[1]

Contudo, Descartes não era apenas um filósofo, mas também um matemático, e seu modelo ideal para a exposição erudita era um tratado matemático sobre a ordem dos elementos de Euclides. É claro que em tal tratamento

---

[1] René Descartes, *Discourse on Method* [*Discurso Sobre o Método*]. Trad. Desmond M. Clarke (Nova Iorque: Penguin, 2000), parte 2.

o raciocínio se desenvolve em passos pequenos e individualmente óbvios, para tirar conclusões importantes – e às vezes inesperadas – a partir de uma base de dados experiencialmente validados. O ponto de partida aqui é sempre algo tão "claro e distinto" que sua verdade seja óbvia e evidente. O processo geral do raciocínio é, então, um processo de construir sobre um alicerce seguro e em si mesmo totalmente não problemático uma estrutura maior de informação bem assegurada.

Mas aqui, assim como em qualquer peça de raciocínio dedutivo, a conclusão só é tão certa e segura quanto a menos certa e segura das premissas. Assim, a segurança absoluta das premissas mais fundamentais torna-se essencial. Toda a estrutura do pensamento deve se basear em um alicerce firme e incontestável.

Contudo, embora essa visão "fundacionalista" da substanciação cognitiva pareça valer bem na matemática, é bastante questionável se ela é aplicável em outro lugar. Em muitos campos de investigação, nós de fato não partimos de um pequeno mas seguro conjunto inicial, mas sim determinamos a aceitabilidade dentro de uma grande e amorfa multiplicidade de plausibilidade, por meio de considerações sobre a melhor adequação. E com essa metodologia de harmonização coerente, a diferença entre o aceitável e o inaceitável torna-se clara somente no fim do processo – não em seu início.

Anedotas relacionadas

15. O conhecimento de Platão, 75
41. O verme de Espinosa e o salto de Leibniz, 177
82. Os pressupostos de Collingwood, 329

Leituras adicionais

Descartes, René. *Discourse on Method* [*Discurso Sobre o Método*]. Traduzido por Desmond M. Clarke. Nova Iorque: Penguin, 2000.

Descartes, René. *Meditations in First Philosophy* [*Meditações Sobre a Filosofia Primeira*]. Trad. E. S. Haldane e G. R. T. Ross. Cambridge: Cambridge University Press, 1931.

Rescher, Nicholas. *Epistemology* [*Epistemologia*]. Albany: SUNY Press, 2003.

Sosa, Ernest, Jaegwon Kim, Jeremy Fantl, e Matthew McGrath, eds. *Epistemology: An Anthology* [*Epistemologia: uma Antologia*]. Oxford: Blackwell, 2008.

39

O sonho de Calderón

A ideia de que toda a vida que consideramos estar vivendo pode na realidade ser apenas um sonho tem origens que se perdem nas brumas impenetráveis da Antiguidade. Esse pensamento é esboçado na crença hindu de que esse nosso mundo é *maya*, uma mera ilusão. E ocorre novamente na alegoria da caverna de Platão,[1] cujos moradores da caverna – nós, habitantes deste mundo – devem perceber que o que eles experienciam não é a realidade, mas uma mera aparência – uma "ilusão sem sentido", um mundo de sombras. A ideia posteriormente adquiriu uma força considerável no século XVII, sendo proeminente na temática da célebre peça *A Vida é um Sonho* (*La Vida es Sueño*), do poeta e dramaturgo espanhol Calderón de la Barca (1600-1681), que refletia a experimentação filosófica do pensamento do *Discurso Sobre o Método* de Descartes.

Temos aqui uma daquelas hipóteses filosóficas que, assim como a da atitude solipsista, não podem ser refutadas por evidências empíricas, mas também não podem assegurar nenhuma convicção cognitiva. Talvez o melhor que possa ser feito aqui seja adotar a posição de G. W. Leibniz, que dizia o seguinte:

> Agora vejamos por quais critérios podemos saber quais fenômenos são reais. Podemos julgar isso tanto a partir do próprio fenômeno

---
1 Platão, *República*, VIII, 514a.

quanto a partir dos fenômenos que são antecedentes e consequentes a ele. Concluímos isso a partir do próprio fenômeno se ele é vívido, complexo, e internamente coerente [*congruum*]. Ele será vívido se suas qualidades, tais como a luminosidade, a cor e o calor, parecerem suficientemente intensas. Ele será complexo se essas qualidades forem variadas e nos permitirem realizar muitos experimentos e novas observações; como, por exemplo, quando experienciamos em um fenômeno não apenas cores, mas também sons, odores e qualidades de sabor e toque, e isso tanto no fenômeno como um todo quanto em suas várias partes, que podemos depois tratar de acordo com causas. Uma longa cadeia de observações como essa é usualmente iniciada por desígnio e de modo seletivo, e usualmente não ocorre em sonhos nem naquelas imaginações que a memória ou a fantasia apresentam, nas quais a imagem é vaga em sua maior parte, e desaparece enquanto a estamos examinando. Um fenômeno será coerente quando consiste em muitos fenômenos para os quais possa ser dada uma razão, seja a partir deles mesmos ou por alguma hipótese suficientemente simples que seja comum a eles; em seguida, ele é coerente se se conforma à natureza costumeira de outros fenômenos que repetidamente nos ocorreram, de modo que suas partes tenham a mesma posição, ordem e resultado em relação àquele fenômeno que outros fenômenos semelhantes tiveram no passado. De outro modo, os fenômenos serão suspeitos, pois se víssemos homens movendo-se pelo ar montados no hipogrifo de Ariosto, creio que isso nos deixaria em dúvida sobre estarmos sonhando ou acordados. Mas esse critério pode ser remetido a outra classe geral de testes derivados dos fenômenos anteriores. O fenômeno presente será coerente com aqueles, se, a saber, ele preservar a mesma consistência ou se for possível fornecer uma razão para ele a partir dos fenômenos anteriores, ou se todos juntos forem coerentes com uma mesma hipótese, como se tivessem uma causa comum. Mas certamente o critério mais válido é uma concordância com a sequência inteira da vida, especialmente se muitos outros afirmam que uma mesma coisa também é coerente com seus fenômenos, pois é não apenas provável, mas certo, como mostrarei diretamente, que existem outras substâncias semelhantes a nós. Contudo, o critério mais poderoso para a realidade dos fenômenos, suficiente mesmo sozinho, é o sucesso em prever fenômenos futuros a partir de fenômenos passados e presentes, quer essa previsão seja baseada em uma razão, em uma hipótese que tenha sido bem-sucedida anteriormente, ou na consistência costumeira das coisas conforme observadas anteriormente. De fato, mesmo que se dissesse que esta vida inteira fosse apenas um sonho, e o mundo visível apenas um fantasma, eu diria que esse sonho ou esse fantasma são suficientemente reais se nós nunca fôssemos enganados por eles quando fizéssemos um bom uso da razão.[2]

O contraste entre a experiência autêntica e a experiência do sonho é por si mesmo perfeitamente apropriado, mas essa diferença não pode ser transmutada em uma distinção entre nossa experiência inteira e algo inteiramente exterior e para além dela. O contraste entre o modo como as coisas são e como elas aparecem não é um contraste entre aparência e não aparência, mas entre aparência correta e incorreta: ao fazer esse contraste, permanecemos na esfera das aparências.

Considere uma analogia. A distinção entre discurso significativo e discurso incoerente só pode ser implementada *no interior* da esfera discursiva. Tentar aplicá-la para distinguir entre aquilo que pode ser discutido linguisticamente e algo que está fora desse alcance comunicativo é dar um passo rumo à incoerência e à ininteligibilidade. De modo análogo, a ideia do sono faz sentido somente quando há uma multiplicidade de experiências de estar acordado para fazer um contraste. A ideia de que a *totalidade* de nossa experiência poderia ser um sono não faz sentido, pois elimina seu próprio contraste entre experiência e sono.

Pode haver boas razões para o ceticismo acerca daquilo que Bertrand Russell chamou de "nosso conhecimento do mundo exterior", mas a hipótese do sonho não é uma dessas razões.

---

[2] G. W. Leibniz, *G. W. Leibniz: Collected Papers and Letters* [*G. W. Leibniz: Textos e Cartas Reunidos*], ed. L. E. Loemker (Dordrecht: D. Reidel, 1969), 363-364.

Anedotas relacionadas

36. O enganador de Descartes, 157
99. O quarto chinês de Searle, 397

Leituras adicionais

Armas, Frederick A. de. *The Prince in the Tower: Perceptions of La Vida Es Sueño* [*O Príncipe na Torre: Percepções de* La Vida es Sueño]. Cranbury: Associated University Presses, 1993.

Calderón de la Barca, Pedro. *Life's a Dream: A Prose Translation* [*A Vida é um Sonho: uma Tradução em Prosa*]. Editado e traduzido por Michael Kidd. Boulder: University of Colorado Press, 2004.

Descartes, René. *Discourse on Method* [*Discurso Sobre o Método*]. Traduzido por Desmond M. Clarke. Nova Iorque: Penguin, 2000.

Descartes, René. *Meditations in First Philosophy* [*Meditações sobre a Filosofia Primeira*]. Traduzido E. S. Haldane e G. R. T. Ross. Cambridge: Cambridge University Press, 1931.

Leibniz, G. W. "On the Method of Distinguishing Real from Imaginary Phenomena" ["Sobre o Método de Distinguir Fenômenos Reais de Fenômenos Imaginários"]. Em *G. W. Leibniz: Collected Papers and Letters* [*G. W. Leibniz: Textos e Cartas Reunidos*], editado por L. E. Loemker, 363-366. Dordrecht: D. Reidel, 1969.

40

A aposta de Pascal

Durante os cinco últimos anos de sua breve vida, o filósofo e teólogo francês Blaise Pascal (1623-1662) escreveu uma coleção de notas para uma futura *Apologia da Religião Cristã*. E ali, em uma passagem famosa, ele escreveu:

> Examinemos esse ponto e digamos: "Ou Deus existe, ou não existe". Para qual dessas alternativas nos inclinaremos? A razão não pode decidir de uma maneira ou de outra: estamos separados por um abismo infinito. Em uma extremidade dessa distância infinita há um jogo em progresso, no qual pode ocorrer cara ou coroa. Em que apostareis? Segundo a razão, não podeis apostar em nenhuma das duas coisas; pela razão não poderéis defender nem uma nem outra. Não acuseis de falsidade àqueles que fizeram uma escolha; pois vós nada sabeis a esse respeito. "Não; eu não os acusarei por terem feito essa escolha, mas por terem feito alguma escolha; pois aquele que escolhe cara e aquele que escolhe coroa estão igualmente em falta, ambos estão errados. O correto é não apostar de modo algum". Sim; mas é preciso apostar. Não há outra opção: já estais no jogo. O que escolhereis então? [...] Pesemos o ganho e a perda envolvidos na aposta de que Deus existe. Estimemos essas duas possibilidades; se ganhardes, ganhareis tudo; se perderdes, não perdereis nada. Apostai, então, sem hesitar, que Ele existe. [...] Há uma infinidade de

vida infinitamente feliz a ganhar, uma chance de ganhar contra um número finito de chances de perder, e o que apostais é algo finito. Isso exclui toda a dúvida quanto à escolha; sempre que o infinito pode ser ganho, e não há uma infinidade de chances de perda contra a chance de ganho, não há duas maneiras de agir: deveis arriscar tudo. [...] "Mas sou feito de tal maneira que não sou capaz de crer. Que quereis então que eu faça"? Isso é verdade. Mas compreendei pelo menos que vossa incapacidade de crer é resultado de vossas paixões, já que a razão agora vos inclinais a crer, e, todavia, não o podeis. Esforçai-vos, pois, para vos convencerdes não acumulando provas de Deus, mas subjugando vossas paixões. Quereis chegar à fé, mas não sabeis ainda o caminho. Quereis curar-vos da descrença, e pedis remédios. Aprendei com aqueles que antes estiveram atados e amordaçados como vós, e que agora apostam tudo o que possuem. São pessoas que conhecem a estrada que desejaríeis seguir, e que foram curadas do mal de que desejaríeis curar-vos. Segui o caminho pelo qual andaram.[1]

Essa abordagem representa uma notável transformação na perspectiva das apologias religiosas – uma revisão que poderia ser chamada de "a mudança de Pascal na argumentação teológica". Pois o que temos aqui é claramente um movimento para longe de considerações factuais que se proponham a demonstrar a existência de Deus (à maneira das "Cinco vias" de Tomás de Aquino), passando para um estilo diferente de argumentação *prática*, voltado não para um argumento teórico a favor da existência de Deus como fato ontológico, mas para uma resolução prática acerca daquilo em que devemos acreditar. O traço saliente do argumento é, então, seu recurso à *práxis* e à prudência: à realização de nossos melhores interesses.

E Pascal estava perfeitamente satisfeito ao fazer seu raciocínio girar em torno do interesse próprio, pois, à luz de seus objetivos apologéticos, ele enxergava isso como algo inicialmente necessário para alcançar o tipo de pessoa que ele queria persuadir. Há também, é claro, bases para a crença, a fé e a esperança não relacionadas à prudência – razões que não

---

1 Blaise Pascal, *Pensées* [*Pensamentos*]. Trad. A. J. Krailsheimer (Nova Iorque: Penguin, 1995).

são grosseiramente voltadas para o interesse próprio, e cuja superioridade inerente não deve ser negada. Mas deve-se caminhar antes de ser capaz de correr – e deve-se produzir ferro quebradiço antes de ser capaz de produzir aço firme. Os incentivos menos nobres para a fé religiosa (ou para a moral, aliás) não são de modo algum desprezíveis em si mesmos, precisamente porque podem fornecer pontos de apoio úteis rumo a coisas melhores. Conforme enxergava Pascal, não é sensato condenar meticulosamente os auxílios menos que ideais que se oferecem ao longo do caminho na jornada da vida. Uma ideologia exclusivista de tipo "tudo ou nada" não é nem muito sensata nem muito admirável.

Anedotas relacionadas

34. A barganha do Dr. Fausto, 149
93. A satisfação de Simon, 373

Leituras adicionais

Hunter, Graeme. *Pascal the Philosopher* [*Pascal, o Filósofo*]. Toronto: University of Toronto Press, 2013.

Jorden, Jeff. *Pascal's Wager: Pragmatism Arguments and Belief in God* [*A Aposta de Pascal: Argumentos do Pragmatismo e a Crença em Deus*]. Oxford: Oxford University Press, 2007.

Pascal, Blaise. *Pensées* [*Pensamentos*]. Traduzido por A. J. Krailsheimer. Nova Iorque: Penguin, 1995.

Rescher, Nicholas. *Pascal's Wager* [*A Aposta de Pascal*]. Notre Dame: University of Notre Dame Press, 1985.

41

O verme de Espinosa e o salto de Leibniz

Escrevendo a um colega estudioso, o filósofo judeu-holandês Bento Espinosa (1632-1677) ofereceu um exemplo altamente instrutivo:

> Suponha, escreveu ele, que um verme parasita vivendo na corrente sanguínea tentasse compreender seus arredores: do ponto de vista do verme, cada gota de sangue apareceria como um todo independente, e não como uma parte de um sistema total. O verme não reconheceria que cada gota se comporta como o faz em virtude da natureza da corrente sanguínea como um todo. Mas, de fato, a natureza do sangue só pode ser compreendida no contexto de um sistema maior no qual o sangue, a linfa e outros fluidos interagem; e esse sistema por sua vez faz parte de um todo ainda maior. Se nós, homens, começarmos com os corpos que nos cercam na natureza e os tratarmos como totalidades independentes, entre as quais a relação é contingente e dada, então incorreremos em erro precisamente como o verme incorre em erro. Devemos apreender o sistema como um todo, antes de podermos esperar apreender a natureza da parte, uma vez que a natureza da parte é determinada por seu papel no sistema total.[1]

---

1 Citado em Alasdair MacIntyre, "Spinoza", em *The Encyclopedia of Philosophy* [*A Enciclopédia de Filosofia*],

Esse ponto de vista é de particular importância para a filosofia. Pois, na medida em que tal perspectiva estiver correta, nossas investigações sobre fatos não poderão ser confinadas à área local do ambiente temático imediato da discussão, mas terão de envolver também suas ramificações mais remotas. Assim, o idealista absoluto para quem "o tempo é irreal" não pode apropriadamente ignorar de modo simples o interesse do eticista em relação a eventualidades futuras (como, por exemplo, no que diz respeito à situação que vigorará quando chegar o momento de cumprir uma promessa) – ou a preocupação do filósofo político com o bem-estar das gerações futuras. E o materialista não pode ignorar as questões limítrofes envolvidas na questão moral de por que causar danos sem motivo a um computador que a própria pessoa possui é meramente uma tolice, enquanto ferir sem motivo um animal desenvolvido é de fato algo perverso.

Essa abordagem conduz à doutrina epistêmica do coerentismo semântico, que enxerga os conceitos como inteligíveis apenas em seu contexto sistêmico. A compreensão apropriada de ideias requer a sabedoria da retrospecção. Uma ideia só pode ser adequadamente compreendida em retrospecção, depois que se torna possível ver exatamente aonde ela conduz. Mas esse ímpeto para um holismo inclusivo cria seus próprios problemas.

Compreender uma totalidade é algo mais fácil de dizer que de fazer. Como observou o crítico de Espinosa, G. W. Leibniz (1646-1716):

> Imaginemos que o livro sobre os Elementos da Geometria fosse eterno, sendo uma cópia sempre feita a partir de outra; então, é claro que embora pudéssemos fornecer uma razão para o livro presente com base no livro anterior a partir do qual ele foi copiado, nunca poderíamos chegar a uma razão completa, não importando quantos livros assumíssemos no passado, pois alguém sempre pode se perguntar por que tais livros deveriam ter existido em todos os tempos; por que deveria haver livros, de qualquer modo, e por que eles deveriam ser escritos dessa maneira. O que é verdade acerca dos livros também é verdade acerca dos diferentes estados do mundo; todo estado subsequente é copiado, de algum modo, a partir do estado anterior

---

ed. Paul Edwards (Nova Iorque: Macmillan, 1967), 7: 531.

(embora de acordo com certas leis de mudança). Não importando o quanto possamos ter recuado até estados anteriores, portanto, nunca descobriremos neles uma razão completa pela qual devesse existir um mundo de todo, e por que ele devesse ser tal como é.

Portanto, mesmo que imaginemos que o mundo seja eterno, a razão para isso claramente tem de ser buscada em outro lugar, uma vez que ainda não estaremos assumindo nada além de uma sucessão de estados, em qualquer um dos quais não podemos encontrar nenhuma razão suficiente [para o todo]. [...] As razões para o mundo encontram-se, portanto, em algo extramundano, diferente da cadeia de estados ou série de coisas cujo agregado constitui o mundo. E assim devemos passar da necessidade física ou hipotética, que determina as coisas posteriores no mundo a partir das anteriores, para algo que tem uma necessidade absoluta ou metafísica, para a qual nenhuma razão pode ser dada. [...] Assim, deve existir algo que é distinto da pluralidade dos seres, ou do mundo [e que explique a totalidade do conteúdo dele].[2]

Então, se Leibniz estiver correto, e uma totalidade enquanto tal só puder ser explicada e compreendida de modo apropriado a partir de um ponto de vista externo, então nós, investigadores semelhantes ao verme, estaremos condenados a proceder por conjeturas e analogias para lidar com o paradoxo de que uma compreensão apropriada de uma totalidade requer uma compreensão apropriada de suas partes – e (lamentavelmente!) também o inverso.

Anedotas relacionadas

61. O elefante desconcertante de Saxe, 251
82. Os pressupostos de Collingwood, 329

---

[2] G. W. Leibniz, "On the Radical Organization of Things" ["Sobre a Organização Radical das Coisas"], *Philosophical Papers and Letters* [*Textos Filosóficos e Cartas*]. 2. ed. ed. L. E. Loemker (Dordrecht: D. Reidel, 1969), 486-491.

Leituras adicionais

Della Rocca, Michael. *Spinoza* [*Espinosa*]. Londres: Routledge, 2008.

Popkin, Richard. *Spinoza* [*Espinosa*]. Oxford: One World, 2004.

Pruss, Alexander. *The Principle of Sufficient Reason* [*O Princípio da Razão Suficiente*]. Cambridge: Cambridge University Press, 2006.

Rescher, Nicholas. *Philosophical Reasoning* [*Raciocínio Filosófico*]. Oxford: Blackwell, 2001.

42

Os planetários de Huygens

No século XVII, o cientista e estudioso holandês Christiaan Huygens (1629-1695) levantou questões sobre inteligências extraterrestres que teriam de esperar quase trezentos anos para ganharem uma tração real no mundo do pensamento. Ele escreveu:

> As pessoas comuns têm uma opinião bastante ridícula de que é impossível que uma Alma racional habite em qualquer outra forma que não a nossa. [...] Isso não pode vir de nada senão a Fraqueza, a Ignorância e a folga dos Homens; bem como a Figura humana ser a mais bela e a mais excelente de todas, quando na realidade não é nada senão o fato de ser acostumado àquela figura que me faz pensar assim, e uma arrogância [...] de que nenhuma forma ou cor pode ser tão boa quanto a nossa própria.[1]

Mas enquanto Huygens estava preparado para aceitar a possibilidade de que seus "planetários" alienígenas inteligentes tivessem uma forma *física* muito diferente da nossa, ele assumia que suas operações *cognitivas* teriam de ser muito semelhantes. Segundo a visão dele, a lógica, a matemática, a ciência, e até mesmo a moral dos planetários tinham de ser substancialmente as mesmas que as nossas.

---

[1] Christiaan Huygens, *Cosmotheoros: The Celestial Worlds Discovered – New Conjectures Concerning the Planetary Worlds, Their Inhabitants and Productions* [*Cosmotheoros: os Mundos Celestiais Descobertos – Novas Conjeturas Acerca de Mundos Planetários, seus Habitantes e Produções*] (Londres: F. Cass, 1968), 76-77.

Há, sem dúvida, um certo charme na ideia do companheirismo. Seria confortador refletir que, não importando o quão afastados delas nós formos de outras maneiras, essas mentes alienígenas de planetas distantes compartilham conosco a *ciência*, de qualquer maneira, e são nossos companheiras viajantes em uma jornada comum de investigação. Nosso anseio por companhia e contato é profundo. Pode ser prazeroso pensarmos em nós mesmos não apenas como colegas, mas também como colaboradores mais jovens que outras mentes mais sábias poderiam ser capazes de ajudar ao longo do caminho. Assim como muitas pessoas na Europa do século XVI olhavam para aqueles estranhos e aparentemente puros homens das Índias (orientais ou ocidentais) que poderiam servir como exemplos morais para os pecaminosos europeus, nós somos tentados a contemplar investigadores alienígenas que nos ultrapassam em termos de sabedoria científica e que poderiam nos ajudar a superar nossas deficiências cognitivas. A ideia é atraente, mas é também, afinal, muito irrealista.

Ainda assim, quer se trate de androides produzidos em laboratório ou inteligências alienígenas ("homenzinhos verdes") produzidas pela natureza em planetas distantes, os problemas *filosóficos* são basicamente os mesmos. Eles se encaixam em três grupos: os problemas teóricos, os morais e os práticos.

As questões teóricas se relacionam principalmente a questões de reconhecimento: o que é necessário para estabelecer agentes (naturais *versus* artificiais) como entes racionais nossos companheiros, e que tipos de projetos são inerentemente universais por causa disso (a ideia de uma lógica ou aritmética discordante parece bizarra, mas a de diferentes costumes ou políticas é inteiramente natural).

As questões morais são principalmente duas. (1) *Reconhecimento*: será que estamos realmente lidando com entes racionais nossos companheiros, ou com um grupo de criaturas que apenas parecem ser racionais, ou que podem ser sub-racionais, permanecendo em um nível inferior de funcionamento cognitivo? (2) *Obrigação*: quais são nossos deveres para com esses seres inteligentes, como seus superiores ou inferiores?

No que diz respeito às questões práticas, de novo há principalmente duas. (1) *Comunicação*: como podemos nos comunicar com eles, se eles forem de fato suficientemente inteligentes? E (2) *coexistência*: como podemos chegar a um *modus operandi* que nos permita viver com cada um dos outros de modo pacífico e construtivo?

Na filosofia, a clareza pode ser facilitada de modo útil pelo contraste com outras alternativas – seja na realidade, ou em hipótese. Aqui também alguém aprende muito sobre seu próprio lugar ao viajar ao exterior para experienciar o lugar de outros.

Anedotas relacionadas

3. Os teólogos animais de Xenófanes, 29
32. O debate de Valladolid, 141
74. Os novos homens de Wells, 299
96. A Terra Gêmea de Putnam, 385

Leituras adicionais

Dick, Steven J. *Life on Other Worlds: The Twentieth-Century Extraterrestrial Life Debate* [*Vida em Outros Planetas: o Debate Sobre Vida Extraterrestre no Século XX*]. Cambridge: Cambridge University Press, 2001.

Huygens, Christiaan. *Cosmotheoros: The Celestial Worlds Discovered – New Conjectures Concerning the Planetary Worlds, Their Inhabitants and Productions* [*Cosmotheoros: os Mundos Celestiais Descobertos – Novas Conjeturas Acerca de Mundos Planetários, seus Habitantes e Produções*]. Londres: F. Cass, 1968.

Regis, E., ed. *Extraterrestrials* [*Extraterrestres*]. Cambridge: Cambridge University Press, 1985.

43

A sala trancada de Locke

Os teóricos que deliberam sobre a liberdade da vontade frequentemente consideram que uma ação só é feita de modo livre e voluntário se o agente pudesse ter feito outra coisa. Mas essa ideia é desmontada por um astuto contraexemplo já oferecido muitos anos atrás por John Locke (1632-1704). Sua explicação dizia o seguinte:

> Suponha que um homem seja carregado, enquanto dorme profundamente, para uma sala onde há uma pessoa que ele ansiava por ver e com a qual ansiava por conversar; e que ele seja trancafiado ali, incapaz de sair; ele desperta e fica contente ao se ver em tão desejável companhia, na qual ele permanece voluntariamente, isto é, ele prefere ficar, em vez de partir. Eu pergunto: essa permanência não é voluntária? Penso que ninguém duvidará disso; contudo, estando trancafiado, é evidente que ele não é livre para não permanecer, ele não tem a liberdade de partir. De modo que a liberdade não é uma ideia que diz respeito à volição, ou à preferência; mas à pessoa ter o poder de fazer, ou de abster-se de fazer, algo conforme a mente escolher ou dirigir. Nossa ideia de liberdade chega até esse poder, e não vai além. Pois sempre que uma restrição venha a bloquear esse poder, ou uma compulsão remova aquela

indiferenciação da habilidade de agir, ou de abster-se de agir, aí a liberdade, e nossa noção dela, termina.[1]

O ponto relevante, é claro, é que embora o agente que permanece no lugar sob essas circunstâncias postuladas faz isso de modo deliberado e voluntário, de modo que aparentemente seu *ato* de permanecer não pode ser considerado como outra coisa senão *livre*, ainda assim ele não é, nessas circunstâncias, um *agente livre* no sentido de Locke, de ter "o poder de fazer, ou de abster-se de fazer, algo conforme a mente escolher ou dirigir". De modo que, embora o ato de permanecer realizado por aquele agente seja de fato livre, ainda assim, não importando quão paradoxal isso possa parecer, nessa circunstância ele não é um agente livre.

A pessoa que age livremente faz o que se alinha com seus desejos formados naturalmente, enraizados no tipo de pessoa que ela é. Consequentemente, até mesmo um ato inteiramente voluntário não é livre quando feito unicamente porque o agente foi induzido por uma lavagem cerebral a ter alguma motivação inautêntica para aquele ato por meio de uma manipulação externa. Contudo, o fato de que as pessoas são os tipos de pessoas que elas são por meio do curso das maquinações da natureza, em vez de por escolhas pessoais, não é o tipo de restrição "exterior" que bloqueia a liberdade delas.

A liberdade da vontade e da ação é uma ideia de grande complexidade conceitual, e as pessoas que ansiosamente se apressam a afirmar ou negar a existência dessa liberdade geralmente não estão preparadas para realizar o esforço preliminar e necessário de explicitar em detalhes exatos o que "ela" significa. Na maior parte da vasta literatura sobre o tópico – tanto a favor quanto contra – procuramos em vão por uma caracterização detalhada de exatamente o que tem de ser o caso para que a liberdade volitiva exista. Assim como o tempo, o livre-arbítrio é uma daquelas concepções complicadas sobre as quais é bastante tentador pensar erroneamente que sabemos do que estamos realmente falando.

---

1 John Locke, *An Essay Concerning Human Understanding* [*Um Ensaio sobre o Entendimento Humano*] (Londres: T. Barret, 1960), livro 2, cap. 21, seção 8.

Anedota relacionada

10. A decepção de Sócrates, 55

Leituras adicionais

Locke, John. *An Essay Concerning Human Understanding* [*Um Ensaio Sobre o Entendimento Humano*]. Londres: T. Barret, 1960.

Rescher, Nicholas. *Free Will: A Critical Reappraisal* [*Livre-Arbítrio: uma Reavaliação Crítica*]. New Brunswick: Transaction, 2009.

44

O limite textual de Leibniz

Em 1693, o filósofo, matemático e polímata alemão G. W. Leibniz (1646-1716) lançou-se em uma série de estudos sobre questões de eterno retorno, com um rascunho que foi submetido à *Académie des Sciences* [Academia das Ciências] de Paris e enviado a seu presidente, o abade Bignon. Desenvolvidos sob o título de "palingênese" ou *apokatastasis*,[1] esses estudos possibilitam uma visão instrutiva sobre a perspectiva de Leibniz acerca da condição humana, no que diz respeito aos limites de nosso conhecimento.[2]

Leibniz enxergava como um aspecto chave dos seres inteligentes o fato de que eles são usuários de símbolos, e de que seu conhecimento proposicional sobre questões de fato (em contraste com o conhecimento performático, o saber fazer) é inevitavelmente mediado pela linguagem. Tudo aquilo

---

1 Esse termo se remete à ideia de Platão de um grande "ano cósmico" para a recorrência posicional dos corpos celestes, e aparece no diálogo pseudoplatônico *Axíoco* (370b). O termo também é bíblico, ocorrendo em Atos 3:21. Em seu sentido posterior, teológico, *apokatastasis* relaciona-se à doutrina de Orígenes sobre a restauração final de todos os homens à amizade com Deus (um ensinamento ao qual Santo Agostinho fez uma forte oposição, e que foi finalmente declarado anátema no Concílio de Constantinopla em 543).

2 O tratado de Leibniz *Apokatastaseôs pantôn* [*Restauração de Todas as Coisas*] foi originalmente publicado (e traduzido) por Max W. Ettlinger como um apêndice a *Leibniz als Geschichtsphilosoph* [*Leibniz como Filósofo da História*] (Munich: Koesel und Puslet, 1921). Para um tratamento mais amplo, ver G. W. Leibniz, *De l'Horizon de la Doctrine Humaine* [*Do Horizonte da Doutrina Humana*], ed. Michel Fichant (Paris: Vrin, 1991). Essa obra reúne os textos relevantes e fornece um valioso material explicativo e bibliográfico. Ver também Philip Beeley, "Leibniz on the Limits of Human Knowledge" ["Leibniz Sobre os Limites do Conhecimento Humano"], *Leibniz Review* [*Revista Leibniz*] 13 (Dezembro, 2003): 93-97.

que nós factualmente conhecemos é – ou pode ser – posto em palavras. E em princípio aquilo que é posto em palavras pode ser impresso. Essa circunstância reflete – e impõe – certas limitações cruciais. Como colocou Leibniz: "Então, uma vez que todo conhecimento humano pode ser expresso por letras do alfabeto, pode-se dizer que alguém que entenda o uso correto do alfabeto perfeitamente sabe tudo. Segue-se que seria possível computar o número de verdades acessíveis para nós, e assim determinar o tamanho de uma obra que conteria todo o conhecimento humano possível".[3]

Uma vez que qualquer alfabeto que possa ser inventado pelo homem terá apenas um número limitado de letras (Leibniz aqui supõe 24), segue-se que mesmo se permitirmos que uma palavra se torne realmente muito longa (Leibniz supõe 32 letras), haverá apenas um número limitado de palavras que possam ser formadas (a saber, 24^{32}). E assim, se supusermos um máximo para o número de palavras que um enunciado inteligível possa conter (digamos, 100), então haverá um limite para o número de "enunciados" potenciais que possam ser feitos, a saber 100 *exp* (24^{32}). Mesmo com um conjunto de símbolos básicos diferentes daqueles do alfabeto latino, a situação é modificada em seus detalhes, mas não em sua estrutura. E esse permanece sendo o caso dos símbolos que atuam na matemática, onde a tradução de Descartes de proposições geometricamente pictoriais para uma forma algebricamente articulada estava diante da mente de Leibniz, para não dizer nada de seu próprio projeto de uma linguagem universal e de um cálculo formal do raciocínio (*calculus ratiocinator*).

Com um alfabeto de 24 letras, há 24^n palavras de exatamente n letras. Consequentemente, o número total de "palavras" com até (e inclusive) n letras será $24 + 24^2 + 24^3 + \ldots + 24^n$. Ora, uma linguagem que tenha sentenças com comprimento de em média P palavras e que tenha à disposição p palavras terá p^p candidatas a sentenças disponíveis. A maioria dos itens desse número astronômico de tais aglomerados simbólicos será, é claro, desprovida de sentido – e a maioria do restante será falsa. Mas isso não altera

---

[3] Louis Couturat, *Opuscules et Fragments Inédits de Leibniz* [*Opúsculos e Fragmentos Inéditos de Leibniz*] (Paris: Alcan, 1903), 532. Para detalhes adicionais relevantes, ver Couturat, *La Logique de Leibniz* [*A Lógica de Leibniz*] (Paris: Alcan, 1901).

o fato relevante e fundamental de que, segundo a abordagem combinatória apresentada por Leibniz, o número de livros possíveis será finito – apesar de muito grande. Assim, suponha – por exemplo – que um livro tenha 1.000 páginas de 100 linhas com 100 letras cada uma. Então, esse livro imenso terá espaço para 10^7 letras. Com 24 possibilidades para cada uma delas, haverá no máximo 24 *exp* (10^7) livros possíveis. Sem dúvida seria necessária uma vasta quantidade de espaço para acomodar uma biblioteca desse tamanho. Mas ela claramente não exigiria um espaço de infinitude euclidiana.[4]

Consequentemente, Leibniz chegou à notável conclusão de que enquanto as pessoas conduzirem seus pensamentos usando uma linguagem – entendida de modo amplo como abrangendo diversos dispositivos simbólicos – os fatos que elas podem conhecer, embora formem um número imensamente grande, são ainda assim em número limitado. E considerando que a realidade tem uma complexidade ilimitada, isso significa que nossa linguagem – e, portanto, nosso conhecimento – é fadada a ser incompleta e imperfeita.

Anedotas relacionadas

70. A biblioteca de Lasswitz, 283
75. Os macacos de Borel, 303

Leituras adicionais

Beeley, Philip. "Leibniz on the Limits of Human Knowledge" ["Leibniz sobre os Limites do Conhecimento Humano"], *Leibniz Review [Revista Leibniz]* 13 (Dezembro, 2003): 93-97.

---

4 O número de grãos de areia no mundo – que Arquimedes havia estimado em 10^{50} – é muito pequeno em comparação. O *Contador de Areia* de Arquimedes, o avô de todos os estudos de grandes números, introduz a ideia de ordens sucessivamente grandes de magnitude por meio da relação $e_n = 10^{8n}$. Arquimedes estima que o diâmetro da esfera das estrelas fixas não seja maior que 10^{10} estádios, e, com base nisso, declara que o cosmo conteria 1000 $e_7 = 10^{50}$ grãos de areia. Ver T. L. Heath, *The Works of Archimedes [As Obras de Arquimedes]* (Cambridge: Cambridge University Press, 1897).

Borges, J. L. "The Total Library" ["A Biblioteca Total"], *Selected Non-Fictions* [*Não-Ficções escolhidas*]. Londres: Penguin, 1999.

Leibniz, G. W. *De l'Horizon de la Doctrine Humaine* [*Do Horizonte da Doutrina Humana*]. Editado por Michel Fichant. Paris: Vrin, 1991.

45

O moinho de vento de Leibniz

A questão de como – e se, de fato – a psique humana deve ser entendida em termos das operações físicas da natureza material esteve na agenda da filosofia desde muito tempo atrás. Essa questão tornou-se particularmente crítica na esteira da divisão dualista feita por René Descartes da existência em setores desconectados de ser mental e material. Nesse contexto, Leibniz abordou a questão em uma das passagens mais frequentemente citadas de sua clássica *Monadologia*:

> A *percepção* e aquilo de que ela depende é *inexplicável a partir de princípios mecânicos*, isto é, por figuras e movimentos. Ao imaginar que exista uma máquina cuja construção lhe permita pensar, sentir e ter percepção, poder-se-ia concebê-la em tamanho aumentado sendo mantidas as mesmas proporções, de modo que se poderia entrar nela, como se entra em um moinho de vento. Supondo-se isto, ao visitar o interior dela alguém encontraria apenas partes empurrando-se umas às outras, e nunca nada pelo qual pudesse explicar uma percepção. Assim, é na substância simples, e não na composta ou na máquina, que se deve procurar a percepção.[1]

---
1 G. W. Leibniz, *G. W. Leibniz's* Monadology: *An Edition for Students* [*A Monadologia de G. W. Leibniz: uma Edição para Estudantes*], ed. Nicholas Rescher (Pittsburgh: University of Pittsburgh Press, 1991), seção 17.

Essa passagem é amplamente citada como uma *prova textual* da insistência de Leibniz na irredutibilidade explicativa de procedimentos mentais a procedimentos físicos, demonstrando assim seu compromisso com o idealismo. Contudo, Leibniz qualificou essa exposição ao mover-se do nível macro do lugar experiencial do homem no mundo para o nível micro da constituição última da natureza física na realidade subliminar:

> Cada corpo organizado de um ser vivo é um tipo de máquina divina ou autômato natural, que supera infinitamente todos os autômatos artificiais. Pois uma máquina construída pelo artifício do homem não é uma máquina em cada uma de suas partes. Por exemplo, o dente de uma roda de bronze tem partes ou fragmentos que, para nós, não são mais coisas artificiais, e não têm mais quaisquer marcas para indicar a máquina para cujo uso a roda foi projetada. Mas as máquinas naturais, isto é, os corpos vivos, ainda são máquinas em suas menores partes, até o infinito. Essa é a diferença entre a natureza e a arte, isto é, entre a arte divina e nossa arte.[2]

Segundo a visão de Leibniz, a diferença entre mentes e máquinas como as conhecemos é uma diferença de graus infinitos – e, portanto, efetivamente uma diferença de tipo único.

> Os modernos carecem de ideias suficientemente grandiosas sobre a majestade da natureza. Eles pensam que a diferença entre as máquinas naturais e as nossas é apenas a diferença entre o grande e o pequeno. [...] Acredito que essa concepção não nos dá uma ideia suficientemente justa ou digna da natureza, e que só meu sistema nos permite compreender a verdadeira e imensa distância entre as menores produções e mecanismos da sabedoria divina e as maiores obras-primas que derivam do artifício de uma mente limitada. Pois essa diferença não é apenas uma diferença de grau, mas uma diferença de tipo. Devemos então saber que as máquinas da natureza têm um número verdadeiramente infinito de órgãos, e

---

2 G. W. Leibniz, *G. W. Leibniz's* Monadology, seção 65.

são tão bem providas e tão resistentes a todos os acidentes que não é possível destruí-las.[3]

Assim, com Leibniz, como com a maioria dos cientistas naturais dos dias atuais, o mundo de nossa experiência é o produto natural das operações de uma multiplicidade subjacente de unidades subexperienciais de realidade natural inimaginavelmente pequenas. Com Leibniz, no entanto, esse nível último da existência consistia em unidades de operações naturais de tamanho minúsculo – mais puntiformes que até mesmo as micro "cordas" da física contemporânea –, dessas "mônadas" subatômicas (como ele as chamava) que produzem todos os fenômenos de "nosso mundo", incluindo o pensamento e a atividade mental.

Segundo essa visão, a matéria não produz a mente, e a mente certamente não produz a matéria. Em vez disso, ambas derivam igualmente das maquinações de algo mais fundamental que qualquer uma delas, algo que não é nem material nem mental em sua própria natureza. Isso é algo indescritível na terminologia de nossa experiência familiar, mas é algo capaz de, no curso de suas operações, funcionar causalmente de modo a nos trazer à existência juntamente com nossa experiência, assim como as letras do alfabeto, com as quais o significado não tem nenhuma relação, podem funcionar então em contextos adequados de modo a engendrar palavras e sentenças, e assim tornarem-se significativas (uma metafísica desse tipo, chamada de "monismo neutro", foi revivida no início do século XX pelos filósofos ingleses A. N. Whitehead e Bertrand Russell).

É claro que a dificuldade de qualquer teoria desse tipo – inevitável e talvez também inseparável – é preencher os detalhes mostrando exatamente como podemos passar daqui para lá. Isso estabeleceu um desafio que derrotou os atomistas gregos na Antiguidade, Leibniz no século XVII, e Russell e Whitehead no século XX. E a sempre crescente desconexão entre a microfísica subatômica e nossa experiência fenomênica não oferece uma perspectiva promissora a esse respeito.

---

3   G. W. Leibniz, "New System of Nature" ["Novo Sistema da Natureza"] (1695), em *G. W. Leibniz: Philosophical Essays* [*G. W. Leibniz: Ensaios Filosóficos*], ed. e trad. Roger Ariew e Daniel Garber (Indianápolis: Hackett, 1989), 139.

Anedotas relacionadas

10. A decepção de Sócrates, 55
85. Psicologia de ficção científica, 343
91. O teste de Turing, 365
99. O quarto chinês de Searle, 397

Leituras adicionais

Leibniz, G. W. G. W. *Leibniz's* Monadology*: An Edition for Students* [*A Monadologia de G. W. Leibniz: uma Edição para Estudantes*]. Editado e traduzido por Nicholas Rescher. Pittsburgh: University of Pittsburgh Press, 1991.

Russell, Bertrand. *The Analysis of Matter* [*A Análise da Matéria*]. Londres: Allen and Unwin, 1954.

Whitehead, A. N. *Process and Reality* [*Processo e Realidade*]. Cambridge: Cambridge University Press, 1929.

46

A deusa mítica de Leibniz

Leibniz notoriamente ensinou que este é o melhor dos mundos possíveis. Por certo, ele reconheceu as numerosas ocorrências negativas e desafortunadas deste mundo, e admitiu que ele não é perfeito. Mas Leibniz sustentou que nenhuma outra possibilidade realizável seria, em comparação, superior a este mundo. Nesse contexto, em sua maior obra, a *Teodiceia*, ele esboçou o mito de Teodônis, a quem, em um sonho, uma deusa revela o livro do destino que descreve todas as múltiplas possibilidades dentre as quais Júpiter escolheu as melhores para atualização. E quando emergiu a questão de por que existe um Sextus, que é tanto causa quanto vítima de muito sofrimento, a deusa respondeu:

> Vê que meu pai, Júpiter, não fez Sextus perverso; ele foi perverso desde toda a eternidade, ele o foi sempre, e livremente. Meu pai apenas concedeu-lhe a existência que sua sabedoria não podia recusar ao mundo no qual ele está incluído: ele o fez passar da região dos seres possíveis para a dos seres atuais. O crime de Sextus serve para grandes coisas: ele liberta Roma; daí erguer-se-á um grande império, que mostrará nobres exemplos à humanidade. Mas isso não é nada em comparação com o valor deste mundo inteiro, com cuja beleza tu ficarás maravilhado.[1]

---

1 G. W. Leibniz, *Theodicy* [*Teodiceia*], ed. Austin Farrer, trad. E. M. Huggard (New Haven: Yale University Press, 1952), 372-373 (seção 416).

E assim, segundo a visão de Leibniz, as negatividades bastante reais do mundo são sobrepujadas – em termos gerais! – por positividades compensadoras de peso suficientemente grande.

Em sua noveleta *Candide* [*Cândido*], Voltaire (1694-1778) imaginou um substituto de Leibniz, o presunçoso Dr. Pangloss, que acompanha o jovem estudante ingênuo Cândido em uma jornada através de muitos desastres, expressando constantemente um afável otimismo diante dos infortúnios. Enfim, Cândido grita: "Mas se este é o melhor dos mundos possíveis, como, em nome dos céus, serão os outros"?

Voltaire pensava que com essa pergunta sua excursão guiada por desastres refutava não apenas seu simulacro de Leibniz, Pangloss, mas também o próprio Leibniz. Contudo, o verdadeiro Leibniz poderia ter – e efetivamente tinha – uma resposta imediata: "Ainda piores".

Contudo, o problema que permanece – e que não deixou de perturbar Leibniz – é o da justiça. Pois mesmo que neste mundo o bem sobrepuje o mal e o prazer sobrepuje a dor no saldo final, resta o fato de que isso prové pouco consolo àqueles indivíduos particulares que sofrem. Algo acima e além de uma argumentação sobre o melhor mundo *possível* seria necessária para abordar esse problema.

Anedotas relacionadas

27. A bazófia do rei Alfonso, 119
73. A pata do macaco, 295
98. Predicados vadios, 393

Leituras adicionais

Leibniz, G. W. *Theodicy* [*Teodiceia*]. Editado por Austin Farrer. Traduzido por E. M. Huggard. New Haven: Yale University Press, 1952.

Passmore, John A. *The Perfectibility of Man* [*A Perfectibilidade do Homem*]. Londres: Duckworth, 1972.

Voltaire. *Candide* [*Cândido*]. Editado e traduzido por Robert M. Adams. Nova Iorque: W. W. Norton, 1966.

47

Os paradoxos das caixas de Aldrich

O logicista, teólogo, arquiteto e polímata inglês Henry Aldrich (1647-1710), que foi vice-chanceler da Universidade de Oxford no início dos anos 1690, gostava de trocadilhos e charadas. No campo da lógica, ele inaugurou a ideia de paradoxos de caixas com o seguinte exemplo simples:

> Toda sentença escrita nesta caixa é falsa.

O paradoxo aqui é óbvio: se a sentença no interior da caixa for verdadeira, então ela será falsa; mas se ela for falsa, então ela será verdadeira.

Em uma tentativa de evitar o problema, às vezes é feita a sugestão de que a sentença em questão não tem sentido, e, portanto, não é nem verdadeira nem falsa. Mas neste ponto emerge o paradoxo das caixas duplas:

(1)
> Toda sentença escrita na caixa (2) é falsa.

(2)
> Toda sentença escrita na caixa (1) é falsa.

Aqui novamente há um conflito lógico óbvio. Mas agora é difícil rejeitar essas afirmações como desprovidas de sentido. Afinal, a sentença da caixa (1) – a mesma sentença, idêntica e inalterada – é inteiramente não problemática quando a caixa (2) contém a sentença: "Dois mais dois é igual a quatro."

O melhor plano aqui seria considerar as sentenças em questão não como unidades isoladas e fixas, mas como contextualmente variáveis. Assim, justamente como "Está chovendo *aqui*" é uma sentença indefinidamente esquemática sujeita à especificação contextual de "aqui", ou "Está chovendo *agora*" é uma sentença indefinidamente esquemática sujeita à especificação contextual de "agora", do mesmo modo aquelas sentenças envolvidas por caixas são vistas como indefinidamente esquemáticas, tornando-se bem definidas apenas contextualmente, sujeitas à especificação daquela outra caixa. De acordo com essa abordagem, aqueles complexos verbais que estão em questão não constituem sentenças realmente significativas a não ser quando, e até serem, corporificadas em um contexto definido que forneça o conteúdo.

Assim, uma lição maior emerge aqui, a saber, que a linguagem é um instrumento imperfeito, e que às vezes ter uma compreensão comunicativa apropriada do que está sendo comunicado envolve complicações que à primeira vista simplesmente não são evidentes. Pois uma verbalização que em uma ocasião apresenta uma afirmação perfeitamente significativa pode se desintegrar na incompreensibilidade em um contexto diferente. A linguagem, instrumento indispensável de nosso pensamento, pode às vezes provar-se uma aliada traiçoeira.[1]

Anedotas relacionadas

1. A torre de Babel, 21
21. O navio de Teseu, 97
71. A estrela da manhã de Frege, 287

---

[1] Nicholas Rescher, *Paradoxes* [*Paradoxos*] (Chicago: Open Court, 2001), 209-213.

Leituras adicionais

Clark, Michael. *Paradoxes from A to Z* [*Paradoxos de A a Z*]. Londres: Routledge, 2002.

Rescher, Nicholas. *Paradoxes* [*Paradoxos*]. Chicago: Open Court, 2001.

Sternfeld, Robert. *Frege's Logical Theory* [*A Teoria Lógica de Frege*]. Carbondale: Southern Illinois University Press, 1966.

48

As abelhas de Mandeville

Inicialmente treinado em medicina, Sir Bernard de Mandeville (1670-1733) revolucionou a teoria social quando publicou sua "Fábula das Abelhas" no início dos anos 1700. Seu conto contrastava duas colmeias, sendo que os habitantes de uma delas tinham todas as virtudes cívicas costumeiras, sendo frugais, abstêmios e dedicados a uma vida simples e modesta; enquanto os habitantes da outra colmeia eram desperdiçadores, libertinos, esbanjadores com um alto padrão de vida, dedicados aos bens materiais e absortos em "aproveitar a vida". Mas, considerada do ponto de vista de um economista, a colmeia "boa" era miserável e lutava com a pobreza e o subemprego, enquanto a colmeia "má" prosperava com sua atividade de suporte ao excesso. O esbanjamento pessoal evoca a produtividade econômica necessária para seu suporte.

Mandeville resumiu a moral de sua fábula da seguinte maneira:

>Então deixe as reclamações: somente os tolos se esforçam
>Para engrandecer uma colmeia honesta. [...]
>Sem grandes vícios, é uma vã
>Utopia assentada no cérebro.
>A fraude, a luxúria e o orgulho devem viver,
>Enquanto nós recebemos os benefícios. [...]
>Não devemos o crescimento do vinho
>À seca vinha, desgastada e retorcida? [...]
>Então o vício se mostra benéfico,

> Quando é podado e limitado pela justiça. [...]
> Não, onde as pessoas seriam grandes,
> Isso é necessário para o Estado [...].
> A pura virtude não pode fazer as nações viverem
> Em esplendor; aquelas que reviveriam
> Uma era dourada devem ser tão livres
> Para os vícios quanto para a honestidade.[1]

Assim, as duas colmeias de Mandeville apresentavam uma notável discrepância entre a virtude moral e a afluência econômica, com um consumo disruptivo e pessoalmente corruptivo engendrando um emprego produtivo para a sociedade.

Do ponto de vista do economista, a tensão é simples de resolver: não pode haver somente consumidores, nem apenas produtores – um grupo de um tipo deve ser motivado por um grupo do outro tipo ou (melhor ainda) uma coordenação pode ser efetuada no nível dos indivíduos (digamos, arranjando para que uma juventude produtiva seja sucedida por uma aposentadoria luxuosa). Mas essa discussão de arranjos sociais não aborda as questões morais.

A consideração saliente aqui é a da escolha. Assim como um indivíduo tem de selecionar uma direção para alocar seus esforços – decidindo que tipo de vida ele ou ela vai tentar criar para si –, da mesma forma uma sociedade deve resolver a questão de que tipo de ambiente social ela quer criar para si. Vista sob essa luz, a fábula das abelhas de Mandeville é menos um paradoxo que uma lição objetiva acerca das prioridades no conflito bíblico entre Deus e Mamon.

Anedotas relacionadas

35. O *Leviatã* de Hobbes, 153
67. Os cooperadores de Kropotkin, 271
88. A ameaça de Boulding, 355
94. O dilema do prisioneiro, 377

---

[1] Bernard Mandeville, *The Fable of the Bees, or Private Vices, Public Benefits* [*A Fábula das Abelhas, ou: Vícios Privados, Benefícios Públicos*], ed. I. Primer (Nova Iorque: Capricorn, 1962), 38.

Leituras adicionais

Heilbronner, Robert. *The Worldly Philosophers* [*Os Filósofos Mundanos*]. Nova Iorque: Simon and Schuster, 1953.

Mandeville, Bernard. *The Fable of the Bees, or Private Vices, Public Benefits* [*A Fábula das Abelhas, ou: Vícios Privados, Benefícios Públicos*]. Editado por I. Primer. Nova Iorque: Capricorn, 1962.

though
49

A busca de si de Hume

O filósofo escocês David Hume (1711-1776) foi um empirista dedicado que ensinou que nosso conhecimento de questões ligadas a fatos objetivos não pode ir além dos limites de nossa experiência. Essa postura impeliu-o a vários tipos de ceticismo. Conforme a visão dele, nós experienciamos vários itens particulares e específicos, mas nunca as relações e conexões abstratas que vigoram entre eles – de modo que todas as formas de relação têm problemas. Experienciamos ocorrências no mundo, mas não conexões entre elas, e isso lança a própria ideia de causalidade em dificuldades. Experienciamos ocorrências particulares, mas nunca gerais (e muito menos universais) – de modo que a ideia de necessidade fica em dificuldades. E experienciamos nossos vários atos, mas nunca *nós mesmos* – e assim a própria ideia de um *eu* está em dificuldades.

Hume enfatizou esse último ponto da seguinte maneira: "Quando entro mais intimaente naquilo que chamo de *mim mesmo*, sempre tropeço em uma ou outra percepção particular, de calor ou frio, luz ou sombra, amor ou ódio, dor ou prazer. Nunca posso apreender a *mim mesmo* em qualquer instante sem uma percepção, e nunca posso observar qualquer coisa sem a percepção. Quando minhas percepções são removidas por qualquer período, como pelo sono profundo, durante esse tempo sou insensível para *mim mesmo*, e pode-se verdadeiramente dizer que não existo".[1] Hume

---

[1] David Hume, *A Treatise of Human Nature* [*Um Tratado Sobre a Natureza Humana*] (Oxford: Oxford University Press, 2000), livro 1, cap. 4, seção 6.

sustentava que, no que diz respeito à atividade mental, a mente humana é sempre um agente que sente isto e vê aquilo, e nunca um mero paciente. E, consequentemente, seria errado enxergar a mente como algo suscetível de observação ou detecção. De fato, para Hume, não existe em última análise tal *coisa* chamada de "mente". Consequentemente, Hume se lançou em um curso de raciocínio que seguiu o padrão:

- nosso conhecimento de fatos não vai além do que é determinado em nossa experiência.
- nossas experiências são sempre itens (particulares) e nunca relacionais (conectadas).
- portanto, nenhum conhecimento de conectividade é possível para nós – seja essa conectividade externa, estando no "mundo", ou interna, no pensamento.

Mas mesmo quando a validade desse modo de argumentação é admitida, a questão "O que ela demonstra?" permanece em aberto. Pode-se interpretá-la seguindo Hume – como demonstrando que a conclusão é válida. Ou, inversamente, ao se negar essa conclusão, pode-se talvez interpretá-la como uma refutação daquela primeira premissa, assim pondo em questão o próprio tipo de empirismo que Hume abraça tão ardentemente.

Anedotas relacionadas

37. O *ergo* de Descartes, 161
45. O moinho de vento de Leibniz, 193
51. As coisas-em-si de Kant, 215

Leituras adicionais

Church, Ralph W. *Hume's Theory of the Understanding* [*A Teoria do Entendimento de Hume*]. Ithaca: Cornell University Press, 1935.

Hume, David. *A Treatise of Human Nature* [*Um Tratado sobre a Natureza Humana*]. Oxford: Oxford University Press, 2000.

50

O tom de azul de Hume

David Hume sustentou que as únicas concepções que podiam figurar significativamente em nosso pensamento eram aquelas que seriam fundadas em percepções – em questões de cognição factual, o intelecto humano não tem nada com que trabalhar, exceto aquilo que é inerente ao material que os sentidos humanos colocam à sua disposição. Assim, em seu *Ensaio Sobre o Entendimento Humano*, ele escreveu: "Devemos sempre descobrir que toda ideia [conceitualizada] que examinamos é copiada de uma impressão [sensorial] semelhante. Aqueles que afirmariam que essa posição não é universalmente verdadeira nem livre de exceções têm apenas um método, fácil por sinal, para refutá-la: produzir aquela ideia que, em sua opinião, não é derivada dessa fonte".[1] E ainda assim, ironicamente, dois parágrafos depois Hume admite um tal contraexemplo.

> Há, contudo, um fenômeno contraditório que pode provar que não é absolutamente impossível que ideias emerjam independentemente de suas impressões correspondentes. Suponha, então, que uma pessoa desfrutou da visão por trinta anos e tornou-se perfeitamente familiarizada com cores de todos os tipos, exceto um tom particular de azul, por exemplo, que ela nunca teve a sorte de encontrar. Se todos os diferentes tons daquela cor forem colocados diante dela,

---

1 David Hume, *Enquiry Concerning Human Understanding* [*Ensaio sobre o Entendimento Humano*] (Nova Iorque: Washington Square, 1963), seção 2, "Of the Origin of Ideas" ["Sobre a Origem das Ideias"].

descendo gradualmente do mais profundo para o mais claro; é óbvio que a pessoa perceberá uma lacuna, onde aquele tom está faltando, e sentirá que há uma distância maior naquele lugar entre as cores contíguas do que em qualquer outro. Agora eu pergunto se é possível para ela, a partir de sua própria imaginação, suprir essa deficiência, e produzir para si a ideia daquele tom particular, embora ele nunca lhe tenha sido comunicado pelos sentidos? Acredito que poucas pessoas negarão que ela possa; e isso pode servir como uma prova de que as ideias simples não são sempre, em todos os casos, derivadas das impressões correspondentes; embora esse exemplo seja tão singular que quase não merece nossa observação, e não mereça que apenas por causa dele alteremos nossa máxima geral.

Teóricos cognitivos e intérpretes de Hume ficaram desconcertados sobre como compreender essa situação.

Uma leitura possível é que Hume considerou esta como a exceção que comprova a regra: que sua admissão não faz nada além de indicar que a mente só pode se mover para além dos sentidos em passos trivialmente minúsculos.

Outra abordagem seria enxergar o exemplo como indicando que simplesmente não existem quaisquer universalizações seguras e rápidas a respeito de questões filosoficamente relevantes – que neste campo toda regra tem suas exceções.

Uma terceira possibilidade seria insistir que, apesar de Hume dizer o contrário, o empirismo está simplesmente errado, porque a mente tem o poder de extrair *sugestões* da experiência que vão além dos *dados* reais da experiência.

E assim, claramente há possibilidades distintas de resolução, mas, como é sempre o caso com tais questões filosóficas, nenhuma é livre de custos. Cada resolução disponível envolve alguns compromissos que – idealmente considerados – alguém pode não estar tão ansioso para assumir, com cada possibilidade tendo seu lado ruim. Parece que na filosofia, assim como na vida, não existe algo como um almoço totalmente gratuito.

Anedotas relacionadas

8. A natureza dos atomistas, 47
30. A verdade de Averróis, 131

Leituras adicionais

Hume, David. *A Treatise of Human Nature* [*Um Tratado sobre a Natureza Humana*]. Nova Iorque: E. P. Dutton, 1911.

Hume, David. *Enquiry Concerning Human Understanding and Other Essays* [*Investigação sobre o Entendimento Humano e Outros Ensaios*]. Nova Iorque: Washington Square, 1963.

Noonan, Harold W. *Hume on Knowledge* [*Hume Acerca do Conhecimento*]. Londres: Routledge, 1999.

51

As coisas-em-si de Kant

Segundo a visão do filósofo e polímata alemão Immanuel Kant (1724-1804), nossa capacidade sensorial-perceptiva – ele a chamava de "sensibilidade" – nos permite perceber a aparência das coisas segundo certos modos correspondentes de apreensão. Nossa sensibilidade não nos dá acesso ao modo como as coisas são em si mesmas, mas apenas ao modo como as coisas aparecerem para seres equipados com nosso tipo particular de aparato sensorial:

> Mesmo se pudéssemos conduzir nossa percepção ao mais alto grau de clareza, não chegaríamos assim mais perto da constituição dos objetos em si mesmos. Ainda conheceríamos apenas nosso modo de perceber, isto é, nossos modos de sentir ("sensibilidade"). Nós de fato os conheceríamos completamente, mas sempre sob as condições que são originalmente inerentes ao sujeito percebedor. O que os objetos possam ser em si mesmos nunca se tornaria conhecido para nós, mesmo através do conhecimento mais elaborado daquilo que unicamente nos é dado, a saber, sua aparência.[1]

O que as coisas são em si mesmas, apartadas de nossos modos de percepção – como as coisas realmente são, distintamente de como aparecem para nós – é no máximo um assunto para conjetura.

---
1 Immanuel Kant, *Crítica da Razão Pura*, A43-B60.

Segundo a visão de Kant, a diferença entre "Eu (ou nós) penso (ou pensamos) que as coisas se encontram de maneira X" e "As coisas de fato se encontram de maneira X" é insuperável: simplesmente não há nenhuma maneira de cruzar a barreira entre elas. Consequentemente, devemos traçar uma distinção entre o mundo da experiência observacional e a própria realidade – uma distinção que não podemos implementar em detalhes, porque não podemos sair do primeiro domínio para detalhar sua diferença em relação ao segundo. Compreendemos *que* há uma diferença entre a realidade e a aparência, mas não podemos dizer em detalhes *qual* é essa diferença. Consequentemente, Kant sustentou que nós simplesmente não somos capazes de ir além do modo como as coisas aparecem – como elas se apresentam para nós. Ele acreditava que a instrução "Diga-me como as coisas realmente são, em distinção ao modo como elas se apresentam na experiência" faz uma exigência inerentemente impossível de ser satisfeita.

A lição que emerge aqui é efetivamente esta: a única distinção entre a *mera* ou *imediata* aparência superficial das coisas e sua aparência *autêntica* que podemos realisticamente traçar é inteiramente intraexperiencial, e, portanto, sujeita aos controles de qualidade da inspeção cuidadosa e da sistematização convincente.

Anedotas relacionadas

8. A natureza dos atomistas, 47
45. O moinho de vento de Leibniz, 193

Leituras adicionais

Ewing, A. C. *A Short Commentary on Kant's Critique of Pure Reason* [*Um breve comentário sobre a* Crítica da Razão Pura *de Kant*]. Chicago: University of Chicago Press, 1938.

Kant, Immanuel. *Critique of Pure Reason* [*Crítica da Razão Pura*]. Editado e traduzido por Marcus Weigelt. Nova Iorque: Penguin, 2008.

Kuehn, Manfred. *Kant: A Biography* [*Kant: uma Biografia*]. Cambridge: Cambridge University Press, 2001.

52

O menino de Kant

Em sua clássica monografia sobre a *Fundamentação da Metafísica dos Costumes*, Immanuel Kant traçou o sutil, mas importante contraste entre, por um lado, agir moralmente, e, por outro lado, meramente fazer o que a moral requer. Sua linha de raciocínio dizia o seguinte:

> É fácil decidir se uma ação em concordância com um dever é realizada pelo dever ou para algum propósito egoísta. É muito mais difícil notar essa diferença quando a ação está em concordância com o dever e, além disso, o sujeito tem uma inclinação direta para realizá-la. Por exemplo, está em concordância com o dever que um comerciante não cobre mais caro de um cliente inexperiente, e sempre que há muita atividade no negócio o mercador prudente não faz tal coisa, tendo um preço fixo para todos, de modo que uma criança pode comprar dele tão barato quanto qualquer outra pessoa. Assim o cliente é servido honestamente. Mas isso está longe de ser suficiente para justificar a crença de que o mercador se comportou dessa maneira a partir do dever e de princípios de honestidade.[1]

Ter a reputação de ser alguém que trata as pessoas com cortesia e de modo justo vale seu peso em ouro para qualquer mercador ou comerciante.

---

1 Immanuel Kant, *Foundations of the Metaphysics of Morals* [*Fundamentação da Metafísica dos Costumes*], trad. L. W. Beck (Nova Iorque: Bobbs-Merrill, 1959), seção 1, 13.

E nosso mercador, portanto, fez bem em tratar aquele menino com gentileza e honestidade. Aqui a moral tem a prudência a seu lado. Mas – como Kant agora insiste – a questão vai muito mais além. O agente que faz a coisa moralmente apropriada *apenas* porque ela é prudentemente vantajosa para si – evitando a perda do costume, no caso de nosso mercador – não está realmente sendo moral.

A questão da motivação é crucial aqui: agir corretamente não é suficiente. Para que haja o crédito moral, deve-se fazer a coisa certa pela *razão certa*: porque aquilo é certo, em vez de pela construção moralmente viciante de que aquilo será vantajoso.

E aqui a visão de Kant sobre o assunto claramente atingiu o alvo. Fazer as coisas certas com intenções egoístas, quando não malignas, e fazer a coisa errada com "a melhor das intenções" são ambas coisas que representam modos de comportamento moralmente falhos.[2] O crédito moral – a aprovação e o louvor – é merecido apenas quando a coisa certa é feita pela razão certa.

Anedotas relacionadas

13. O anel de Giges, de Platão, 67
67. Os cooperadores de Kropotkin, 271
94. O dilema do prisioneiro, 377

Leituras adicionais

Kuehn, Manfred. *Kant: A Biography* [*Kant: uma Biografia*]. Cambridge: Cambridge University Press, 2001.

---

[2] As pessoas argumentam sobre o que é pior, mas isso não interessa a Kant: a preocupação dele é com o que é moralmente apropriado; a essência do grau comparativo de falta de propriedade permanece fora dessa linha de investigação.

Stevens, Rex Patrick. *Kant on Moral Practice* [*Kant acerca da Prática Moral*]. Macon: Mercer University Press, 1981.

Wood, Allen W. *Kantian Ethics* [*Ética Kantiana*]. Cambridge: Cambridge University Press, 2008.

53

A visão pacífica de Kant

Em 1795 Kant publicou seu muito discutido ensaio "Para a paz perpétua" com a firma de seu amigo de Königsberg, Friedrich Nicolovius. Ali ele escreveu: "Se é um dever realizar a condição do direito público, mesmo que apenas por aproximação através de um progresso interminável, e se há também uma esperança bem fundamentada disto, então a paz perpétua que se segue ao que até agora foram falsamente chamados de tratados de paz (estritamente falando, tréguas) não é uma ideia vazia, mas uma tarefa que, gradualmente resolvida, aproxima-se rapidamente de seu objetivo (uma vez que os tempos durante os quais um progresso igual ocorre se tornarão, esperamos, sempre mais breves)".[1] A tese central de Kant era que os princípios morais que governam as relações entre indivíduos deveriam governar também as relações entre Estados: "A proposição teórica de que a moral é superior à política ergue-se infinitamente acima de todas as objeções, e é de fato a condição indispensável de toda política [apropriadamente conduzida]". A posição de Kant era uma combinação intrigante de utopismo e realismo; segundo sua visão: a perfeição é inalcançável em um mundo imperfeito, mas o progresso – a melhoria constante – é algo que pode ser realizado e para o qual deveríamos nos esforçar.

---

[1] Immanuel Kant, *Practical Philosophy* [*Filosofia Prática*], ed. M. J. Gregor (Cambridge: Cambridge University Press, 1996), 351.

Aqueles que imaginaram e defenderam a paz perpétua geralmente o fizeram por uma de duas razões: o *utopismo prudente* ("Não seria ótimo se... ?") e a *religião revelada* ("Que tipo de cristãos nós somos quando... ?"). Kant rejeitou ambas as abordagens. Para ele, o cultivo da paz é uma questão de *moral* – de abster-se de causar danos àqueles outros seres inteligentes que são nossos companheiros na comunidade da humanidade. Conforme a visão dele, o progresso social e político é algo profundamente vinculado à moral pessoal, porque é uma obrigação moral que impõe a todos a incumbência de trabalhar para sua realização.

Na Alemanha nazista, a resistência ao regime – deixando de lado as verdadeiras vítimas e inimigos do regime, como os judeus e os comunistas – provinha principalmente de três fontes: os religionistas, para quem os padrões de comportamento não eram estabelecidos pelo Estado, mas por uma fonte superior; os aristocratas, para quem o comportamento brutal dos nazistas não era o tipo de coisa que o tipo de pessoa que eles eram aprovava; e as pessoas influenciadas por Kant, que aceitavam o cultivo de ideais morais como sendo um dever (havia, infelizmente, muito poucas dessas pessoas).

A visão de Kant sobre o progresso social e político no mundo foi uma característica marcante da época que chamamos de Iluminismo. Tendo recebido um ímpeto ideológico adicional na época de Darwin, ela sofreu um drástico choque na sequência da Primeira Guerra Mundial. Aquela "guerra para pôr fim a todas as guerras" de fato engendrou a Liga das Nações, mas isso logo provou ser outra lição objetiva sobre a dificuldade de realizar a visão pacífica de Kant em um mundo demasiado imperfeito.

Anedotas relacionadas

33. A *Utopia* de More, 145
67. Os cooperadores de Kropotkin, 271
78. A ilusão de Angell, 313

Leituras adicionais

Kant, Immanuel. *Practical Philosophy* [*Filosofia Prática*]. Editado por M. J. Gregor. Cambridge: Cambridge University Press, 1996.

Kuehn, Manfred. *Kant: A Biography* [*Kant: uma Biografia*]. Cambridge: Cambridge University Press, 2001.

54

O céu estrelado de Kant

Uma das mais citadas dentre as passagens notáveis de Kant vem da seção de conclusão de sua *Crítica da Razão Prática*: "Duas coisas preenchem a mente com admiração e espanto sempre renovados e crescentes, quanto mais frequente e constantemente refletimos sobre elas: o céu estrelado acima de mim, e a lei moral dentro de mim". Essa passagem reflete a evolução da preocupação do século XVIII com a filosofia do artifício em vez da natureza, e em particular com a ideia estética do prazeroso, do belo e do mais que belamente sublime.

E foi essa última concepção – a do sublime – que particularmente fascinou Kant e atraiu seu interesse. Para facilitar a entrada no pensamento dele sobre o assunto, considere algumas passagens reunidas de sua *Crítica da Faculdade de Julgar*:

> O sublime é algo cuja concepção mesma demonstra uma faculdade mental que ultrapassa o alcance dos sentidos, pois sua apreensão incorpora a ideia do infinito. Ela é um produto, não da sensação, mas da razão, pois a razão inevitavelmente penetra através de seu compromisso com uma totalidade absoluta independente dos sentidos, induzindo assim um sentimento da inalcançabilidade de sua ideia por meio da imaginação. Consideramos sublimes coisas como o céu estrelado, os vastos oceanos, a livre faculdade de julgar do homem e o ideal pelo qual ela é conhecida – todas vistas como idealizações

que transcendem qualquer envolvimento sério, e refletindo uma capacidade da mente de planar acima do nível sério por meio de um envolvimento com princípios racionais.[1]

Assim como Platão, Kant via a razão (*logos*) como nos concedendo acesso a uma realidade acima e além da esfera comum da vida cotidiana. E esse neoplatonismo kantiano nunca esteve mais fortemente em evidência do que em sua invocação das ideias e ideais projetados pela mente e refletindo o poder da razão para transcender o domínio da apreensão sensível.

Anedotas relacionadas

4. Os números de Pitágoras, 33
14. O Demiurgo de Platão, 71
46. A deusa mítica de Leibniz, 197

Leituras adicionais

Kant, Immanuel. *Critique of the Power of Judgment* [*Crítica da Faculdade de Julgar*]. Traduzido por Paul Guyer e Eric Mathews. Cambridge: Cambridge University Press, 2000.

Kuehn, Manfred. *Kant: A Biography* [*Kant: uma Biografia*]. Cambridge: Cambridge University Press, 2001.

Wood, Allen W. *Kantian Ethics* [*Ética Kantiana*]. Cambridge: Cambridge University Press, 2008.

---

1 Immanuel Kant, *Critique of the Power of Judgment* [*Crítica da Faculdade de Julgar*]. Trad. Paul Guyer e Eric Mathews (Cambridge: Cambridge University Press, 2000), 5: 153-154.

55

A reorientação de Kant

No início de seus *Prolegômenos a Toda Metafísica Futura*, Kant fez uma observação que foi muito raramente citada por filósofos alemães posteriores: "Há estudiosos para quem a história da filosofia (tanto antiga quanto moderna) é a própria filosofia [...]. Tais homens devem esperar até que aqueles que se esforçam para colher da fonte da própria razão tenham completado seu trabalho; então será a vez desses estudiosos informar o mundo sobre o que foi feito. Infelizmente, nada pode ser dito que, na opinião deles, não tenha sido dito antes, e na verdade a mesma profecia se aplica a todo o tempo futuro".[1] O fenômeno sobre o qual Kant adverte aqui caracteriza a cena filosófica há muito tempo. Afinal, os filósofos têm uma escolha: eles podem deliberar sobre uma questão filosófica em si mesma e por si mesma, ou podem deliberar sobre as deliberações de outros sobre o tópico. E a segunda coisa é não apenas mais fácil, mas também geralmente mais atraente, dado o prazer natural dos seres humanos em corrigir os erros e as falhas dos outros.

A realidade é que a investigação filosófica pode ser um trabalho duro. Primeiro, é necessário identificar as questões predominantemente significativas e interessantes. E depois descobrimos que toda questão admite muitas respostas possíveis – a maioria delas errada, é claro. A investigação torna-se

---

[1] Immanuel Kant, *Prolegomena to Any Future Metaphysics* [*Prolegômenos a Toda Metafísica Futura*]. Trad. L. W. Beck (Indianápolis: Bobbs-Merrill, 1950), introdução.

então um trabalho de tentar encontrar a resposta correta – a agulha no palheiro. A crítica, em contraste, é um trabalho de mostrar que esta ou aquela resposta possível não serve. Quando essas respostas possíveis são inerentemente claras, mutuamente excludentes, e coletivamente exaustivas, então um processo de eliminação pode servir bem aos interesses da investigação. Mas em assuntos filosóficos essas condições geralmente não são preenchidas. As possibilidades – e, portanto, as perspectivas de erro – são intermináveis. A eliminação de alguns passos em falso não nos leva necessariamente para mais perto da verdade das coisas. Aqueles desenvolvimentos históricos muito frequentemente não levam a lugar nenhum. E assim, como Kant corretamente enfatizou, o modo apropriado de filosofar pede uma abordagem das próprias questões. Olhar para o que outros fizeram com elas sem dúvida se provará bastante útil, mas não realizará o verdadeiro trabalho em si. Segundo a visão de Kant, a filosofia precisa ser reorientada, deixando de deter-se sobre o que foi feito e passando para o que pode ser feito.

Anedotas relacionadas

26. O dedo de Omar Khayyám, 115
30. A verdade de Averróis, 131
61. O elefante desconcertante de Saxe, 251

Leituras adicionais

Despland, Michel. *Kant on History and Religion* [*Kant Acerca da História e da Religião*]. Montreal: McGill-Queen's University Press, 1973.

Kant, Immanuel. *Prolegomena to Any Future Metaphysics* [*Prolegômenos a Toda Metafísica Futura*]. Traduzido por L. W. Beck. Indianápolis: Bobbs-Merrill, 1950.

56

O paradoxo de Condorcet

A ideia do governo da maioria faz parte do cerne da ética democrática. Mas infelizmente há alguns sérios obstáculos para sua implementação – e não apenas como uma questão de procedimento prático, mas também de viabilidade teórica.

Suponha que seja pedido a três votantes para classificar três opções, com o seguinte resultado:

	A	B	C
(1)	1ª	2ª	3ª
(2)	3ª	1ª	2ª
(3)	2ª	3ª	1ª

Nenhuma solução disponível aqui agradará a todos. Mas o que é ainda pior é que, uma vez que tanto *A* quanto *C* – uma maioria – preferem (3) em detrimento de (2), parece que a classificação preferível deveria ser (3) > (2). Mas exatamente pelo mesmo motivo, no que diz respeito a *A* e *B*, nós temos (2) > (1). E novamente pelo mesmo motivo, acerca de *C* e *A*, temos (1) > (3). Mas os dois últimos resultados acarretam (3) > (3), o que contradiz o primeiro. Aqui o governo da maioria se desmantela. Isso é o que diz o paradoxo do Marquês de Condorcet (1743-1794), um engenhoso filósofo, matemático e cientista político francês que – junto com muitos outros indivíduos talentosos – perdeu a vida na Revolução Francesa.

Novamente, suponha uma mini-comunidade de três votantes (*A*, *B*, *C*) que têm de decidir entre três alternativas (digamos, quais dois desses candidatos – *a*, *b*, *c* – serão conselheiros municipais). Três propostas são postas em votação com a ideia de deixar uma maioria decidir:

(1)	Eleger *a*
(2)	Eleger *b*
(3)	Eleger *c*

Nossos três votantes votam para essas três propostas da seguinte maneira (com √ para voto a favor e *X* para voto contra):

	A	*B*	*C*
(1)	*X*	√	√
(2)	√	*X*	√
(3)	√	√	*X*

O governo da maioria claramente falhou em eliminar qualquer pessoa: todas as alternativas disponíveis têm aprovação da maioria.

Novamente considere a ideia de uma votação em nossa minicomunidade a respeito da construção de uma ponte. Há três posições possíveis para a localização da ponte, *a*, *b*, e *c*. E há quatro propostas na urna:

(0)	Não construir a ponte.
(1)	Construir a ponte, mas não em *a*.
(2)	Construir a ponte, mas não em *b*.
(3)	Construir a ponte, mas não em *c*.

E deixemos nossos votantes mais uma vez lançarem os mesmos votos que antes – além de sua rejeição unânime da alternativa (0). Então, embora todos os votantes unanimemente favoreçam a construção da ponte, a maioria desfavorece sua localização em qualquer um dos três locais viáveis. Embora seja universalmente aprovada, a ponte é bloqueada por um engarrafamento.

O ponto é que apesar de, abstratamente falando, uma votação parecer uma boa maneira de resolver questões públicas, ela pode se mostrar inútil. A despeito de seus atrativos, a democracia eleitoral não é uma panaceia política – nem mesmo na teoria, quanto mais na prática.

Anedotas relacionadas

2. O burro de Esopo, 25
93. A satisfação de Simon, 373
94. O dilema do prisioneiro, 377

Leituras adicionais

Arrow, Kenneth J. *Social Choice and Individual Values* [*Escolha Social e Valores Individuais*]. 2. cd. New Haven: Yale University Press, 1963.

Black, Duncan. *The Theory of Committees and Elections* [*A Teoria dos Comitês e das Eleições*]. Cambridge: Cambridge University Press, 1958.

Faquarson, Robin. *The Theory of Voting* [*A Teoria do Voto*]. Oxford: Oxford University Press, 1969.

Howard, Nigel. *Paradoxes of Rationality* [*Paradoxos da Racionalidade*]. Cambridge: MIT Press, 1971.

57

A realidade de Hegel

Em sua *Crítica da Razão Pura*, Immanuel Kant sustentara que o ímpeto natural da mente humana é insistir em sistematizar nosso conhecimento dos fatos de uma maneira que elucide as interconexões entre eles. E ele considerou que isso significa que em última análise a ordem racional da natureza não se relaciona à natureza enquanto tal, mas antes à natureza como nós a compreendemos, com a ordem racional que discernimos no esquema das coisas estando assim enraizada no modo de operação da mente humana. Segundo a visão dele: "O homem é o legislador da natureza". Na esteira de Kant, o filósofo alemão G. W. F. Hegel (1770-1831) levou esse racionalismo "idealista" da conexão mental à sua conclusão lógica. Segundo a visão de Hegel, a racionalidade não é apenas um traço característico da mente humana, mas também uma força ou poder que atua na natureza. A história cósmica é o palco no qual se desenvolve não apenas a vida, mas também a consciência, a consciência de si, e a ação autodirigida (livre-arbítrio). Como observou Hegel no início de sua *Filosofia da História*: "A história do mundo não é outra coisa senão o progresso da consciência da liberdade". E, para Hegel, o processo que impulsiona esse progresso é uma "dialética" racional. Pois assim como a dialética retórica é um processo oscilante de *afirmação/objeção/resposta*, também o desenvolvimento dialético da natureza é um processo oscilante de *inovação/obstáculo-encontro/mudança*.

Para Hegel, o real é racional, não porque os seres racionais possam vir a conhecê-lo, mas porque a realidade engendra criaturas possuidoras de uma racionalidade que, por essa mesma razão, reflete a natureza da realidade. E assim, do ponto de vista de Hegel, a coisa-em-si kantiana simplesmente desaparece. Não existe nenhuma lacuna intransponível entre a mente da investigação racional e a realidade dos fatos objetivos, pois a realidade das coisas é apenas exatamente o que a mente eventualmente vem a revelar na investigação racional. Com Hegel, a realidade e a racionalidade se harmonizam porque cada uma dessas potências atua na construção da outra.

Anedotas relacionadas

6. A terra de Anaximandro, 39
27. A bazófia do rei Alfonso, 119
46. A deusa mítica de Leibniz, 197
54. O céu estrelado de Kant, 227
77. A galinha de Russell, 311

Leituras adicionais

Inwood, Michael. *Hegel*. Oxford: Oxford University Press, 1985.

Taylor, Charles. *Hegel*. Cambridge: Cambridge University Press, 1979.

58

O incômodo de Schopenhauer

Arthur Schopenhauer (1788-1860) foi um filósofo alemão independentemente rico, cujo massivo estudo sobre "O mundo como vontade e representação" foi planejado para realizar as grandes aspirações sistêmicas de seu tempo e lugar. Embora essa obra tenha lhe granjeado uma fama duradoura, ele também alcançou uma constante infâmia por meio de sua visão negativa sobre as mulheres.

Quando uma vizinha de pensão com quem ele havia brigado repetidamente por causa de barulho finalmente o incomodou além da conta, ele lhe deu um empurrão que a fez cair. Com isso ela machucou o braço, e por isso processou-o por danos. Foi concedido a ela um pagamento de quinze *thaler* por trimestre durante vinte anos. Quando ela morreu, após algum tempo, Schopenhauer inseriu em seu livro de contabilidade o dístico em latim *"obit anus, abit onus"* ("Morre a velha, vai embora o fardo"). Sua visão sobre as mulheres em geral não era muito mais gentil.

Seu extensos escritos incluem inúmeras passagens tais como a seguinte: "A falha fundamental do caráter feminino é que ele não tem nenhum senso de justiça. Isto se deve principalmente ao fato de que as mulheres são defeituosas nas faculdades de raciocínio e deliberação. [...] Elas não dependem da força, mas do artifício".[1] O que Schopenhauer nunca reconheceu propriamente é o papel notavelmente difícil e complexo que a sociedade tradicional impôs às mulheres. Esse papel envolve uma trajetória de vida imensamente desafiadora e exigente, que começa com um flertação juvenil induzindo o macho errante a uma domesticidade estabelecida que conduz à continuação segura da espécie. Segue-se então um período de maturidade maternal provendo a nutrição durante a infância da prole. E este é então seguido por um período como estabilizadora da família em meio às tensões das crises de meia-idade, que é finalmente seguido pela atuação como uma consolidadora matriarcal dos valores da família, fornecendo a cola dinástica que liga os membros da família em uma unidade social. Tudo isso pode talvez caracterizar as maneiras de um passado agora obsoleto, mas ainda assim esse foi um padrão dominante da sociedade desde a Antiguidade clássica em diante.

Uma vez que sua escrita filosófica adotava o desapego e a abnegação de si, enquanto o próprio Schopenhauer levava a vida de um rabugento centrado em si mesmo, em um conforto afluente, a acusação de hipocrisia e inconsistência foi feita contra ele.

Schopenhauer respondeu que era suficiente para um filósofo examinar a condição humana e determinar a melhor forma de viver para o homem; que ele também devesse dar um exemplo dela em seus próprios procedimentos era pedir demais.

Schopenhauer ilustra vividamente a ironia da condição humana, em que muito frequentemente o intelecto reconhece a vantagem de ir aonde a vontade não está disposta a ir. E uma vez que essa tensão entre intelecto e vontade era pedra angular de sua filosofia, os procedimentos de Schopenhauer de fato talvez tenham conseguido dar aquele exemplo de uma pessoa que vive segundo sua própria doutrina.

De qualquer maneira, Schopenhauer nos coloca diante da importante questão da autenticidade: de se só é possível confiar naqueles conselheiros que realmente praticam o que é pregado.

---

1 Arthur Schopenhauer, "On Women" ["Sobre as Mulheres"], *Arthur Schopenhauer: Essays and Aphorisms* [*Arthur Schopenhauer: Ensaios e Aforismos*], ed. e trad. R. J. Hollingdale (Nova Iorque: Penguin, 1970).

Anedotas relacionadas

48. As abelhas de Mandeville, 205
64. A senhora ou o tigre, 263

Leituras adicionais

Copleston, Frederick C. *Arthur Schopenhauer: Philosophies of Pessimism* [*Arthur Schopenhauer: Filosofias do Pessimismo*]. Londres: Search, 1975.

Mayer, Bryan. *The Philosophy of Schopenhauer* [*A Filosofia de Schopenhauer*]. Oxford: Oxford University Press, 1988.

Schopenhauer, Arthur. "On Women" ["Sobre as Mulheres"], *Arthur Schopenhauer: Essays and Aphorisms* [*Arthur Schopenhauer: Ensaios e Aforismos*]. Editado e traduzido por R. J. Hollingdale. Nova Iorque: Penguin, 1970.

IV

O PASSADO RECENTE, 1800-1900

59

A epifania de J. S. Mill

Em sua clássica *Autobiografia*, o filósofo inglês John Stuart Mill (1806-1873) conta um episódio de seu vigésimo ano de idade, que revolucionou toda sua perspectiva para o resto de sua vida.

Treinado por seu pai, um utilitarista, para enxergar o objetivo da vida como sendo estimular o bem-estar geral através da promoção do maior bem para o maior número de pessoas, Mill agora tinha outros pensamentos:

> Foi no outono de 1826. Eu estava em um estado de nervos entorpecido [...] o estado, penso eu, no qual os convertidos ao Metodismo usualmente estão, aturdidos por sua primeira "convicção do pecado". Nesse estado mental, ocorreu-me colocar diretamente a mim mesmo a questão: "Suponha que todos os nossos objetivos na vida estivessem realizados; que todas as mudanças em instituições e opiniões pelas quais você aguarda pudessem ser completamente efetuadas neste mesmo instante: será que isso seria uma grande alegria e felicidade para você?". Uma autoconsciência irreprimível distintamente respondeu: "Não!". Com isso meu coração afundou dentro de mim: todo o alicerce sobre o qual minha vida fora construída desabou. Eu parecia não ter nada mais pelo qual viver.[1]

---

[1] J. S. Mill, *Autobiography* [*Autobiografia*], ed. J. M. Robson (Nova Iorque: Penguin, 1989), cap. 5, "A Crisis in My Mental History" ["Uma Crise em Minha História Mental"].

Assim, Mill estava preso em um dilacerante conflito de lealdades: o que deve ser aceito como principal meta e objetivo da vida boa, a promoção do bem-estar geral ou a busca da felicidade pessoal? Será que o que importa em última instância é agradar aos outros ou agradar a si mesmo? Será que é nosso bem pessoal ou o bem geral que merece a primazia – será que devemos ser egoístas, ou ter um espírito público?

Esse conflito lançou Mill em um período de desânimo do qual somente uma reconciliação que de algum modo harmonizasse esses dois objetivos conflitantes poderia resgatá-lo. Felizmente para Mill, ele finalmente enxergou um caminho claro a esse respeito:

> Eu nunca, de fato, me abalei na convicção de que a felicidade é o teste de todas as regras de conduta, e a meta final da vida. Mas eu ora pensava que essa meta só seria alcançada ao não se fazer dela o fim direto. Só são felizes (eu pensava) aqueles que têm suas mentes fixas em algum objeto outro que não sua própria felicidade: na felicidade de outros, na melhoria da humanidade, até mesmo em alguma arte ou empreendimento, buscado não como um meio, mas como um fim ideal em si mesmo. Visando assim alguma outra coisa, eles encontram a felicidade ao longo do caminho. As alegrias da vida (conforme minha teoria de então) são suficientes para torná-la uma coisa prazerosa, quando são consideradas passageiras, sem serem consideradas um objetivo principal. Tome-as dessa maneira uma vez, e elas serão imediatamente sentidas como insuficientes. Elas não suportarão um exame detalhado. Pergunte-se se você é feliz, e você deixa de sê-lo. A única chance é não tratar a felicidade, mas algo exterior a ela, como o propósito da vida.[2]

Com base nisso, Mill encontrou a solução para seu frustrante conflito de lealdades, com a benevolência altruísta e o comportamento de espírito público vistos como fornecendo por si mesmos um meio para uma maior felicidade pessoal.

Para os medievais, fazer as pazes com Deus era o principal objetivo de uma vida propriamente conduzida; para os modernos, fazer as pazes

---

[2] Mill, *Autobiography*, "A Crisis in My Mental History".

consigo mesmo aparentemente tornou-se o objetivo principal, trazendo em sua esteira uma dedicação à busca da felicidade. Mas como Mill veio a perceber, o cuidado com os outros pode e deve formar uma parte integral dessa busca.

Anedotas relacionadas

34. A barganha do Dr. Fausto, 149
64. A senhora ou o tigre, 263
93. A satisfação de Simon, 373

Leituras adicionais

McCabe, Herbert. *The Good Life: Ethics and the Pursuit of Happiness* [*A Vida Boa: Ética e a Busca da Felicidade*]. Londres e Nova Iorque: Continuum, 2005.

Mill, J. S. *Autobiography* [*Autobiografia*]. Editado por J. M. Robson. Nova Iorque: Penguin, 1989.

Swanton, Christine. *Virtue Ethics: A Pluralistic View* [*Ética de Virtudes: uma Visão Pluralista*]. Oxford: Oxford University Press, 2003.

60

O símio de Darwin

A teoria da evolução é inseparavelmente ligada às investigações e escritos do naturalista inglês Charles Darwin (1809-1882). Sua obra representa uma das grandes revoluções científicas que transformaram o teor da cultura filosófica e intelectual do mundo ocidental. A posição geral de Darwin é apresentada em uma prosa de lucidez transparente:

> Podemos entender assim como veio a ocorrer que o homem e todos os outros animais vertebrados foram construídos com base no mesmo modelo geral, por que eles passam pelos mesmos estágios iniciais de desenvolvimento, e por que eles retêm certos rudimentos em comum. Consequentemente, devemos francamente admitir sua comunidade de descendência. [...] O que nos leva a rejeitar essa conclusão é apenas nosso preconceito natural, e aquela arrogância que fez nossos antepassados declararem que descenderam de semideuses. Mas logo chegará o tempo em que se pensará que é surpreendente que os naturalistas, que estavam tão bem familiarizados com a estrutura e o desenvolvimento comparativos do homem e de outros mamíferos, tenham acreditado que cada um fosse resultado de um ato separado de criação. [...]
> Alguns dos traços mais distintivos do homem foram com toda probabilidade adquiridos, seja de modo direto ou, mais comumente, de modo indireto, através da seleção natural. [...]

A diferença mental entre o homem e os animais superiores, embora seja grande, é certamente uma diferença de grau, e não de tipo. Vimos que os sentidos e intuições, as várias emoções e faculdades, [...] das quais o homem se gaba, podem ser encontradas em uma condição incipiente ou, ao longo de algum tempo, bem desenvolvida, nos animais inferiores.[1]

A história do pensamento produziu uma série de grandes choques contra as pretensões da humanidade ocidental a uma posição especial. A Revolução Copernicana e a ascensão da astronomia moderna nos expulsaram do lugar especial no centro do cosmos que a ciência grega havia imaginado para nós. A Era dos Descobrimentos viu a civilização europeia ser rebaixada de seu domínio anteriormente assegurado sobre o cenário territorial. A teoria da evolução, com sua absorção dos seres humanos no processo geral do desenvolvimento orgânico, desfez nossas pretensões a uma posição biológica separada e única. Tanto astronomicamente quanto culturalmente e biologicamente, nós seres humanos deixamos de ser capazes de enxergar a nós mesmos como distintos e especiais.

A única possibilidade remanescente de mais um golpe comparável contra nosso orgulho seria a descoberta de vida inteligente em outros planetas, com sua dissolução de nossa suposta exclusividade cósmica como os únicos portadores de valores racionais, morais e espirituais. Sobre essa questão, só o tempo dirá algo.

Anedotas relacionadas

74. Os novos homens de Wells, 299
84. O ômega de Teilhard, 337
88. A ameaça de Boulding, 355

---

1 Charles Darwin, *The Descent of Man* [*A Linhagem do Homem*], ed. rev. (Nova Iorque: A. L. Burt, 1874), conclusão do cap. 1, conclusão do cap. 2, e início do cap. 3.

Leituras adicionais

Coyne, Jerry A. *Why Evolution Is True* [*Por que a Evolução é de Verdade*]. Nova Iorque: Viking, 2009.

Darwin, Charles. *The Descent of Man* [*A Linhagem do Homem*]. Edição revisada. Nova Iorque: A. L. Burt, 1874.

Pallen, Mark J. *The Rough Guide to Evolution* [*O Guia Impreciso sobre a Evolução*]. Nova Iorque: Rough Guides, 2009.

61

O elefante desconcertante de Saxe

O poeta e jornalista americano John Godfrey Saxe (1816-1887) foi o mais notável humorista do país antes de Mark Twain. Uma anfitriã em Washington considerou-o como "merecedor da pena capital, por fazer as pessoas rirem até morrer".[1] Ele adquiriu uma fama perene com seu poema "Os cegos e o elefante", que conta a história de certos sábios cegos, aqueles

> Seis homens do Indostão
> Muito inclinados à erudição
> Que foram ver o elefante
> (Embora fossem todos cegos).

Um sábio tocou a "ampla e rija lateral" do elefante e declarou que a besta era "muito parecida com uma parede". O segundo, que havia sentido uma das presas, anunciou que o elefante se parecia com uma lança. O terceiro, que havia tomado nas mãos a tromba retorcida do elefante, comparou-o a uma cobra; enquanto o quarto, que havia abraçado uma perna do elefante, tinha certeza de que o animal se parecia com uma árvore. Uma

---

1 Sara A. Pryor, *Reminiscence of Peace and War* [*Reminiscência de Paz e Guerra*] (Nova Iorque: Macmillan, 1929), 70.

orelha de abano convenceu outro de que o elefante tinha a forma de um leque; enquanto o sexto cego pensou que ele tinha a forma de uma corda, pois havia apanhado a cauda.

> E assim esses homens do Indostão
> Discutiram por muito tempo
> Cada um com sua opinião
> Excedendo-se em rigidez e força:
> Embora cada um estivesse certo em parte,
> Todos estavam errados.

Os filósofos são todos muito inclinados a acusar seus colegas de saltar para grandes conclusões com base em pequenas evidências. O perigo dessa falha – detectada mais prontamente nos outros do que em si próprio – está entre as lições instrutivas desse poema filosófico.

Por certo, pode-se tentar superar essa circunstância através da ideia de que diferentes explicações – doutrinas filosóficas aparentemente discordantes – caracterizam todas de modo bastante correto as verdades de diferentes regiões de uma realidade que abrange tudo. Vista sob essa luz, a realidade é complexa e internamente diversificada, apresentando diferentes facetas de si própria aos investigadores que se aproximam dela vindos de diferentes pontos de partida. E com tal abordagem, diversos sistemas filosóficos poderiam parecer estar descrevendo a realidade de modo variado, pois a descrevem sob diferentes aspectos ou pontos de vista. *Todo mundo está certo* – mas apenas acerca de um domínio limitado. Toda doutrina filosófica *é* verdadeira – à sua própria maneira. Em princípio, as várias explicações podem ser todas sobrepostas ou somadas. Posições aparentemente diversas são vistas como várias facetas de uma única doutrina totalmente abrangente; todas elas podem ser conjugadas por um "mas também". Uma tal doutrina sobre uma realidade multifacetada combinaria as várias alternativas aparentemente discordantes de uma maneira que atribuísse a cada uma delas uma parte subordinada em um todo abrangente. A reconciliação entre doutrinas diversas poderia assim ser efetuada por adição através da fórmula de conjugação "mas além disso, a esse respeito", assim como o elefante é semelhante a uma lança no que diz respeito a suas presas, e semelhante a uma corda no que diz respeito a sua cauda.

O pluralismo de William James era exatamente desse tipo:

> Não há nada improvável na suposição de que uma análise do mundo possa produzir várias fórmulas, todas consistentes com os fatos. Na ciência física, diferentes fórmulas podem explicar os fenômenos igualmente bem – as teorias de um fluido e de dois fluidos acerca da eletricidade, por exemplo. Por que não seria assim com o mundo? Por que não pode haver diferentes pontos de vista para inspecioná-lo, no interior de cada um dos quais os dados se harmonizam, e entre os quais o observador pode, portanto, escolher, ou simplesmente acumular um sobre o outro? Um quarteto de cordas tocando Beethoven é verdadeiramente, como disse alguém, um roçar de caudas de cavalo em tripas de gato, e pode ser exaustivamente descrito em tais termos; mas a aplicação dessa descrição não elimina de modo algum a aplicabilidade simultânea de um modo inteiramente diferente de descrição.[2]

E assim emerge a pergunta crucial: será que visões filosóficas discordantes são realmente conflitantes, ou será que são mutuamente complementares – diferentes componentes de uma única posição geral complexa?

Seria, é claro, generoso e pacificador adotar a visão de que todo mundo está certo *em parte*. Mas infelizmente essa linha não parece promissora. Pois a realidade é que as visões e posições filosóficas são criadas para entrar em conflito. Suas próprias razões para serem uma dada posição em filosofia são para negar e contradizer aquelas alternativas discordantes. E no fim, temos pouca escolha a não ser conjeturar que a realidade geral das coisas seja tal como nossa própria experiência limitada dela mostra que ela é.

---

2 William James, "The Sentiment of Rationality" ["O Sentimento de Racionalidade"], *The Will to Believe* [*A Vontade de Crer*] (Nova Iorque: Longmans Green, 1899), 76.

Anedotas relacionadas

1. A torre de Babel, 21
3. Os teólogos animais de Xenófanes, 29
30. A verdade de Averróis, 131
63. O sol de Lorde Kelvin, 259

Leituras adicionais

James, William. *The Will to Believe* [*A Vontade de Crer*]. Nova Iorque: Longmans Green, 1899.

James, William. *The Works of William James* [*As Obras de William James*]. Editado por Frederick Henry Burkhardt. Cambridge: Harvard University Press, 1998.

Saxe, John Godfrey. *Poems* [*Poemas*]. Boston: Ticknor, Reed, and Fields, 1850.

62

A impaciência de Herbert Spencer

Em sua interessante e legível *Autobiografia*, o filósofo inglês Herbert Spencer (1820-1903) narrou o seguinte episódio:

> [Em minha juventude, encontrei] uma cópia de uma tradução da *Crítica da razão pura* de Kant, naquela época, creio, recentemente publicada. Comecei a lê-la, mas não fui longe. A doutrina de que o Tempo e o Espaço não são "nada além de" formas subjetivas – dizem respeito exclusivamente à consciência e não têm nada que lhes corresponda além da consciência – eu rejeitei de modo imediato e absoluto; e, tendo feito isso, não fui adiante. […] Sempre esteve fora de questão para mim continuar lendo um livro com cujos princípios fundamentais eu discorde inteiramente. Tacitamente dando crédito ao autor pela consistência, eu, sem pensar muito sobre o assunto, considero como dado que se os princípios fundamentais estão errados o restante não pode estar certo; e, depois disso, cesso a leitura – estando, eu suspeito, bastante contente por ter uma desculpa para fazê-lo.[1]

Embora seja tentador, seria bastante injusto responder a esse relato citando a velha ironia do bibliófilo que diz que "um livro é como um espelho:

---

1 Herbert Spencer, *Autobiography* [*Autobiografia*] (Nova Iorque: Appleton, 1904), 1: 289.

quando um tolo olha para dentro, não pode ser um gênio que olha para fora". Pois a resposta de Spencer a Kant não é nem ininteligível nem injustificada.

As questões que a grande obra de Kant aborda e os modos e meios pelos quais ele as trata estão inteiramente fora do alcance de familiaridade e preocupação de Spencer. Ele não merece mais reprovação ou repreensão por falhar em apreender a significância das deliberações de Kant do que alguém mereceria uma condenação por falhar em compreender um texto escrito em hieróglifos egípcios. Afinal, Kant discute as questões que lhe preocupam (e que também preocupariam Spencer) dentro de um leque de conceitos e perspectivas que se encontra inteiramente fora do horizonte conceitual de Spencer, e a reação dele aqui é inteiramente natural e esperada.

Para fins de comparação, considere o caso da acupuntura. Os adeptos chineses dessa prática certamente têm uma explicação para seu modo de operação. Mas os conceitos e categorias dentro dos quais essa explicação funciona (mediante o fluxo de causalidade de uma corrente corporal interna chamada de "chi") está tão distante da agenda conceitual da medicina e da ciência ocidentais a ponto de serem efetivamente ininteligíveis para nós. O pensamento de alguém não pode fazer outra coisa senão mover-se na paisagem cognitiva da experiência formativa dessa pessoa. Sem dúvida Hamlet estava certo: "Há mais coisas no céu e na terra, Horácio, do que sonha vossa filosofia". Ocorre não apenas que Aristóteles não pensou sobre física quântica, mas também que, do modo como estavam as coisas, ele não poderia ter feito isso. Compreender uma discussão não é apenas uma questão de perspicácia, mas também exige que se tenha o corpo de experiências necessárias para adentar o mundo de conceitos da discussão.

Anedotas relacionadas

1. A torre de Babel, 21
3. Os teólogos animais de Xenófanes, 29
30. A verdade de Averróis, 131
50. O tom de azul de Hume, 211

Leituras adicionais

Kant, Immanuel. *The Critique of Pure Reason* [*A Crítica da Razão Pura*]. Editado e traduzido por Marcus Weigelt. Nova Iorque: Penguin, 2008.

James, William. *Pragmatism* [*Pragmatismo*]. Em *The Works of William James* [*As Obras de William James*]. Editado por Frederick Henry Burkhardt. Cambridge: Harvard University Press, 1998.

Spencer, Herbert. *Autobiography* [*Autobiografia*]. 2 vols. Nova Iorque: Appleton, 1904.

63

O sol de Lorde Kelvin

A história da ciência apresenta algumas situações de conflito e discórdia bastante embaraçosas. Por exemplo, considere o caso seguinte: adotando a postura da física dos anos 1890, o eminente físico inglês William Thomson, Lorde Kelvin (1824-1907), considerou o sol como um processo termodinâmico de combustão. Embora isso tenha estabelecido a idade do sistema solar como um número grande de anos, o exame dos estratos geológicos levou geólogos e biólogos desenvolvimentistas a exigirem um período de tempo pelo menos dez vezes maior que aquele. O averroísmo tradicional havia concebido um conflito entre dois ramos de pensamento: de acordo com um deles (a religião monoteísta), o universo foi criado e teve uma história finita; enquanto que, de acordo com o outro ramo (a filosofia aristotélica), ele não foi criado, e sempre existiu. E agora a mesma situação fora aparentemente replicada dentro da própria ciência natural. Pois, de acordo com um de seus ramos (a física), a Terra tem uma história relativamente breve; enquanto que, de acordo com outros (a geologia e a paleontologia), sua história tinha de ser muito mais longa.

Esse tipo de conflito doutrinário no interior da ciência não é tão raro. Por muito tempo, os físicos subatômicos se dividiram em setores que enxergavam os fótons como ondas, por um lado, e como partículas, por outro lado. E até hoje há uma desconexão entre os teóricos da relatividade que consideram a natureza física como fundamentalmente contínua e uniforme, e os teóricos quânticos que a enxergam como fundamentalmente granular e discreta. Como devemos entender esse tipo de conflito entre visões científicas?

Em teoria há duas possibilidades básicas.

Uma é o passo radical de aceitar uma natureza esquizofrênica: abraçar a ideia de que o mundo funciona em um caso ou contexto de acordo com um conjunto de leis e em outro de acordo com um conjunto de leis incompatível com o anterior. Segundo todas as aparências, ninguém defendeu de fato alguma vez esse tipo de averroísmo científico.

A outra possibilidade é não atribuir à natureza a responsabilidade pela incoerência, mas antes assumirmos nós mesmos essa responsabilidade. Isso requer que adotemos a abordagem de que nossa compreensão presente é deficiente, e que na plenitude do tempo a investigação ulterior trará à vista uma revisão que restaure a consistência. Em todos os exemplos históricos citados acima, essa foi de fato a resolução adotada pelos principais envolvidos. Nosso compromisso humano com a ordem inteligível – tanto em nós mesmos quanto na "racionalidade do real" presente na natureza – é simplesmente profundo demais para que qualquer outro caminho seja aceitável.

Anedotas relacionadas

1. A torre de Babel, 21
3. Os teólogos animais de Xenófanes, 29
30. A verdade de Averróis, 131
61. O elefante desconcertante de Saxe, 251

Leituras adicionais

Burchfield, J. D. *Lord Kelvin and the Age of the Earth* [*Lorde Kelvin e a Idade da Terra*]. Chicago: University of Chicago Press, 1990.

King, A. G. *Kelvin the Man* [*Kelvin, o Homem*]. Londres: Hodder and Stoughton, 1925.

Sharlu, H. I. *Lord Kelvin: The Dynamic Victorian* [*Lorde Kelvin: o Vitoriano Dinâmico*]. State College: Penn State University Press, 1979.

64

A senhora ou o tigre

Um provocante conto intitulado "A senhora ou o tigre" foi publicado na *Revista do Século* [*Century Magazine*] nos anos 1870 pelo ensaísta americano Frank R. Stockton (1834-1902). Em um breve resumo, ele dizia o seguinte: certa vez, um rei cruel e despótico tinha uma bela filha que estava loucamente apaixonada por um cavaleiro pretendente, o qual o rei considerava totalmente inadequado. O rei sentenciou o pretendente a um julgamento por ordálio, exigindo que ele abrisse uma de duas portas. Detrás de uma delas encontrava-se um tigre feroz e faminto. Detrás da outra uma bela condessa, que se sabia ser uma admiradora do pretendente, e que agora estava destinada a ser sua noiva caso a porta dela fosse escolhida. A filha do rei descobriu o segredo das portas e quando o cavaleiro estava prestes a escolher ela deu um sinal a seu pretendente, que alegremente aceitou a orientação do sinal dela. Mas aqui o conto termina, deixando o leitor com a pergunta: "O que saiu detrás da porta – a senhora ou o tigre"?

Será que nosso protagonista pode confiar em sua amada, ou será que ela poderia estar tão possessivamente apaixonada que preferiria vê-lo morto em vez de nos braços de uma rival? E assim, conforme os leitores criam seu próprio final para esse conto, eles são instados a confrontar algumas grandes questões de orientação filosófica – entre outras coisas, uma visão da natureza humana e em particular a da fêmea da espécie. Segundo todas as aparências, um bom argumento pode ser proposto em favor de qualquer uma das alternativas.

Quando filósofos abordam tais questões, diferentes compromissos de valor tendem a ganhar expressão. Assim como nesse conto de Stockton, várias alternativas de resolução emergem, e as pessoas as enxergarão sob diferentes aspectos. E a maneira como isso ocorre tende a refletir a experiência de diferentes indivíduos. Mas é importante perceber que isso não é meramente uma questão de gosto, mas também é – ou deveria ser – uma reflexão racionalmente fundamentada sobre as evidências fornecidas pelas diferentes trajetórias de experiências das pessoas acerca de como as coisas funcionam no mundo.

Anedotas relacionadas

1. A torre de Babel, 21
2. O burro de Esopo, 25
30. A verdade de Averróis, 131
82. Os pressupostos de Collingwood, 329

Leituras adicionais

Rescher, Nicholas. *The Strife of Systems* [*O Conflito dos Sistemas*]. Pittsburgh: University of Pittsburgh Press, 1985.

Zipes, Jack, ed. *Frank R. Stockton: Fairy Tales* [*Frank R. Stockton: Contos de Fadas*]. Londres: Penguin, 1990.

65

A liberdade de William James

O psicólogo e filósofo de Harvard, William James (1842-1910), abordou o problema clássico da liberdade da vontade com base em duas premissas:

1. Até onde podemos dizer, o livre arbítrio é uma possibilidade: nenhuma evidência disponível e nenhuma consideração teórica excluem a possibilidade do livre-arbítrio.
2. Sempre que considerações cognitivas deixam uma questão indeterminada, a resolução dessa questão por meio de uma decisão com base em considerações "práticas" (que facilitam a vida) é um procedimento racionalmente aceitável e apropriado.

Consequentemente, James propôs raciocinar como se segue: "[Até onde as considerações cognitivas podem se aventurar, a vontade é livre e indeterminada] Enquanto isso, se a vontade é indeterminada, pareceria apenas que a crença em sua indeterminação deveria ser voluntariamente escolhida dentre outras crenças possíveis. *O primeiro ato da liberdade deveria ser afirmar-se a si mesma*".[1] Com base nisso, James considerou o livre-arbítrio como um projeto autossustentado: temos uma vontade livre porque

---

1 William James, *The Principles of Psychology* [*Os Princípios da Psicologia*] (Londres: Macmillan, 1890), 2: 573-579.

podemos e fazemos com que a tenhamos. E, conforme a visão dele, essa atitude não é mais um círculo vicioso do que a insistência de nossa razão de que apenas resoluções racionalmente convincentes para quaisquer questões merecem ser vistas como aceitáveis.

Afinal, uma vontade livre é, por definição, uma vontade que funciona sem ser restringida por outros fatores ou forças exteriores. James sustentou que nossa vontade pode e deve tornar esse mesmo fato manifesto através de uma insistência em não deixar nada impedir sua autoafirmação. A humanidade evoluiu de modo a possuir uma mente que exige a racionalidade e que vê a si mesma como capaz de agir sob sua orientação. A racionalidade não reconhecerá nenhuma autoridade exterior a si mesma. E, segundo a visão de James, a situação acerca da liberdade da vontade é essencialmente a mesma.

Anedotas relacionadas

10. A decepção de Sócrates, 55
24. A prancha de Avicena, 109
25. O asno de Buridano, 111
32. O debate de Valladolid, 141
59. A epifania de J. S. Mill, 243

Leituras adicionais

James, William. *The Principles of Psychology* [*Os Princípios da Psicologia*]. 2 vols. Londres: Macmillan, 1890.

James, William. *The Will to Believe* [*A Vontade de Crer*]. Nova Iorque: Longmans Green, 1899. Contém seu ensaio sobre o "Dilema do determinismo" ["Dilemma of Determinism"].

Kane, Robert, ed. *The Oxford Handbook on Free Will* [*O Manual de Oxford sobre o Livre-Arbítrio*]. Oxford: Oxford University Press, 2002.

66

O esquilo de William James

Em sua clássica palestra de 1896 sobre "O Que Significa o Pragmatismo" ["What Pragmatism Means"], William James relatou o seguinte episódio:

> Alguns anos atrás, estando com um grupo acampando nas montanhas, retornei de uma caminhada solitária e encontrei todos envolvidos em uma disputa metafísica feroz. O corpo da disputa era um esquilo – um esquilo vivo supostamente agarrado a um lado de um tronco de árvore; enquanto se imaginava que do lado oposto da árvore havia um ser humano parado. Essa testemunha humana tenta ver o esquilo, para isso movendo-se rapidamente ao redor da árvore, mas, não importando quão rápido ela se mova, o esquilo move-se tão rápido quanto ela na direção oposta, e sempre mantém a árvore entre ele próprio e o homem, de modo que este nunca tem nenhum vislumbre dele. O problema metafísico agora é: *será que o homem anda ao redor do esquilo, ou não?* Ele anda ao redor da árvore, certamente, e o esquilo está na árvore; mas será que ele anda ao redor do esquilo? No lazer ilimitado do ambiente silvestre, a discussão havia sido esgotada. Todos haviam escolhido um lado, e estavam obstinados; e os números de cada lado eram iguais.

James propôs resolver a questão por meio do princípio filosófico clássico de que "sempre que você encontra uma contradição, você deve traçar uma distinção". Pois, segundo a visão dele, a questão

> depende do que você *entende na prática* por 'andar ao redor' do esquilo. Se você entende isso como passar do norte dele para o leste, depois para o sul, depois para o oeste, e depois para o norte dele novamente, é óbvio que o homem de fato anda ao redor dele, pois ocupa essas posições sucessivas. Mas se, pelo contrário, você entende isso como estar primeiro em frente a ele, depois à direita dele, depois atrás dele, depois à esquerda dele, e finalmente em frente outra vez, é igualmente óbvio que o homem não anda ao redor dele, pois pelos movimentos compensatórios que o esquilo faz, ele mantém sua barriga voltada na direção do homem o tempo todo, e suas costas voltadas para o outro lado. Faça a distinção, e não haverá ocasião para qualquer disputa ulterior. Você está tanto certo quanto errado, dependendo de como concebe o verbo 'andar ao redor', de uma ou da outra maneira, na prática.[1]

Quando adotamos uma certa distinção e assim admitimos várias interpretações diferentes de nossa terminologia, isso significa que as teses formuladas por meio dessa terminologia podem ser vistas a partir de diferentes perspectivas conceituais. E assim como diferentes perspectivas físicas delimitarão certas diferenças acerca daquilo que podemos apropriadamente afirmar ver, diferenças de perspectivas terminológicas estabelecerão diferenças acerca daquilo que podemos apropriadamente *afirmar*.

Nesse caso, contudo, a solução proposta por James para a disputa em questão não funciona realmente. Pois não será suficiente dar ao "andar ao redor" a interpretação jamesiana de "estar primeiro em frente a ele, depois à direita dele, depois atrás dele, depois à esquerda dele, e finalmente em frente outra vez". Pois justamente isso pode ser alcançado fazendo-se o observador permanecer fixo no lugar, enquanto o esquilo faz uma rotação completa em torno de seu próprio eixo. E então, é

---

[1] William James, *Pragmatism* [*Pragmatismo*], ed. Frederick Henry Burkhardt (Cambridge: Harvard University Press, 1979), palestra 2, "What Pragmatism Means" ["O que Significa o Pragmatismo"].

claro, simplesmente não há nenhuma questão sobre o observador andar em torno do esquilo.

De qualquer maneira, duas lições filosóficas importantes estão de fato em jogo aqui. A primeira é a do próprio James, a saber, que o estabelecimento de distinções provê uma maneira efetiva de evitar contradições que de outro modo nos deixariam perplexos. E a segunda é que a linguagem que usamos e os conceitos que ela corporifica, uma vez empregados, imporão limites sobre o que podemos apropriadamente afirmar por meio deles. Quando dispomos de regras para o jogo (por assim dizer), então aquelas regras impõem limites sobre os movimentos que podemos justificadamente fazer.

O pragmatismo semântico de James nunca teve o impacto que ele esperava entre os teóricos do significado posteriores. Esses teóricos se fixaram principalmente em questões de discurso e textualidade, e para eles o significado de um enunciado tinha de ser dependente das evidências e consequências ligadas ao enunciado. James, contudo, quisera deslocar a questão, saindo dessa preocupação textual e passando para as esferas prática e comportamental.[2] Segundo a visão dele, a chave do significado é a ação: a diferença que a aceitação do enunciado como verdadeiro ou a rejeição dele como falso faria na esfera de nosso comportamento e conduta. A prova do pudim do significado de um enunciado tem de estar em comê-lo – naquilo que é feito a respeito dele, e não na relação de enunciados uns com os outros. Mas a virada linguística da filosofia recente teve o resultado de que essa abordagem que transcende a linguagem nunca foi muito valorizada.

Anedotas relacionadas

1. A torre de Babel, 21
2. O burro de Esopo, 25
30. A verdade de Averróis, 131

---

[2] A esse respeito, James foi influente não apenas para a escola americana do pragmatismo, mas também para a escola polonesa de praxeologia cujo principal expoente foi Tadeusz Kotarbiński (1886-1981).

64. A senhora ou o tigre, 263
82. Os pressupostos de Collingwood, 329
91. O teste de Turing, 365

Leituras adicionais

Gale, Richard. *The Philosophy of William James* [*A Filosofia de William James*]. Cambridge: Cambridge University Press, 1999.

James, William. *Pragmatism* [*Pragmatismo*]. Editado por Frederick Henry Burkhardt. Cambridge: Harvard University Press, 1979.

Myers, Gerald E. *William James: His Life and Thought* [*William James: sua Vida e Pensamento*]. New Haven: Yale University Press, 1986.

67

Os cooperadores de Kropotkin

Peter Kropotkin (1842-1921) foi uma ovelha negra, coloquialmente falando. Nascido príncipe antes da abolição da servidão na Rússia, ele se tornou uma figura importante no movimento anarquista daquele país. Sua fama filosófica, no entanto, veio com seu livro *Ajuda Mútua: um Fator da Evolução*, publicado em 1902 durante seu exílio na Inglaterra.

Na esteira da obra fundamental de Charles Darwin sobre a evolução por seleção natural, emergira uma escola de darwinistas sociais ansiosos para aplicar as ideias biológicas de "sobrevivência do mais apto" na arena social e política. Eles enxergavam a evolução biológica por seleção racional como sendo replicada na arena social, com a elite socioeconômica e política alcançando esse papel precisamente porque era composta dos mais aptos para ele. Contra essa visão, Kropotkin defendeu a seguinte perspectiva, bastante diferente: a sobrevivência evolutiva foi um resultado não tanto de uma vitória em um conflito entre indivíduos, mas antes da benevolência de grupos. Pois a sobrevivência dos indivíduos não depende unicamente – ou mesmo principalmente – das qualidades e características pessoais dos indivíduos, mas também da originalidade dos grupos que os incluem para fornecer ajuda material através da cooperação. Tanto no caso de tribos humanas quanto de rebanhos de elefantes ou colônias de formigas, a sobrevivência dos indivíduos é determinada pela constituição e modo de operação dos grupos e pelo comportamento de seus membros. A ajuda mútua e a cooperação colaborativa que os membros de uma unidade social atuante oferecem uns aos outros contribuem para as oportunidades de sobrevivência e reprodução de cada membro. Não a rivalidade, a competição e a disputa, mas antes a cooperação, a colaboração e a ajuda mútua devem ser vistas como fatores chave no desenvolvimento evolutivo das espécies.

Os teóricos iniciais que buscaram encontrar implicações sociopolíticas na biologia darwinista decidiram enfatizar o elemento da competição inerente a uma "luta pela sobrevivência". A obra de Kropotkin conseguiu inverter isso. Ele construiu um forte argumento a favor de sua tese de que a ajuda mútua constitui um fator crucial na evolução tanto biológica quanto social. E sua ênfase no apoio e na colaboração recíprocos introduziu novos ares não apenas nos estudos biológicos, mas também na ideologia sociopolítica da época.

A ideia de que o indivíduo era imensamente beneficiado ao tornar-se membro de um grupo de apoio mútuo deu aos temas da cooperação, da colaboração e da ajuda mútua um lugar de proeminência na agenda da teoria evolutiva. Pois as instrumentalidades da colaboração – e, acima de tudo, da boa vontade e da confiança – são cruciais para o bem-estar dos indivíduos, que quase invariavelmente dependem de outros para seu próprio bem-estar e sobrevivência. E, com base nisso, a abordagem de Kropotkin forneceu uma teoria mais positiva e muito mais amigável sobre o lugar do homem na sociedade e na natureza, bem como uma perspectiva filosófica mais construtiva sobre a condição humana.

Anedotas relacionadas

35. O *Leviatã* de Hobbes, 153
52. O menino de Kant, 219
60. O símio de Darwin, 247

78. A ilusão de Angell, 313
94. O dilema do prisioneiro, 377

Leituras adicionais

Axelrod, Robert. *The Evolution of Cooperation* [*A Evolução da Cooperação*]. Edição revisada. Nova Iorque: Perseus, 2006.

Bowler, Peter J. *Evolution: The History of an Idea* [*Evolução: a História de uma Ideia*]. Berkeley: University of California Press, 1984.

Kropotkin, Peter. *Mutual Aid: A Factor of Evolution* [*Ajuda Mútua: um Fator da Evolução*]. Londres: Freedom, 2009.

68

A transvaloração de Nietzsche

Na história cultural, toda loja de cerâmica tem seu touro, e o filósofo alemão Friedrich Nietzsche (1844-1900) ansiou por assumir esse papel na filosofia. Historicamente, os filósofos sempre usaram argumentações raciocinadas como método; Nietzsche propôs abandonar isso em favor de um discurso bombástico. Historicamente, os filósofos haviam buscado induzir uma humanidade relutante a seguir os caminhos da civilidade e da virtude; Nietzsche pensou que fôssemos insuficientemente dedicados ao egoísmo e ao poder. Historicamente, os filósofos geralmente tiveram coisas boas a dizer sobre a moral; Nietzsche adotou um caminho diferente. Em seu *Ecce homo*, Nietzsche iniciou a seção "Aurora" dizendo: "Minha campanha contra a moral começa com esse livro". E passou em seguida a enunciar seu manifesto programático:

> O começo de um novo dia, de fato toda uma série, todo um mundo de novos dias. Em uma transvaloração de todos os valores morais, em uma libertação de todos os valores morais, em uma afirmação e confiança na ponderação que foi proibida, desprezada, amaldiçoada, até agora. Esse livro afirmativo distribui sua luz, seu amor, sua ternura, para as coisas simplesmente más, restitui-lhes a "alma", a boa consciência, o elevado direito e privilégio de existir. A moral não é atacada, ela apenas deixa de ser considerada.[1]

---

1 Friedrich Nietzsche, *Ecce homo*, em *Nietzsche: The Anti-Christ, Ecce Homo, Twilight of the Idols and Other*

Nietzsche sonhou ser para a velha ordem moral o que Robespierre fora para a velha ordem política.

No entanto, deve-se reconhecer que havia um método na loucura de Nietzsche. Pois a história da sociedade e cultura europeias desde a Era do Iluminismo havia testemunhado um lento mas constante movimento rumo a um igualitarismo democrático – uma ordem sociopolítica na qual toda pessoa conta (igualmente?!). E na esteira desse movimento emergira também uma tendência sociopolítica ainda mais forte de tornar o mundo seguro – e mesmo confortável – para as "pessoas pequenas". Contudo, segundo a visão de Nietzsche (e eventualmente de muitos outros), esse tipo de coisa tinha seu lado negativo, pois:

- isso diminui o compromisso com, e a busca da, excelência e o trabalho marcante em praticamente qualquer área;
- isso desencoraja as aspirações a realizações para além do ordinário;
- isso exalta a mediocridade.

Nietzsche via a dedicação moderna ao igualitarismo democrático como um obstáculo bloqueando o caminho rumo a uma busca do extraordinário e do excelente.

Por certo, essa visão das coisas reflete o lado positivo da visão de mundo de Nietzsche. Se ele a tivesse articulado de uma maneira calmamente raciocinada, isso poderia ter lhe angariado mais – e mais respeitáveis – apoiadores. Mas então ele não teria sido Nietzsche.

Anedotas relacionadas

64. A senhora ou o tigre, 263
93. A satisfação de Simon, 373

Writings [*Nietzsche: O Anticristo, Ecce Homo, Crepúsculo dos Ídolos e Outros Escritos*], ed. Aaron Ridley e Judith Norman (Cambridge: Cambridge University Press, 2005), 120-121.

Leituras adicionais

Kaufmann, Walter. *Nietzsche*. 4. ed. Princeton: Princeton University Press, 1974.

Tanner, Michael. *Nietzsche*. Oxford: Oxford University Press, 1994.

69

O longo prazo de Nietzsche

Escatologia é a doutrina do longo prazo – de como as coisas se resolverão no final. Na história da especulação filosófica, houve três teorias principais sobre o assunto – o alteracionismo, o progressivismo e o recorrentismo. Elas diziam basicamente o seguinte:

> O *alteracionismo* é a doutrina do "sempre mais e diferente". Seu princípio é o da contínua novidade – haverá sempre novos tipos de ocorrências e o passado não oferece nenhuma orientação a respeito ou previsão sobre o futuro.
> O *progressivismo* é a doutrina do "sempre mais e melhor". Seu princípio é o do progresso – de que as novas ocorrências do futuro serão sempre melhores em algum aspecto significativo, e que o futuro do mundo constantemente provará ser melhor do que seu passado.
> O *recorrentismo* é a doutrina do "não há nada novo sob o sol" – essencialmente, o futuro não faz mais do que fornecer repetições do passado.

Uma versão inicial da ideia do eterno retorno fora difundida na Antiguidade desde os tempos babilônicos, cujos sábios contemplaram uma vasta conflagração (*ekpyrosis*) cósmica na qual o mundo era destruído (*apokalypsis*) apenas para ser renascido de novo, ressurgindo de suas próprias cinzas como a mítica Fênix para repetir o ciclo anterior. E a ideia correspondente de um círculo cósmico que abrange tudo, ao longo do qual o mundo se dissolve e depois começa de novo, figurou na agenda da filosofia desde a aurora dessa disciplina.[1] Na Antiguidade grega, tal concepção de renascimento (*palingenesis*) desempenhou um papel chave na teoria física dos estoicos, que (de modo um tanto duvidoso) atribuíam a origem dessa teoria a Heráclito.[2]

O principal defensor dessa posição na filosofia moderna foi Friedrich Nietzsche, que chamou a si mesmo de "o professor do eterno retorno", caracterizando esta como "a doutrina do eterno retorno, isto é, do curso incondicional e infinitamente repetido de todas as coisas".[3] E em um dos livros de Heinrich Heine (que Nietzsche possuía) há um conto cujo protagonista declara:

> O tempo é infinito, mas as coisas no tempo, os corpos concretos, são finitos. Eles podem de fato dispersar-se nas partículas mais diminutas; mas essas partículas, os átomos, têm seu número determinado, e o número das configurações que, por si mesmas, são formadas a partir deles também é determinado. Ora, não importando quanto tempo passe, de acordo com as leis eternas que governam as combinações desse eterno jogo de repetição, todas as configurações que existiram anteriormente nesta Terra devem ainda se encontrar, se atrair, se repelir, se beijar e se corromper umas às outras novamente. [...] E assim ocorrerá um dia em que nascerá de novo um homem justamente como eu.[4]

E foi assim, efetivamente, que o próprio Nietzsche enxergou o assunto. Ele escreveu que "O número de estados, alterações, combinações e desenvolvimentos dessa força [autossustentadora da natureza] é, por certo, tremendamente grande e praticamente 'imensurável', mas em qualquer caso também determinado e não infinito. [...] Consequentemente, o

---

1 Ver John Burnet, *Early Greek Philosophy* [*Primórdios da Filosofia Grega*] (Londres: A. C. Black, 1892), 156-163, e, de modo mais geral, Ned Lukacher, *Time-Fetishes: The Secret History of Eternal Recurrence* [*Fetiches Temporais: a História Secreta do Eterno Retorno*] (Durham: Duke University Press, 1998).
2 Sobre as visões de Heráclito, ver Diógenes Laércio, *Lives of the Philosophers* [*Vidas dos Filósofos*] (Chicago: H. Regnery, 1969), livro 9, 9.
3 Friedrich Nietzsche, *Ecce homo*, citado em Walter Kaufmann, *Nietzsche: Philosopher, Psychologist, Antichrist* [*Nietzsche: Filósofo, Psicólogo, Anticristo*] (São Francisco: Harper and Row, 1984), 317.
4 Citado em Kaufmann, *Nietzsche*, 318.

desenvolvimento desse momento mesmo deve ser uma repetição, e de igual maneira aquele que deu origem a ele, e aquele que deriva dele, e assim para adiante e para trás ulteriormente! *Tudo esteve ali incontáveis vezes, na medida em que o estado total de todas as forças sempre retorna*".⁵

Mas há problemas aqui, não apenas práticos, mas também teóricos. Pois mesmo processos repetitivos muito simples não precisam desembocar em uma recorrência cíclica. Considere três planetas movendo-se com velocidade uniforme em órbitas circulares ao redor de um centro comum.

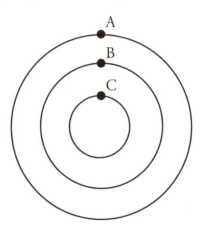

Considere que A completa uma órbita em $\sqrt{2}$ dias, B uma em 2 dias, e C uma em um dia. Então B e C retornarão a suas posições iniciais indicadas a cada N dias, sempre que N for par. Mas A nunca estará alinhado de novo com B e C nessas posições quando N for par. Apesar das periodicidades simples em questão, a configuração A-B-C indicada simplesmente não pode ocorrer novamente: esses três planetas em movimento uniforme jamais recuperarão outra vez seu alinhamento inicial.⁶

---

5 *Nietzsche's Werke*, Grossoktav ed. (Hamburg: Felix Meiner, 1986), 12: 51 (ênfase acrescentada). A argumentação de Nietzsche plausivelmente engendraria sua conclusão pretendida apenas para um universo de variedade finita e puro acaso.

6 Um argumento mais geral em favor dessa conclusão foi inicialmente apresentado por Georg Simmel, *Schopenhauer und Nietzsche: Ein Vortragszyklus* [*Schopenhauer e Nietzsche: um Ciclo de Palestras*] (Leipzig: Duncker und Humblot, 1967), 250-251.

O fato de que haverá algum "eterno retorno" na série geral não significa que qualquer sequência dada irá se repetir.[7] A repetição simplesmente não precisa acarretar uma periodicidade cíclica. Mesmo em um mundo de escopo e complexidade bastante limitados, contanto que haja perspectiva de medição numérica e não apenas de contagem sucessiva, não precisa haver nenhuma repetição, e muito menos um ciclicidade interminável. E basicamente o mesmo vale também para o discurso, em que surge a possibilidade interminável de dizer coisas novas com os mesmos velhos sons.

Os aficionados do eterno retorno erram ao adotar uma visão excessivamente restritiva do amplo alcance das possibilidades.

Anedotas relacionadas

5. O rio de Heráclito, 35
44. O limite textual de Leibniz, 189

Leituras adicionais

Kaufmann, Walter. *Nietzsche*. 4. ed. Princeton: Princeton University Press, 1974.

Lukacher, Ned. *Time-Fetishes: The Secret History of Eternal Recurrence* [*Fetiches Temporais: a História Secreta do Eterno Retorno*]. Durham: Duke University Press, 1998.

Rescher, Nicholas. *Studies in Quantitative Philosophizing* [*Estudos em Filosofar Quantitativo*]. Frankfurt: ONTOS, 2010.

---

[7] Por certo, em uma série de estados finitos produzida por puro acaso, qualquer sequência particular de *n* estados efetivamente ocorrerá de novo com certeza, mais cedo ou mais tarde. Para um estudo das questões científicas relevantes, ver Abel Rey, *Le Retour Éternel et la Philosophie de la Physique* [*O Eterno Retorno e a Filosofia da Física*] (Paris: Flammarion, 1921).

70

A biblioteca de Lasswitz

O filósofo alemão Kurd Lasswitz (1848-1910) foi também um dos pais fundadores da escrita de ficção científica. Em seu conto de 1901 "A Biblioteca Universal" ("Universalbibliothek"), ele contemplou uma biblioteca total de escopo infinito, mais ou menos da seguinte maneira: deve haver um "alfabeto" simbólico especial e elaborado, variado o suficiente para servir para qualquer linguagem concebível. Textos de todo tipo de meio expressivo combinacionalmente possível desse alfabeto – e, portanto, tudo que é exprimível em qualquer linguagem possível – devem ser reunidos em uma biblioteca infinitamente vasta, um repositório de tudo que seja dizível em questões de fato e de ficção. A ideia genérica de que tudo que é dizível (e, portanto, qualquer ideia pensável) seja de algum modo incluído em uma vasta multiplicidade alfabética e possa em princípio ser registrado em uma biblioteca de escopo mais que astronômico é virtualmente tão antiga quando a ideia das próprias bibliotecas. Provavelmente tal ideia já era um lampejo na mente dos bibliotecários da antiga Alexandria, mas de qualquer modo ela já fora contemplada por Leibniz, que forneceu o ímpeto para o amplamente admirado ensaio de J. L. Borges sobre "A Biblioteca Total" ("La Bibliotheca Total").

Com Leibniz, essa ideia de uma textualidade infinita e totalmente abrangente assumiu uma forma teológica, fornecendo a base para a concepção de uma "multiplicidade de possibilidades" existente na mente de Deus, uma esfera quase textual abrangendo uma descrição completa não apenas deste mundo, mas também de todo mundo possível, qualquer que seja. A orientação do mundo torna-se consequentemente uma questão de seleção, devido às alternativas abrangidas em tal registro de todas as possibilidades disponíveis.

É claro que, entre todos aqueles livros intermináveis detalhando cenários concebíveis interminavelmente variáveis, deve haver um que detalhe o mundo real. Isso pode ser visto sob duas perspectivas muito diferentes. Se fosse estabelecido desde o início que esse livro contém a história do mundo, então ele poderia ser nomeado *O Livro do Destino* que se encontra no cerne da expressão "Está escrito", cara aos teóricos fatalistas do Oriente. Se, por outro lado, ele for visto como certificavelmente autêntico somente *ex post facto*, conforme a história do mundo se desenrola, então ele nunca poderia ser identificado antes que aquela história tivesse terminado (e, portanto, talvez nunca!).

Deve-se reconhecer, ademais, que uma predeterminação das ocorrências do mundo não necessariamente impedirá a perspectiva da ação livre. Pois o que pode ser predestinado é exatamente que uma certa escolha seja feita livremente. Não há nada de não livre acerca da vontade que espontaneamente opta pelo inevitável (pense aqui novamente na Anedota 43, "A sala trancada de Locke"). De fato, justamente aqui estava a visão de Espinosa sobre a liberdade humana – como uma questão de alinhar nossas escolhas e ações com as atualidades inevitáveis do mundo.

Anedotas relacionadas

43. A sala trancada de Locke, 185
44. O limite textual de Leibniz, 189
69. O longo prazo de Nietzsche, 279

Leituras adicionais

Beeley, Philip, ed. "Leibniz on the Limits of Human Knowledge" ["Leibniz sobre os Limites do Conhecimento Humano"], *Leibniz Review* [*Revista Leibniz*] 13 (Dezembro, 2003): 93-97.

Borges, J. L. "The Total Library" ["A Biblioteca Total"]. *Selected Non--Fictions* [*Não-Ficções Escolhidas*]. Londres: Penguin, 1999.

Leibniz, G. W. *De l'Horizon de la Doctrine Humaine* [*Do Horizonte da Doutrina Humana*]. Editado por Michel Fichant. Paris: Vrin, 1991.

Lasswitz, Kurd. *Traumkristalle* [*Cristais de Sonho*]. Não traduzido, mas uma fonte importante para Borges.

71

A estrela da manhã de Frege

O matemático e logicista alemão Gottlob Frege (1848-1925) fez muito para tornar as ideias básicas do discurso e do raciocínio matemáticos claras e precisas. Uma de suas contribuições significativas relacionava-se à distinção entre o sentido e a referência do discurso. Frege explica a ideia como se segue: "Ora, é natural pensar que haja, conectado a um signo (nome, combinação de palavras, marca escrita), além daquilo que o signo denota ou designa, que pode ser chamado de a referência [*Bedeutung*] do signo, também aquilo que eu gostaria de chamar de o sentido [*Sinn*] do signo, no qual está contido o modo de apresentação. [...] A referência de 'estrela da tarde' e de 'estrela da manhã' seria a mesma, mas não o sentido".[1] E Frege passou em seguida a implementar essa distinção como se segue:

> Quando substituímos uma palavra da sentença por outra tendo a mesma *referência*, mas um sentido diferente, isso pode não ter nenhum efeito sobre a *referência* da sentença. Contudo, podemos ver que em tal caso o pensamento se modifica; por exemplo,

---

1 Por certo, em uma série de estados finitos produzida por puro acaso, qualquer sequência particular de *n* estados efetivamente ocorrerá de novo com certeza, mais cedo ou mais tarde. Para um estudo das questões científicas relevantes, ver Abel Rey, *Le Retour Éternel et la Philosophie de la Physique* [*O Eterno Retorno e a Filosofia da Física*] (Paris: Flammarion, 1921).

o pensamento na sentença "A Estrela da Manhã é um corpo iluminado pelo sol" é diferente daquele da sentença "A Estrela da Tarde é um corpo iluminado pelo sol". Alguém que não soubesse que a Estrela da Tarde é a Estrela da Manhã poderia tomar um dos pensamentos por verdadeiro e o outro por falso.[2]

Mas quando essa ideia de invariância da substituição é aplicada à própria sentença como um todo, a única coisa que precisa permanecer a mesma, quando uma sentença verdadeira é substanciada a partir de outra, é a verdade daquela sentença. Com base nisso, Frege considerou a referência das sentenças como sendo sua situação simplesmente verdadeira ou falsa, a despeito das intermináveis variações delas no que diz respeito ao sentido.

O modo de interpretação de Frege, bem como sua prontidão para seguir a lógica até onde ela leva – a despeito de qualquer conflito com nossa visão pré-sistemática ou cotidiana das coisas – forneceu uma inspiração que orientou um modo proeminente de filosofar no século XX, o da assim chamada escola analítica.[3] Seus aderentes sustentaram que a linguagem é não apenas o árbitro do significado na filosofia, mas também o árbitro da doutrina. E assim, segundo a visão desses teóricos do assunto, os problemas filosóficos devem ser investigados e resolvidos (ou talvez até mesmo dissolvidos) por meio do exame detalhado do maquinário relevante do discurso, sendo as propriedades do pensamento discernidas a partir de uma atenção cuidadosa dedicada às propriedades da linguagem.

Anedotas relacionadas

21. O navio de Teseu, 97
76. O rei da França de Russell, 307

---

2 Gottlob Frege, *Gottlob Frege: Collected Papers* [*Gottlob Frege: Artigos Reunidos*], ed. Brian McGuinness (Oxford: Blackwell, 1984), 158.

3 Gottlob Frege, "On Sinn and Bedeutung" ["Sobre *Sinn* (sentido) e *Bedeutung* (referência)], em *The Frege Reader* [*O guia a Frege*], ed. Michael Beaney (Oxford: Blackwell, 1997), 156.

Leituras adicionais

Frege, Gottlob. *Gottlob Frege: Collected Papers* [*Gottlob Frege: Artigos Reunidos*]. Editado por Brian McGuinness. Oxford: Blackwell, 1984.

Frege, Gottlob. "On *Sinn* and *Bedeutung*" ["Sobre *Sinn* (sentido) e *Bedeutung* (referência)"]. Em *The Frege Reader* [*O Guia a Frege*]. Editado por Michael Beaney. Oxford: Blackwell, 1997.

Kenny, Anthony. *Frege: An Introduction to the Founder of Modern Analytic Philosophy* [*Frege: uma Introdução ao Fundador da Filosofia Analítica Moderna*]. Londres: Penguin, 1995.

72

Os suicídios de Durkheim

O sociólogo francês Émile Durkheim (1858-1917) deu uma nova direção ao modo como a informação estatística molda nossa compreensão da relação dos seres humanos com os assuntos sociais. Essa direção deriva do teor de sua análise das estatísticas dos suicídios, que é comunicada pela seguinte citação composta:

> Toda página deste livro [...] [fundamenta] a impressão de que o indivíduo é dominado por uma realidade moral maior que ele próprio: a saber, a realidade coletiva. [...]
> A taxa social de suicídio só pode ser explicada sociologicamente. Em qualquer momento dado, a constituição moral da sociedade estabelece o contingente de mortes voluntárias. Há, portanto, para cada povo, uma força coletiva com uma quantidade definida de energia impelindo os homens à autodestruição. Os atos da vítima, que à primeira vista parecem expressar apenas seu temperamento pessoal, são realmente o suplemento e prolongamento de uma condição social que eles expressam exteriormente. [...] O ambiente social é fundamentalmente um ambiente de ideias, crenças, costumes e tendências comuns. Para que estas se comuniquem, portanto, aos indivíduos, elas devem de algum modo existir independentemente dos indivíduos; e isso se aproxima da solução que sugerimos. Pois assim é implicitamente reconhecida a existência de uma inclinação coletiva para o suicídio, da qual as inclinações individuais são derivadas, e todo nosso problema é saber em que ela consiste e como ela age. [...]

> Os indivíduos que constituem uma sociedade mudam de um ano a outro, mas o número de suicídios é o mesmo, contanto que a própria sociedade não mude. A população de Paris se renova muito rapidamente; contudo, a parcela de Paris no total de suicídios franceses permanece praticamente a mesma. Embora alguns poucos anos sejam suficientes para mudar completamente o quadro de pessoal do exército, a taxa de suicídios militares varia apenas muito lentamente em uma dada nação. Em todos os países, a evolução da vida coletiva segue um ritmo dado. [...] As tendências coletivas têm uma existência própria; elas são forças tão reais quanto as forças cósmicas, embora de outro tipo; de modo semelhante, elas afetam o indivíduo a partir de fora, mas através de outros canais. [...] Uma vez que, portanto, atos morais tais como o suicídio são reproduzidos não apenas com uma uniformidade igual, mas sim maior, devemos de modo semelhante admitir que eles dependem de forças exteriores aos indivíduos. Só que, uma vez que essas forças devem ser de uma ordem moral, e uma vez que, excetuando-se os indivíuos, não há nenhuma outra ordem moral de existência no mundo senão a sociedade, elas devem ser sociais. [...]
> A causa produtiva do fenômeno da estabilidade das taxas de suicídio naturalmente escapa ao observador de indivíduos apenas, pois ela se encontra fora dos indivíduos. Para descobri-la, alguém deve elevar seu ponto de vista acima dos suicídios individuais e perceber aquilo que lhes concede unidade.[1]

O fato surpreendente sobre os suicídios, que impressionou profundamente Durkheim, é o que poderia ser chamado de sua *estabilidade estatística*. Não importa quão pessoalmente excêntrica uma decisão de autoaniquilação possa ser, ainda assim parece que o dedo do Destino toca os ombros de uma quantidade de franceses a cada ano para fazer sua contribuição, por bem ou por mal, para uma quota anual de suicidas. A estabilidade de tal estatística social ao constituir "taxas" estáveis é, nesse caso, problemática de uma maneira que vai além dos mecanismos da estatística demográfica.

---

1 Sobre a filosofia analítica, ver Michael Dummett, *The Origins of Analytic Philosophy* [*As Origens da Filosofia Analítica*] (Cambridge: Harvard University Press, 1993); e John Passmore, *A Hundred Years of Philosophy* [*Cem Anos de Filosofia*] (Nova Iorque: Basic, 1966).

Um mecanismo causal que permeia a sociedade inteira parece estar atuando para produzir um resultado geral que não pode ser derivado de, ou reduzido a, características ou produtividades individuais. E é claro que basicamente o mesmo tipo de coisa acontece em muitos aspectos: colisões de automóvel, assassinatos, criminalidade, divórcios, e assim por diante. Por certo, em tais assuntos não se pode dizer antes do fato exatamente quem serão as vítimas: sua identidade é invisivelmente oculta em uma neblina estatística. Mas as quantidades em questão podem ser seguramente previstas de antemão. Pode-se dizer com confiança *que* um certo número de pessoas cometerá suicídio (ou assassinato, etc.) mas é claro que não se pode dizer *quem*. A situação é bastante semelhante à de um jogo de dança das cadeiras – pode-se ter certeza de *que* alguém permanecerá de pé quando a música parar, mas não se pode dizer *quem* será. Mesmo assim, ao lidar com sociedades, há muita informação disponível do tipo de "conhecimento de que", mas muito menos do tipo de "conhecimento de quem". E até mesmo a natureza inerte exibe o mesmo fenômeno, com seu desconcertante enigma das forças que atuam em ou sobre os indivíduos para delimitar uma regularidade estatística sobre a massa (assim, o plutônio 241 tem uma meia-vida de catorze anos, mas o que induz seus átomos individuais a se alinharem de modo a produzir esse resultado é um enigma).

A neblina estatística desempenha um papel importante no julgamento humano. Sabemos que aproximadamente trezentas pessoas morrerão em acidentes de automóvel em um grande feriado de fim de semana nos Estados Unidos. Se fosse conhecido de antemão quem seriam essas pessoas, haveria uma reação drástica – todo o sistema de estradas poderia ser desativado (pense no tamanho da reação quando alguém fica preso em um duto subterrâneo). Toleramos o caos em questão somente porque o resultado é imponderável. E, de modo análogo, o mercado de ações só pode funcionar como o faz porque os movimentos de preços no futuro a curto prazo estão ocultos na neblina estatística.

E essa situação é comum nos assuntos humanos, nos quais previsões específicas são geralmente impraticáveis. As sociedades modernas só podem gerir seus assuntos com base em estatísticas sociais e na análise quantificada das relações que essas estatísticas revelam. Nas famílias, pode-se lidar com indivíduos; nas sociedades, deve-se lidar com grupos quando alternativas estatísticas emergem da neblina que torna possível a gestão de políticas públicas. Aqui os números são o árbitro da política, e o indivíduo tornou-se não apenas sem rosto, mas virtualmente invisível.

Anedotas relacionadas

16. A batalha marítima de Aristóteles, 79
98. Predicados vadios, 393

Leituras adicionais

Durkheim, Émile. *Suicide: A Study in Sociology* [*Suicídio: um Estudo de Sociologia*]. Glencoe: Free, 1951.

Henslin, James M. *Essentials of Sociology* [*Elementos Essenciais de Sociologia*]. Needham Heights: Allyn and Bacon, 1996.

Thompson, Kenneth. *Émile Durkheim*. 2. ed. Londres: Routledge, 2002.

# 73

A pata do macaco

Em uma clássica noveleta de 1902 com esse título, o escritor inglês W. W. Jacobs (1863-1943) apresentou um conto macabro que, de modo bastante resumido, dizia o seguinte: um homem adquire uma pata de macaco, um talismã mágico que dá a seu possuidor a chance de realizar três desejos. Ele passa a explorar essa oportunidade. Mas seus primeiros dois desejos, apesar de realizados, foram alcançados de maneira tão horrenda e a um preço tão terrível que seu terceiro e último desejo foi simplesmente que a coisa toda desaparecesse.

A primeira lição aqui se relaciona à complexidade do desejo humano. Nós não apenas queremos aquilo que desejamos, mas queremos também que nossos desejos sejam realizados em nossos próprios termos.

E a segunda lição é que nós frequentemente falhamos em reconhecer quando estamos em uma boa situação. Pois pode acontecer muito facilmente que a melhoria deste ou daquele aspecto de nossa condição seja algo que só possa ser realizado ao preço de aceitarmos outras mudanças que extraiam um preço mais que proporcional.

Então, há também a lição adicional de que faz parte da natureza das coisas que a ordem natural não possa ser perfeita. Pois como Platão já insistira, a imperfectibilidade do universo natural é um aspecto inevitável de sua materialidade, de seu corporeamento físico (*somatoeides*).[1] E Platão é

---

1   Plato, *Política*, 273b. Mesmo – e, de fato, especialmente – à luz do sol os objetos materiais lançarão uma sombra. Ver Plotino, *Enéadas*, III, 2.5.

acompanhado nessa visão por uma substancial tradição neoplatônica que perdura até nossos próprios dias.[2]

"Mas será que a quantidade de sofrimento humano que existe no mundo não poderia ser reduzida?" Por certo poderia. Mas então a pergunta é: a que custo? Ao preço de não existir mundo algum? Ao preço de não existirem quaisquer humanos no mundo? Ao preço de fazer todos os humanos serem ignorantes, obtusos e sem inteligência? Ao preço de ter apenas humanos sem empatia, simpatia, e cuidado uns com os outros? A resposta apropriada a todas essas perguntas é simplesmente: quem sabe? Ninguém pode dizer com qualquer segurança que o custo de tal "melhoria" seria aceitável. Admitidamente, as negatividades *particulares* do mundo podem em teoria ser remediáveis. Mas arranjar isso pode exigir a aceitação de um conjunto ainda maior de negatividades de modo geral (o efeito da Pata do Macaco). O custo, em danos colaterais, de evitar esses males manifestos deste mundo seria então a realização de um volume ainda maior de infortúnios. Tal posição neoplatônica é efetivamente o que Leibniz propôs há muito tempo: ela não alega que o mundo seja *perfeito*, mas apenas que ele é *ótimo* – "o melhor possível", com ênfase não no *melhor*, mas no *possível*.

Anedotas relacionadas

27. A bazófia do rei Alfonso, 119
34. A barganha do Dr. Fausto, 149
46. A deusa mítica de Leibniz, 197
93. A satisfação de Simon, 373
97. A prescrição do Dr. Psycho, 389

---

2 Ver Platão, *Timeu*, 28c, 35a, 50d.

Leituras adicionais

Jacobs, W. W. *The Monkey's Paw and Other Tales* [*A Pata do Macaco e Outros Contos*]. Chicago: Academy, 1997.

Rescher, Nicholas. *Axiogenesis: An Essay in Metaphysical Optimalism* [*Axiogênese: um Ensaio de Otimalismo Metafísico*]. Lanham: Lexington, 2010.

74

Os novos homens de Wells

A teoria da evolução de Charles Darwin revolucionou o pensamento acerca do lugar do homem na natureza. Sendo uma teoria científica ligada a fatos observacionais, ela devia, é claro, ser baseada na história de desenvolvimentos passados. Mas ela também convidava à especulação sobre as perspectivas e possibilidades do futuro. Pois aqui, a perspectiva de manipulação genética no nível pessoal e social levanta uma multidão de questões éticas e sociopolíticas filosoficamente carregadas, a respeito da justiça, da obrigação ética, e da natureza da vida boa para a humanidade.

O pensador que aceitou esse convite de maneira mais notável foi o escritor e polímata inglês H. G. Wells (1866-1946), em seu conto clássico *A Máquina do Tempo*. Em seu cerne jazia a seguinte especulação: no curso da evolução biológica e social futura ocorre uma eventual separação da raça humana em dois ramos: os Eloi, uma casta intelectual de criaturas sofisticadas vivendo uma vida de conforto em ambientes agradáveis, e os Morlocks, uma casta bruta mas laboriosa de habitantes de cavernas – "algo desumano e maligno". A evolução estivera atuando, e a "segurança demasiado perfeita do mundo de cima havia levado aqueles [Morlocks] a um movimento lento de degeneração, em última instância – rumo a um decréscimo geral de força, tamanho e inteligência".[1] Contudo, enquanto facilitavam a vida

---

[1] H. G. Wells, *The Time Machine* [*A Máquina do Tempo*] (Nova Iorque: Henry Holt, 1895), 118.

confortável dos Eloi, esses Morlocks não eram subservientes a eles no sentido sociopolítico. Em vez disso, essa casta "inferior" servia de alimento a seus primos evolutivos!

Muitas lições filosoficamente instrutivas são inerentes ao conto desafiante de Wells. Uma é que o futuro – e especialmente o futuro distante – é contingente, imprevisível, imponderável, e talvez até mesmo inimaginável nas categorias de pensamento do presente. Outra ideia é que não apenas as condições de vida do futuro serão radicalmente diferentes das nossas, mas também até mesmo o esquema de valores de nossa eventual positividade pode ser radicalmente diferente. E aqui será altamente problemático julgar o sistema de valores de uma era pelos padrões de outra.

Exercer nossa imaginação sobre o futuro é geralmente interessante e frequentemente tentador. Mas resta o fato de que, se não levarmos em consideração os limites da plausibilidade e nos aventurarmos muito longe no mar da conjetura, ficaremos sem leme em um mar revolto. A futurologia especulativa é ainda mais arriscada que a história contrafactual.

Anedotas relacionadas

32. O debate de Valladolid, 141
42. Os planetários de Huygens, 181

Leituras adicionais

Charlesworth, C. B., e D. Charlesworth. *Evolution* [*Evolução*]. Oxford: Oxford University Press 2003.

Larson, E. J. *Evolution: The Remarkable History of Scientific Theory* [*Evolução: a Notável História da Teoria Científica*]. Nova Iorque: Modern Library, 2004.

Shaw, G. B. *Man and Superman* [*Homem e Super-Homem*]. Muitas edições.

Wells, H. G. *The Time Machine* [*A Máquina do Tempo*]. Nova Iorque: Henry Holt, 1895.

75

Os macacos de Borel

Em seu livro de 1914, *O Acaso* (*Le Hasard*), o matemático francês Émile Borel (1871-1956) apresentou a imagem de uma série de macacos datilógrafos, procedendo ao longo das linhas seguintes: suponha que haja um vasto escritório com mil fileiras, cada uma com mil escrivaninhas, todas elas equipadas com uma máquina de escrever. E suponha que um milhão de macacos estejam sentados nessas máquinas de escrever, cada um deles digitando aleatoriamente durante dez horas por dia, durante anos a fio. Ainda assim, continuaria a ser improvável que seus esforços viessem a produzir um livro significativo. E seria improvável, beirando a impossibilidade, que eles viessem a replicar o conteúdo de uma grande biblioteca.

Logo, no entanto, outros teóricos insistiram que se eles continuassem fazendo isso por um tempo suficientemente longo, esses macacos de fato eventualmente replicariam as obras de Shakespeare.

Qualquer tentativa de transformar o cenário dos macacos datilógrafos em um experimento de fato no mundo real encontrará não apenas obstáculos práticos, mas também teóricos. Pois a argumentação do teorema dos macacos infinitos na teoria de probabilidades é baseada na suposição de uma verdadeira aleatoriedade no procedimento. Mas isso é um exagero. Por exemplo, suponha que esses macacos tenham uma antipatia pela letra *Z*, e sistematicamente a evitem. Então, não importando por quanto tempo ou qual quantidade eles digitem, nunca aparecerá um texto contendo mesmo uma única letra *Z*.

A aleatoriedade é uma condição muito especial, que não é automaticamente assegurada nas incursões que a natureza faz na desordem. Admitidamente, onde a pura aleatoriedade existe e perdura, ela tende, em última instância, a produzir resultados de imensa improbabilidade. Mas acerca de qualquer processo particular – seja ele natural ou conceitual – a pergunta "Será que ele é de fato inteiramente aleatório?" permanece sempre em aberto.

Não há dúvida de que o acaso desempenha um papel proeminente e talvez até mesmo predominante na vida humana, do início ao fim. E isso certamente não é algo que possamos controlar. Por outro lado, podemos cortejar seus favores ("Você não pode ganhar na loteria se não comprar um bilhete") e nos proteger contra sua malícia (por exemplo, nos assegurando contra vários acidentes). Mas uma coisa é certa, sobre o favor do acaso e da sorte: nunca devemos contar com ele.

Anedotas relacionadas

44. O limite textual de Leibniz, 189
70. A biblioteca de Lasswitz, 283

Leituras adicionais

Borel, Émile. *Elements of the Theory of Probability* [*Elementos da Teoria da Probabilidade*]. Englewood Cliffs: Prentice-Hall, 1965.

Borges, Jorge Luis. "The Total Library" ["A Biblioteca Total"]. Em *J. L. Borges: Selected Non-Fictions* [*J. L. Borges: Não-Ficções Escolhidas*]. Traduzido por Eliot Wernberger. Londres: Penguin, 1999.

Rescher, Nicholas. "Leibniz on Coordinating Epistemology and Ontology" ["Leibniz Acerca da Coordenação da Epistemologia e da Ontologia"].

Em *Studies in Quantitative Philosophizing* [*Estudos em Filosofar Quantitativo*], 131-160. Frankfurt: ONTOS, 2010.

Rescher, Nicholas. *Luck* [*Sorte*]. Nova Iorque: Farrar, Straus and Giroux, 1995.

76

O rei da França de Russell

O filósofo e logicista inglês Bertrand Russell (1872-1970) era fascinado pelo enigma do discurso significativo sobre coisas que não existem – e que talvez nem mesmo possam existir. Esse problema já havia figurado nos diálogos de Platão,[1] e havia sido recentemente reativado pelo filósofo austríaco Alexius Meinong (1853-1920). Afinal, parece que o discurso significativo deve ser *sobre algo* – e como isso pode ser, se a coisa supostamente em questão simplesmente não está ali? Russell, por conseguinte, protestou:

> A teoria [de Meinong] considera que qualquer expressão denotativa gramaticalmente correta corresponde a um *objeto*. Assim, "o atual rei da França", "o quadrado redondo", etc., são supostos objetos genuínos. É admitido que tais objetos não subsistem, mas ainda assim supõe-se que eles sejam objetos. Essa é em si mesma uma visão difícil; mas a principal objeção é que tais objetos são admitidamente capazes de infringir a lei da contradição. Afirma-se, por exemplo, que o existente atual rei da França existe, e também não existe; que o quadrado redondo é redondo, e também não redondo; etc. Mas isso é intolerável; e se for possível encontrar qualquer teoria que evite esse resultado, ela certamente deve ser preferida.[2]

Para implementar essa perspectiva, Russell propôs sua Teoria das Descrições. O cerne dessa teoria era a *definição contextual* de que uma certa

---
[1] Ver especialmente os diálogos *Parmênides*, *Teeteto* e *Sofista* (especialmente *Sofista* 236e).
[2] Bertrand Russell, "On Denoting" ["Sobre a Denotação"], *Mind* [Mente] 14 (1965): 483.

propriedade *P* pode ser verdadeiramente atribuída a um indivíduo *N* descrito como "o *x* que tem a propriedade *F*" sempre que puder ser mostrado que:

(1) *algum* indivíduo possui *F*;
(2) *no máximo* um indivíduo possui *F*;
(3) e que todo indivíduo que possui *F* também possui *P.*

Com base nisso, a atribuição de propriedades a inexistentes desaparece como uma perspectiva viável, pois aquele primeiro pressuposto é sempre falso.

Infelizmente essa tática não é muito útil para pensar sobre tais questões. Pois ainda que Russell fique desalentado com o fato de que, segundo a explicação usual, todas as atribuições de propriedades sejam (trivialmente) verdadeiras, agora ocorre que, segundo sua própria explicação, elas são todas (trivialmente) falsas, pois aquele requisito factual uniformemente falha em se fazer valer. Assim, "o atual rei da França é um rei" é uma afirmação tão falsa quanto a de que ele é um plebeu. E o truísmo "o marido da rainha Elizabeth I foi casado com ela" é agora é uma falsidade, em vez de um truísmo. Tais consequências dessa explicação parecem tão anômalas quanto aquelas que Russell está tentando remover. Em sua tentativa de fornecer uma interpretação sinótica do discurso sobre inexistentes que abrangesse todos os casos, Russell embarcou em uma generalização que foi longe demais.

Em um influente artigo de 1948 intitulado "Sobre o que há" ["On What There Is"], o filósofo de Harvard, W. V. Quine (1908-2000), tentou jogar água fria em toda a questão dos inexistentes:

> Considere, por exemplo, o possível homem gordo naquele vão de porta, e, novamente, o possível homem careca no vão da porta. Será que eles são o mesmo homem possível, ou dois homens possíveis? Como decidimos? Quantos homens possíveis existem no vão da porta? Será que há mais possíveis magros do que gordos? Quantos deles são parecidos? Ou será que o fato de serem parecidos faria com que fossem um só? Será que não há duas coisas possíveis que sejam parecidas? Ou, finalmente, será que o conceito de identidade é simplesmente inaplicável a possíveis não atualizados? Mas qual o sentido que pode ser encontrado em falar sobre

entidades que não podem significativamente ser ditas idênticas a si mesmas e distintas umas das outras? Esses elementos são todos praticamente incorrigíveis. Por meio de uma terapia fregeana de conceitos individuais, poderia ser feito algum esforço de reabilitação; mas sinto que faríamos melhor simplesmente em limpar esse pardieiro e pôr um fim a isso.[3]

Em princípio, as respostas às perguntas de Quine pareceriam simples:
- em atualidade não há nenhum;
- em possibilidade há muitos, mas apenas um de cada vez, dado o tamanho (hipotético) dos homens gordos e a largura (hipotética) do vão da porta;
- ainda assim, aquele suposto homem gordo pode ser qualquer um de uma infinidade interminavelmente descritível de alternativas possíveis. Qualquer um de zilhões poderia estar ali – embora apenas um de cada vez.

Tudo isso é basicamente uma questão de senso comum, exigindo pouca sofisticação lógica.

Não obstante, uma lição significativa emerge aqui. O irrealismo gera perplexidade. Quanto mais nossas hipóteses que contradizem fatos forem distintas da realidade atual e aceita das coisas, mais problemático será fazer julgamentos razoáveis sobre o assunto. Somos crias de uma evolução cognitiva, bem como biológica. Nosso pensamento e suas instrumentalidades linguísticas se desenvolveram para nos ajudar a lidar com a realidade das coisas da melhor maneira que pudermos determiná-la. Quando mais deixamos para trás o terreno seguro daquilo que aceitamos como verdadeiro, mais abrimos a porta para complicações desconcertantes.

Anedotas relacionadas

20. A alavanca de Arquimedes, 95
71. A estrela da manhã de Frege, 287

---

[3] W. V. Quine, "On What There Is" ["Sobre o Que Há"], *Review of Metaphysics* [*Revista de Metafísica*] 2 (1948): 23-24.

Leituras adicionais

Grayling, A. C. *Bertrand Russell*. Oxford: Oxford University Press, 1996.

Quine, W. V. *From a Logical Point of View* [*De um Ponto de Vista Lógico*]. Cambridge: Harvard University Press, 1953.

Quine, W. V. "On What There Is" ["Sobre o Que Há"], *Review of Metaphysics [Revista de Metafísica]* 2 (1948): 21-38.

Rescher, Nicholas. "The Concept of Nonexistent Possible" ["O Conceito de Inexistente Possível"]. *Essays on Philosophical Analysis* [*Ensaios sobre Análise Filosófica*]. Pittsburgh: University of Pittsburgh Press, 1969.

Russell, Bertrand. "On Denoting" ["Sobre a Denotação"], *Mind* [*Mente*] 14 (1965): 479-493.

77

A galinha de Russell

O raciocínio indutivo exibe nossa tendência inerente a esperar que padrões de ocorrências passadas continuem no futuro. E aqui Bertrand Russell estimulava uma perspectiva cética: "As expectativas de uniformidade são sujeitas a serem enganosas. O homem que alimentou a galinha todos os dias ao longo da vida dela ao final torce o pescoço dela, mostrando que visões mais refinadas sobre a uniformidade da natureza teriam sido úteis à galinha".[1]

Podemos colocar de lado, por enquanto, a questão de como a galinha teria se beneficiado com esse conhecimento, bem como a velha piada sobre o homem que caiu do topo de um arranha-céu e se sentiu cada vez mais seguro conforme passava um andar após outro sem incidentes. Resta, no entanto, o fato de que há dois tipos de multiplicidades, aquelas que, como os números e as horas, são inexauríveis, e aquelas que, como os andares de um prédio ou as semanas em um ciclo agrário, são limitadas em número, e, portanto, exauríveis. Sem dúvida, uma indução de segunda ordem é necessária para determinar em casos particulares que tipo de multiplicidade está em questão, de modo que um percurso de raciocínio indutivo sensato possa ser realizado. Assim como qualquer outro procedimento geral de inferência racional, a indução é um método que deve ser praticado com cuidado. Mas a perspectiva de um mau uso não nega a utilidade de um procedimento.

---

1 Bertrand Russell, *The Problems of Philosophy* [*Os Problemas da Filosofia*] (Oxford: Oxford University Press, 1912), 98.

Anedotas relacionadas

8. A natureza dos atomistas, 47
61. O elefante desconcertante de Saxe, 251
82. Os pressupostos de Collingwood, 329

Leituras adicionais

Kyburg Jr., Henry E. *Probability and Inductive Logic* [*Probabilidade e Lógica Indutiva*]. Nova Iorque: Macmillan, 1970.

Rescher, Nicholas. *Induction* [*Indução*]. Oxford: Blackwell, 1980.

Russell, Bertrand. *The Problems of Philosophy* [*Os Problemas da Filosofia*]. Oxford: Oxford University Press, 1912.

78

A ilusão de Angell

Uma das obras mais amplamente admiradas e discutidas do início do século XX foi um livreto escrito pelo teórico econômico e filósofo político inglês (e laureado com o Prêmio Nobel) Norman Angell (1872-1967). Publicado em 1910 e intitulado *A Grande Ilusão* [*The Great Illusion*], o livro tinha uma tese simples e convincente, que dizia basicamente o seguinte: as principais potências industriais modernas têm economias cujo funcionamento efetivo é extensamente interconectado e interdependente, e os meios de guerra modernos são tão destrutivos que a guerra entre essas nações não faz nenhum sentido possível. Nenhuma potência se beneficiará com isso – todas perderão: ninguém emergirá em uma condição melhor do que de outro modo teria sido o caso. Uma grande guerra moderna não teria vencedores, apenas vítimas. A realidade é que a guerra não vale a pena.

Nas palavras da sinopse de sua segunda edição, os livros de Angell buscavam mostrar que a conquista militar na guerra não faz sentido:

> O autor desafia toda essa doutrina. [...] Ela pertence a um estágio de desenvolvimento do qual saímos, já que o comércio e a indústria de um povo não mais dependem da expansão de suas fronteiras políticas; que as fronteiras políticas e econômicas de uma nação agora não necessariamente coincidem; que o poder militar é social e economicamente fútil, e não pode ter nenhuma relação com a prosperidade do povo que o exerce; que é impossível para uma nação

capturar pela força a riqueza ou o comércio de outra – enriquecer-se pela submissão, impor sua vontade à força a outra; que, em suma, a guerra, mesmo quando vitoriosa, não pode mais alcançar aqueles objetivos rumo aos quais os povos se esforçam.[1]

Desde a época de Imannuel Kant, os argumentos contra a guerra geralmente operavam sobre bases humanitárias ou éticas. Por contraste, o raciocínio de Angell tinha um teor reduzidamente prudencial e econômico. Colocada de modo simples, sua tese era que *a guerra não vale a pena* – especialmente dados os métodos modernos de destrutividade virtualmente industrial. A guerra geralmente não realiza o objetivo pelo qual as nações entram em guerra, e tampouco os benefícios resultantes para a criatividade envolvida compensam a perda de vidas e de riquezas resultante. Inicialmente publicado às vésperas da Primeira Guerra Mundial, o presciente argumento de Angell foi logo vividamente ilustrado pela carnificina física, social e humana que se desenrolou após agosto de 1914.

Uma coisa que Angell não levou e não poderia ter levado em consideração, no entanto, é a transformação das razões da guerra, que jazia logo adiante. Pois embora a maioria das guerras modernas tivessem sido, em geral, lutadas em vista do ganho em termos de território e poder, as guerras dos dias atuais se remetem à era anterior de conflitos de religião. E essas motivações intangíveis foram muito menos suscetíveis aos controles da razão sob a orientação da prudência e do bom senso.

Anedotas relacionadas

35. O *Leviatã* de Hobbes, 153
53. A visão pacífica de Kant, 223

---

[1] Norman Angell, *The Great Illusion* [*A Grande Ilusão*]. 2. ed. (Londres: W. Heinemann, 1935), sinopse.

Leituras adicionais

Angell, Norman. *The Great Illusion* [*A Grande Ilusão*]. 2. ed. Londres: W. Heinemann, 1935.

Singer J. D., e Melvin Small. *The Wages of War, 1816–1965: A Statistical Handbook* [*Soldos de Guerra, 1816-1965: um Manual Estatístico*]. Nova Iorque: Wiley and Sons, 1972.

79

A linha costeira de Richardson

O matemático e cientista inglês Lewis Fry Richardson (1881-1953) fez a pergunta aparentemente inócua "Qual o comprimento da costa da Bretanha?" e chegou a uma resposta aparentemente paradoxal: nenhuma quantidade finita pode fornecer uma medida adequada aqui. A distância deve ser decretada infinita. Pois entre quaisquer dois pontos haverá zigues, zagues, garranchos e serpenteios que constantemente aumentam a distância aparente entre aqueles pontos.

De fato, até mesmo a pergunta preliminar "Onde fica exatamente a costa da Bretanha?" pareceria impossível de responder. Há não apenas marés que variam de modo incerto, mas também cada respingo e marola altera o limite entre a água e a terra de tal modo que a fronteira nunca é fixa, a não ser instantaneamente: tal como o mercúrio, ela escorrega para longe no instante em que você põe o dedo nela.

E muitas outras aparentes "quantidades" estão no mesmo barco; por exemplo, qual é a idade *exata* (com uma exatidão de nanosegundo) ou a altura *exata* (com uma exatidão de nanômetro) de uma pessoa? As "quantidades" em questão em tais assuntos talvez se qualifiquem apenas como *semi*-quantidades, pois são, em última instância, indefinidas e imprecisas; elas simplesmente impossibilitam qualquer perspectiva de especificação exata.

Quando nos deparamos com tais quantidades indeterminadas, temos duas escolhas. Uma é dizer que a quantidade em questão simplesmente não existe enquanto tal – que, por exemplo, não existe tal coisa como o comprimento exato da linha costeira da Bretanha, ou o peso exato de uma pessoa – "em um instante particular", em qualquer caso (ou, aliás, que não existe tal coisa como "o instante exato agora"). Essa abordagem rejeita a quantidade em questão como não sendo nada mais que uma ficção conveniente.

A outra abordagem é aceitar a quantidade como ontologicamente real, mas epistemicamente inacessível – como atual, mas incognoscível. Essa visão do assunto considera essas quantidades indefinidas como semelhantes a uma vadiagem predicativa. Pode-se adotar a perspectiva de que assim como há realmente fatos que são desconhecidos para mim – embora, é claro, eu não possa especificamente determiná-los enquanto tais – também há realmente um peso exato que eu tenho agora, mas que ele simplesmente não pode ser especificado.

De qualquer maneira, resta o ponto filosoficamente significativo de que há uma potencial desconexão entre as quantidades que comumente inserimos na comunicação cotidiana e aquelas que são teoricamente apropriadas. Em consequência, devemos sempre estar atentos para a importante distinção entre aquilo que é convincente em teoria e aquilo que é adequado a nossas necessidades na prática.

Anedotas relacionadas

4. Os números de Pitágoras, 33
17. O preceito de Aristóteles sobre a precisão, 81
98. Predicados vadios, 393

Leituras adicionais

Kosto, Bart. *Fuzzy Thinking: The New Science of Fuzzy Logic* [*Pensamento Difuso: a Nova Ciência da Lógica Difusa*]. Nova Iorque: Hyperion, 1993.

Rescher, Nicholas. *Epistemic Logic* [*Lógica Epistêmica*]. Pittsburgh: University of Pittsburgh Press, 2005.

Van Pelt, Miles. *Fuzzy Logic Applied to Daily Life* [*Lógica Difusa Aplicada à Vida Cotidiana*]. Seattle: No No No No Press, 2008.

80

O urinol de Duchamp

Em 1917, o teórico da arte francês Marcel Duchamp (1887-1968) teve uma inspiração peculiar: Duchamp comprou um urinol feito pela indústria de ferro T. L. Mutt, assinou-o como R. Mutt, e submeteu-o a uma exibição organizada pela Sociedade de Artistas Independentes de Nova Iorque. Intitulado Fonte, ele devia ser posto deitado de lado, em vez de montado em sua posição vertical padrão. E sua inclusão na exibição criou uma balbúrdia.

Intencionado como uma obra de provocação, o urinol de Duchamp foi corretamente chamado de "a piada que desencadeou uma revolução artística". Havia, contudo, um método na loucura de Duchamp. Ele buscava rebaixar e rejeitar grande parte das criações artísticas como uma "arte retinal" que buscava meramente agradar à vista. No lugar desse tipo de arte, ele propunha uma "arte cerebral" planejada para provocar respostas na mente. Segundo a visão de Duchamp, a função própria da arte não é evocar sentimentos, mas provocar o pensamento. E isso desencadeou uma virada do classicismo para a modernidade.

É claro que o público consumidor de arte reagiu com fúria e ultraje (algo não totalmente importuno para os exibidores em busca de atenção – e mais ainda para aqueles empreendedores aficionados por arte para os quais *épater le bourgeois* [impressionar o burguês] havia ultimamente se tornado o ápice da sofisticação). Mas os teóricos responderam com deleite, pois a balbúrdia acrescentou muita água ao moinho das falantes classes de pessoas movidas pela teoria, na forma de questões sobre a natureza, a função e os limites da arte; contudo, o episódio teve outro aspecto significativo.

Tradicionalmente, havia três principais interessados no domínio da arte:
- os artistas criativos;
- o público consumidor;
- e os patrocinadores e colecionadores.

Mas ao longo do século XX, vários outros interessados se tornaram proeminentes na cena:
- críticos de arte e teóricos da "apreciação artística";
- professores de história da arte;
- seguidores e "tietes" de arte;
- negociantes, colecionadores e investidores de arte;
- promotores e desenvolvedores de carreiras de artes.

O papel do público tradicional de consumidores de arte passou a desempenhar uma função cada vez menor no contexto mais amplo do "mundo artístico".

A crescente complexidade da vida nas sociedades avançadas modernas, que transformou a forma tradicional da vida econômica e social, impôs-se também à esfera dos assuntos culturais. E, em sua esteira, o papel que a arte desempenha hoje em dia nas vidas dos indivíduos foi transformado, com os sentidos cedendo cada vez mais ao intelecto como foco de apelo.

Anedotas relacionadas

1. A torre de Babel, 21
74. Os novos homens de Wells, 299
101. A demolição de Derrida, 405

Leituras adicionais

Danton, Arthur C. *After the End of Art* [*Após o Fim da Arte*]. Princeton: Princeton University Press, 1997.

Tomkins, Calvin. *Duchamp: A Biography* [*Duchamp: uma Biografia*]. Nova Iorque: Henry Holt, 1996.

O atiçador de Wittgenstein

Desde os céticos na Antiguidade clássica até os positivistas científicos do século XIX e os positivistas lógicos do século XX, houve uma cadeia contínua de pensadores atraídos pela ideia de que todo (outro) filosofar é um empreendimento fútil e mal concebido, considerando que um empreendimento cognitivo que não culmina em consenso manifesta assim sua ilegitimidade. A esse respeito, um breve debate entre dois grandes pensadores do século XX teve repercussões substanciais na arena filosófica. Na noite de sexta-feira de 25 de outubro de 1946, o Clube de Ciência Moral de Cambridge, um grupo de discussão filosófica, se encontrou para ouvir uma palestra geral de Karl Popper (1902-1994) sobre o tópico "Existem problemas filosóficos?". Entre os presentes estavam Bertrand Russell (1872-1970) e Ludwig Wittgenstein (1889-1951), dois dos filósofos mais célebres da época.[1]

O tópico de Popper era um torpedo direcionado diretamente contra Wittgenstein, que era amplamente visto como um niilista filosófico que considerava o conjunto estabelecido dos problemas filosóficos como enraizado em erros de compreensão de fatos e de linguagem, e, na medida em

---

[1] O episódio inteiro é discutido de maneira elaborada em David Edmonds e John Eidinow, *Wittgenstein's Poker* [*O Atiçador de Wittgenstein*] (Londres: Faber and Faber, 2001).

que esse conjunto fazia sentido, como abordando questões que pertencem propriamente às ciências.

O secretário da associação registrou a essência da discussão:

> POPPER: Wittgenstein e sua escola nunca se aventuram além das preliminares, para as quais eles reivindicam o título de filosofia, a fim de abordar os problemas mais importantes da filosofia. [...] E ele deu alguns exemplos de dificuldades cuja solução exigia mergulhar abaixo da superfície da linguagem.
>
> WITTGENSTEIN: Esses não são nada mais que problemas de matemática pura ou sociologia.
>
> AUDIÊNCIA: Não convencida pelos exemplos de Popper. Atmosfera carregada. Grau incomum de controvérsia. Algumas bastante vocais.[2]

Depois de Popper ter começado, Wittgenstein levantou-se para responder. O que aconteceu foi descrito como se segue:

> A mão de Wittgenstein havia ido até a lareira e agarrado o atiçador, cuja ponta estava rodeada de cinzas e pequenas brasas, como Braithwaite o havia deixado anteriormente. Os catedráticos observavam ansiosamente conforme Wittgenstein o erguia e começava a gesticular convulsivamente com ele para pontuar seus enunciados. Braithwaite o havia visto fazer isso antes. Dessa vez Wittgenstein parecia especialmente agitado, até mesmo fisicamente desconfortável – desacostumado aos contragolpes de um hóspede, talvez. Por volta desse ponto de uma reunião, ele usualmente se encontrava naquele estado de plena excitação acerca do qual as pessoas reclamavam às suas costas. As coisas estavam começando a parecer um tanto fora de controle. Alguém – será que foi Russell? – disse: "Wittgenstein, abaixe o atiçador." [...] A porta bateu atrás de Wittgenstein [conforme ele saía da sala].[3]

---

2 Edmonds e Eidinow, *Wittgenstein's Poker*, 269.
3 Edmonds e Eidinow, *Wittgenstein's Poker*, 269.

As ramificações desse episódio extraordinário comunicam algumas lições instrutivas. A primeira é que poucos problemas filosóficos são tão extensa e ousadamente contestados quanto o é a natureza da própria filosofia: sua missão, seus métodos, e suas perspectivas futuras. Assim, temos aqui o que é – de modo bastante curioso – ela mesma uma das questões chave da filosofia, a saber: "O que constituiu uma questão ou problema filosófico apropriados"?

A resposta histórica a essa pergunta olharia para o que sempre foi considerado como estando entre as principais vias de esforço humano, a saber, questões de crença, de ação, de avaliação e de prática. Seguindo nessa direção, alguém poderia fazer os seguintes tipos de perguntas: será que todas as crenças são criadas iguais? Ou será que há considerações válidas para indicar que algumas são melhor justificadas que outras? E se sim, quais são as considerações em questão aqui? E é claro que perguntas análogas podem ser feitas no âmbito de cada um daqueles outros três departamentos mencionados anteriormente.

Há, por certo, indivíduos não incomuns, de inclinação cientificista, que (com Wittgenstein) sustentam que se uma pergunta faz algum sentido de todo (ou, como eles prefeririam dizer, faz sentido empiricamente), então devemos nos voltar para as ciências a fim de obter uma resposta. Mas o problema bastante óbvio aqui é que simplesmente não existe nenhuma ciência que aborde perguntas do tipo mencionado anteriormente.

Anedotas relacionadas

3. Os teólogos animais de Xenófanes, 29
30. A verdade de Averróis, 131
82. Os pressupostos de Collingwood, 329

Leituras adicionais

Edmonds, David, e John Eidinow. *Wittgenstein's Poker* [*O Atiçador de Wittgenstein*]. Londres: Faber and Faber, 2001.

Kenny, Anthony. *Wittgenstein*. Cambridge: Harvard University Press, 1973.

Passmore, John. *A Hundred Years of Philosophy* [*Cem Anos de Filosofia*]. Nova Iorque: Basic, 1966.

82

Os pressupostos de Collingwood

Aristóteles sustentou que todo conhecimento começa com o espanto, e, nesse espírito, é dito frequentemente que todo conhecimento deriva do questionamento. A tese inversa de que as perguntas sempre derivam de crenças – que toda pergunta tem algum pressuposto preposicional – também é possível.

Seguindo as pegadas de Aristóteles, o historiador e filósofo britânico R. G. Collingwood (1889-1943) sustentou que "Todo enunciado que alguém alguma vez faz é feito em resposta a uma pergunta". Mas ele também sustentou que "Toda pergunta envolve um pressuposto", enxergando que, afinal, uma pergunta não pode deixar de pressupor – entre outras coisas – que ela de fato tem uma resposta significativa e verdadeira.[1] Desse modo, assim como a pergunta clássica "Você parou de bater em sua esposa?" é baseada em uma precondição bastante presunçosa, Collingwood sustentou que

> Toda pergunta envolve um pressuposto. Pode-se duvidar se qualquer pergunta que alguma vez foi feita envolveu um pressuposto e não mais. Ordinariamente, uma pergunta envolve um grande número deles. Mas deve-se fazer uma distinção entre aquilo que

---

[1] R. G. Collingwood, *An Essay on Metaphysics* [*Um Ensaio sobre Metafísica*] (Oxford: Clarendon, 1940), 23, 25, 28.

uma pergunta envolve diretamente e aquilo que ela envolve indiretamente. Diretamente ou imediatamente qualquer pergunta dada envolve um pressuposto e somente um, a saber, aquele a partir do qual ela direta e imediatamente "emerge". Esse pressuposto imediato, no entanto, tem por sua vez outros pressupostos, que são assim indiretamente pressupostos pela pergunta original. A menos que essa pressuposição imediata fosse feita, a pergunta que ela logicamente antecederia de modo imediato não poderia ser feita de maneira lógica.[2]

Collingwood então passou a apresentar a ideia de *pressupostos absolutos*, que nunca são eles mesmos as respostas para as perguntas e os fatos da investigação, mas representam compromissos assumidos a fim de abrir uma linha de questionamento e investigação. E Collingwood considerou tais absolutos como problemas centrais na filosofia.

Mas agora, é claro, chegamos a um enigma do tipo "o ovo e a galinha". Pois pareceria que, para legitimar uma pergunta, alguém deve primeiro estabelecer certos fatos (a saber, aqueles em questão em seus pressupostos), e para estabelecer esses fatos esse alguém deve primeiro levantar várias questões sobre os assuntos em discussão. Segundo todas as aparências, estaríamos presos em um círculo vicioso. Mas aqui as aparências podem ser enganosas, pois podemos evitar a perplexidade traçando uma distinção.

O fato é que há duas versões de pressupostos: o pressuposto *temporal* é algo que deve ser feito primeiro, e o pressuposto *coordenativo* meramente exige uma conjunção. Quando digo que assar um bolo pressupõe a aquisição da farinha, afirmo que isso é algo que deve ser feito primeiro, antes de assar. Mas quando digo que ser um pai pressupõe a existência de filhos, não estou afirmando que aqueles filhos devem (ou mesmo podem) existir antes de seus pais.

Quando o fato de *A* ser o caso pressupõe que *B* seja o caso (por exemplo, ser um pai pressupõe ter um filho), isso não significa que a segunda coisa não tem precedência temporal sobre a primeira. O arranjo

---
2 Collingwood, *An Essay on Metaphysics*, 25.

delas no tempo pode ser temporalmente coordenado (como ocorre com a maternidade e a gravidez) ou mesmo atemporal (como o fato de algo ser um círculo pressupõe que esse algo tenha um centro).

Collingwood então passou a elaborar uma visão sobre a natureza da filosofia, concentrando-se na metafísica como seu componente chave: "a metafísica é a tentativa de descobrir quais pressuposições absolutas foram feitas por essa ou aquela pessoa ou grupo de pessoas, nessa ou naquela ocasião ou grupo de ocasiões, no curso desta ou daquela peça de pensamento. [...] Todas as questões metafísicas são questões históricas. Toda questão metafísica é simplesmente a questão de quais pressuposições absolutas foram feitas em uma certa ocasião, e pode ser dividida em um número de tais questões".[3]

A natureza bastante bizarra dessa posição salta aos olhos de imediato. Pois por que deveria ocorrer que nossa atenção devesse sempre se deter sobre pessoas ou tempos? Por que limitar os filósofos a serem historiadores? Por que um filósofo não pode perguntar quais pressuposições absolutas figuram em nossos próprios procedimentos e com qual justificativa procedemos dessa maneira? Quais são, para nós, aqui e agora, os pressupostos apropriados, e como é que deveríamos nos fixar neles, enquanto qualificados dessa maneira?

De modo bastante óbvio, esse é o tipo de questão que exige a atenção do filósofo não como apenas um historiador que relata o que as pessoas pensaram, mas como um pensador em seu próprio direito. Essa é uma questão que Collingwood não enfrenta enquanto tal – e talvez não possa enfrentar dentro dos limites de seus próprios compromissos doutrinais.

Immanuel Kant dissera no início de seus *Prolegômenos a Toda Metafísica Futura* que "há aqueles estudiosos para quem a história da filosofia (tanto antiga quanto moderna) é em si o que constitui a filosofia".[4] Collingwood talvez tenha sido um deles.

---

3 Collingwood, *An Essay on Metaphysics*, 217-249.
4 Immanuel Kant, *Prolegomena to Any Future Metaphysic* [*Prolegômenos a Toda Metafísica Futura*]. Trad. L. W. Beck (Indianápolis: Bobbs-Merrill, 1950), prefácio.

Anedotas relacionadas

55. A reorientação de Kant, 229
81. O atiçador de Wittgenstein, 325

Leituras adicionais

Collingwood, R. G. *An Autobiography* [*Uma Autobiografia*]. Oxford: Clarendon, 1939.

Collingwood, R. G. *An Essay on Metaphysics* [*Um Ensaio sobre Metafísica*]. Oxford: Clarendon, 1940.

Johnson, Peter. *R. G. Collingwood: An Introduction* [*R. G. Collingwood: uma Introdução*]. Bristol: Thoemmes, 1998.

83

A armadilha da história de Collingwood

Parece que os filósofos, assim como os políticos, se encaixam em tribos em guerra. Na Antiguidade, temos os aristotélicos e os platônicos, os estoicos e os epicuristas; na Idade Média, os tomistas, os agostinianos e os escotistas; nos tempos modernos, racionalistas e empiristas, e assim por diante. Ou assim parece. Contudo, alguns teóricos argumentaram que essas aparências são enganosas. O que parecem ser doutrinas filosóficas conflitantes são de fato – assim afirmam eles – posições totalmente separadas, que nem concordam nem discordam, mas são de fato incomparáveis e incomensuráveis. Tais posições discordantes – assim afirmam esses teóricos da incomensurabilidade – simplesmente não podem ser postas em contato umas com as outras; elas não podem ser comparadas em termos de concordância ou contradição, pois nenhuma medida comum de comparação pode ser estabelecida entre elas.

Segundo tal visão, diferentes filósofos não formam de fato escolas que sustentam visões divergentes sobre questões que são essencialmente as mesmas – eles não compartilham quaisquer questões, e vivem em domínios cognitivos desconectados que não compartilham nenhum território comum. Posições doutrinárias rivais são totalmente desconectadas; teorias diferentes são incomensuráveis – elas não podem ser expressas em unidades comuns de pensamento. Os aderentes de diferentes teorias literalmente vivem em diferentes mundos de pensamento, entre os quais o contato – seja por meio de desacordo ou de acordo – é simplesmente impossível.

Na órbita da língua inglesa, o principal porta-voz de uma tal visão foi R. G. Collingwood:

> Se houvesse um problema permanente P, poderíamos perguntar: "O que Kant, ou Leibniz, ou Berkeley, pensaram sobre P?", e se essa pergunta pudesse ser respondida, poderíamos então perguntar: "será que Kant, ou Leibniz, ou Berkeley, estavam certos no que pensaram sobre P?". Mas aquilo que se pensa ser um problema permanente é na verdade uma série de problemas transitórios, P_1, P_2, P_3, ..., cujas peculiaridades individuais são tornadas indistintas pela miopia histórica da pessoa que os agrupa sob o nome de P.[1]

Vários historiadores intelectuais compartilharam esse ponto de vista, sustentando que cada pensador se encontra sozinho – que cada ensinamento é, em última instância, distinto, cada tese é tão impressa com o estilo de pensamento característico de seu proponente que quaisquer dois pensadores jamais discutem a mesma proposição. O desacordo – de fato, até mesmo a compreensão – entre divisões doutrinárias torna-se impossível: o pensamento de cada pensador destaca-se em um esplêndido isolamento. Nunca se pode dizer que filósofos discordantes contribuem para as mesmas questões correntes: "Simplesmente não há problemas perenes na filosofia: há apenas respostas individuais a perguntas individuais, com tantas respostas diferentes quanto há perguntas, e tantas perguntas diferentes quanto há perguntadores".[2] Filósofos de diferentes persuasões são separados uns dos outros por um abismo intransponível de incompreensão mútua. Assim argumentam os teóricos da incomensurabilidade doutrinal.

Há, contudo, boas razões para pensar que essa visão exagera a incompreensão mútua ao ponto do absurdo. É claro que a incompreensão mútua *pode* ocorrer e às vezes *de fato* ocorre ao longo das extensões de tempo ou

---

[1] R. G. Collingwood, *An Autobiography* [*Uma Autobiografia*] (Oxford: Clarendon, 1939), 69.
[2] John Herman Randall, *The Career of Philosophy* [*A Carreira da Filosofia*] (Nova Iorque: Columbia University Press, 1962-1965), 50.

espaço, quando grandes dessemelhanças conceituais estão envolvidas. Mas esse certamente não é o caso geralmente ou necessariamente. Insistir que as deliberações sobre a natureza e a função das leis em São Tomás de Aquino são incomensuráveis com aquelas que há em Kant é como dizer que os Alpes e as Rochosas não podem ser cadeias de montanhas por serem tão diferentes. Afinal, a própria questão diante de nós – "Será que os filósofos podem discordar, e como isso pode ocorrer?" – é ela mesma uma questão com a qual os filósofos lidaram repetidas vezes.

Negar a possibilidade de discordância filosófica é abandonar desde início o empreendimento enquanto projeto cognitivo que faça sentido. Pois onde não há nenhuma perspectiva futura de discordância, também não há nenhuma perspectiva futura de concordância. Sem a perspectiva futura de problemas e teses compartilhados considerados em comum por pensadores diversos, toda esperança de interpretação e compreensão é perdida. Se o contato conceitual através do abismo de crenças conflitantes fosse impossível, então, dada a diversidade de suas visões, todos os filósofos estariam condenados à incompreensão mútua. Cada pensador – de fato, cada um de nós – estaria trancado dentro das muralhas impenetráveis de nosso próprio mundo de pensamento. Se uma mente filosófica não pode se conectar com outra, então nós mesmos não podemos nos conectar com ninguém. Na ausência da relacionalidade com outros tempos e lugares, o historiador seria confrontado com questões com as quais ele seria incapaz de lidar. Se Kant não pode lidar com os problemas de Hume, tampouco o pode Collingwood. Nós mesmos estaríamos condenados ao solipsismo filosófico – incapazes de fazer uma avaliação racional das ideias de qualquer outro pensador, devido a uma inabilidade de fazer contato conceitual. E se os filósofos não podem falar uns com os outros, então eles tampouco podem falar conosco.

Anedotas relacionadas

1. A torre de Babel, 21
30. A verdade de Averróis, 131

Leituras adicionais

Collingwood, R. G. *An Autobiography* [*Uma Autobiografia*]. Oxford: Clarendon, 1939.

Collingwood, R. G. *Speculum Mentis* [*O Espelho da Mente*]. Oxford: Clarendon, 1924.

Inglis, Fred. *History Man: The Life of R. G. Collingwood* [*O Homem da História: a Vida de R. G. Collingwood*]. Princeton: Princeton University Press, 2009.

Johnson, Peter. *Collingwood's The Idea of History: A Reader's Guide* [*A Ideia de História de Collingwood: um Guia para o Leitor*]. Londres: Bloomsbury, 2013.

Randall, John Herman. *The Career of Philosophy* [*A Carreira da Filosofia*]. Nova Iorque: Columbia University Press, 1962-1965.

84

O ômega de Teilhard

O estudioso e cientista francês Teilhard de Chardin (1898-1955) tinha uma mistura incomum de interesses e talentos, sendo ao mesmo tempo um paleontólogo, um filósofo e um teólogo.

Sendo ele sacerdote e membro da Sociedade de Jesus, as ideias teológicas de Teilhard receberam desaprovação e foram condenadas nos círculos católicos oficiais durante sua vida, mas a grandeza de sua visão e a sinceridade de sua cristologia lhe granjearam postumamente respeito e admiração nos níveis mais altos.

A grande concepção de Teilhard é a do Ponto Ômega, um estado final de evolução cósmica teleologicamente orientado no qual há uma união final entre homem, natureza e espírito divino: uma fusão na qual a evolução biológica, a motivação cognitiva e a função espiritual se aglutinam em uma síntese harmoniosa na materialização dialética do desenvolvimento cósmico.

Teilhard imaginou assim um grande desenrolar do processo histórico do mundo, em que desenvolvimento biológico, evolução cósmica e escatologia teológica se juntam em uma grande síntese de realização final teleológica.

Teilhard formulou o tema como se segue:

Vimos e admitimos que a evolução é uma ascensão rumo à consciência. Isso não mais é contestado, nem mesmo pelos mais materialistas, ou em todo caso pelos mais agnósticos dos humanitários. *Portanto, ela deveria culminar adiante em algum tipo de consciência suprema.* [...]

Todas as nossas dificuldades e repulsões no que diz respeito à oposição entre o Todo e a Pessoa seriam dissipadas, se apenas compreendêssemos que, pela estrutura, a noosfera (e, de modo mais geral, o mundo) representa um todo que é não apenas fechado, mas também *centrado*. Uma vez que ele contém e engendra a consciência, o espaço-tempo tem necessariamente *uma natureza convergente*. Consequentemente, suas enormes camadas, seguidas na direção correta, devem, em algum lugar à frente, se espiralar sobre si mesmas até um ponto que podemos chamar de *Ômega*, que as funde e consome integralmente em si mesmo. [...]
Assim, seria errôneo representar para nós mesmos o Ômega simplesmente como um centro nascido da fusão dos elementos que ele reúne, ou aniquilando-os em si mesmo. Por sua estrutura, o Ômega, em seu princípio último, só pode ser *um Centro distinto radiante no cerne de um sistema de centros*; um agrupamento no qual a personalização do Todo e as personalizações dos elementos alcançam seu máximo, simultaneamente e sem se unificar, sob a influência de um foco de união supremamente autônomo.[1]

Ao longo dessas linhas, Teilhard imaginou uma fusão do projeto inteligente do platonismo com a biologia evolutiva e a teologia monoteísta. Suas posições multifacetadas mostram vividamente que mesmo nessa hora tardia ainda é possível – apesar de difícil – para estudiosos e cientistas sérios nadar contra a corrente da opinião predominante sem uma perda total de credibilidade.

Anedotas relacionadas

14. O Demiurgo de Platão, 71
57. A realidade de Hegel, 235
74. Os novos homens de Wells, 299

---

[1] Teilhard de Chardin, *The Phenomenon of Man* [*O Fenômeno Humano*] (Nova Iorque: Harper, 1976), 258-263.

Leituras adicionais

Chardin, Teilhard de. *The Divine Milieu* [*O Meio Divino*]. Nova Iorque: Harper, 2001.

Chardin, Teilhard de. *The Phenomenon of Man* [*Os Fenômenos Humano*]. Nova Iorque: Harper, 1976.

Grumett, David. *Teilhard de Chardin*. Dudley: Peeters, 2005.

Spaight, Robert. *The Life of Teilhard de Chardin* [*A Vida de Teilhard de Chardin*]. Nova Iorque: Harper and Row, 1967.

V

A ERA CORRENTE, DE 1900 AO PRESENTE

85

Psicologia de ficção científica

A imensa e diversificada literatura de ficção científica levanta uma multidão de questões curiosas sobre manipulação do cérebro, nas linhas do seguinte cenário: um operativo perverso – um cientista louco ou uma agência governamental maligna – inventa um dispositivo de transferência de ondas cerebrais que troca as memórias, gostos, preferências, anseios, ou mesmo o conhecimento total de um indivíduo pelos de outro.

Dada essa situação, as questões que agora emergem são: qual é qual, e quem é quem? O próprio conceito de identidade pessoal é assim posto em questão. Por exemplo, será que a identidade da pessoa depende da continuidade física ou da continuidade psíquica?

Com esse tipo de questão em vista, a literatura contemporânea da filosofia da mente presenciou uma invasão de androides. Sua paisagem está cheia de robôs cujo comportamento comunicativo é notavelmente antropoide (será que eles são "conscientes" ou não?), e de trocas de personalidade entre pessoas (qual delas é "a mesma pessoa"?). Ao examinar tais questões, os teóricos pretendem estar esclarecendo as concepções em discussão. Mas todos esses procedimentos têm na verdade uma significância bastante duvidosa. Pois as assunções em questão separam à força algo que normalmente está unido – e o fazem em circunstâncias nas quais os conceitos que usamos são baseados em um certo pano de fundo de "normalidade".

No fim, nenhuma hipótese supostamente esclarecedora deveria arbitrariamente separar aquilo que os fatos básicos deste mundo uniram – de qualquer modo, não quando tenta elucidar conceitos cuja própria existência é baseada nesses fatos. Pois no curso normal das coisas, aqueles conceitos coordenados são o que funciona, (geralmente) resolvidos apenas pela cooperação favorável de circunstâncias empíricas, em que a tensão poderia existir apenas em teoria, pois os fatos (conforme nós os enxergamos) são devidamente cooperativos. Mas quando abandonamos o apoio desses fatos, tendo em vista os interesses do esmero teórico, a tensão se torna destrutiva. Pois aquelas tentativas de "esclarecimentos" através do uso de casos extremos e exemplos fantásticos de ficção científica geram pressões que rompem os vínculos que mantêm unidos nossos conceitos. Quando colocamos a realidade de lado e embarcamos em hipóteses implausíveis, dificuldades intratáveis se acumulam sobre nós.

O destino trágico da filosofia é ser limitada a perseguir os interesses da racionalidade abstrata por meio de conceitos feitos para acomodar os fatos da experiência; ter de sondar o meramente possível com instrumentos de pensamento que evoluíram para lidar com o concretamente real; ser limitada a abordar o necessário usando a linguagem do contingente. Na filosofia, temos de estar preparados para aproximações e analogias que limitam nossas generalizações ao curso normal e ordinário das coisas. Hipóteses que lançam ao vento nossa compreensão dos modos do mundo aniquilam assim os próprios conceitos com base nos quais nossas deliberações devem ser conduzidas.

Anedotas relacionas

3. Os teólogos animais de Xenófanes, 29
17. O preceito de Aristóteles sobre a precisão, 81
30. A verdade de Averróis, 131
82. Os pressupostos de Collingwood, 329

Leituras adicionais

Chisholm, Roderick M. *Person and Object* [*Pessoa e Objeto*]. Chicago: Open Court, 1976.

Miller Jr., Fred D., e Nicholas D. Smith. *Thought Probes* [*Sondas de Pensamento*]. Englewood Cliffs: Prentice-Hall, 1980.

Rescher, Nicholas. *Philosophical Standardism* [*Padronização Filosófica*]. Pittsburgh: University of Pittsburgh Press, 1994.

Shoemaker, Sydney, e Richard Swinburne. *Personal Identity* [*Identidade Pessoal*]. Oxford: Blackwell, 1984.

O contrassenso de Ayer

Os positivistas lógicos dos anos 1930 eram abertamente ideólogos científicos para quem a verificação observacional de nossas alegações factuais era não apenas um determinante da verdade dessas alegações, mas também um padrão de significado que era um prerrequisito indispensável. No mundo anglófono, A. J. Ayer (1910-1989) foi seu principal porta-voz, e ele apresentou o assunto em termos rigorosos como se segue: "Se uma proposição putativa falha em satisfazer esse princípio [de verificabilidade observacional] e não é uma [mera] tautologia, então eu sustento que ela é metafísica, e então, sendo metafísica, ela não é nem verdadeira nem falsa, mas literalmente sem sentido".[1] A verificabilidade observacional era considerada a marca do sentido para todo discurso substantivo, aniquilando então, como verborragia sem sentido, a maior parte do filosofar tradicional, pejorativamente tachado como "metafísico".

O problema que derrotou esse zelo positivista acerca do significado foi o problema da demarcação de fronteiras. Pois o curso dos desenvolvimentos mostrou que nenhuma concepção viável de verificabilidade podia efetuar uma divisão aceitável entre especulação filosófica, por um lado, e teorização científica, por outro. Toda proposta para implementar a ideia de testabilidade observacional resultou em jogar alguns bebês científicos fora junto com a água metafísica do banho.

---

1 A. J. Ayer, *Language, Truth and Logic* [*Linguagem, Verdade e Lógica*] (Nova Iorque: Dover, 1952), introdução.

Quais eram exatamente os limites de verificabilidade a serem estabelecidos? Em assuntos *práticos*, podemos traçar fronteiras organizadas – apesar de artificiais. Quando alguém é maduro o suficiente para se casar ou para votar? Só Deus sabe! Mas a lei fixa uma divisão arbitrária aos dezoito ou vinte e um anos de idade, ou o que quer que a jurisdição determine. Mas em assuntos *teóricos*, fronteiras organizadas não podem ser fixadas com precisão aceitável. Quando é que aquele navio constantemente reconstruído é "o mesmo", em vez de outro; quando é que um artefato é "uma obra de arte", em vez de um candidato para o carrinho de compras; quando é que uma teoria é científica, em vez de mera especulação? Tais questões de fronteiras são sempre intratáveis, e se os positivistas tivessem tido uma mente menos doutrinariamente fechada, eles poderiam ter pendurado seus chapéus em um cabide mais seguro.

Outra área na qual o positivismo encontrou os maiores obstáculos foi em relação à normatividade avaliativa. Pois as observações só podem alcançar aquilo que existe; a esfera daquilo que deveria existir está além de seu alcance. O positivismo nunca foi capaz de lidar de modo convincente com questões de valores e moral, e por essa razão nunca conseguiu realizar incursões entre filósofos que se envolveram profundamente com essas esferas de deliberação.

Anedotas relacionadas

19. A verdade de Pilatos, 93
81. O atiçador de Wittgenstein, 325
87. A falsidade de Popper, 351

Leituras adicionais

Ayer, A. J. *Language, Truth, and Logic* [*Linguagem, Verdade e Lógica*]. Nova Iorque: Dover, 1952.

Hempel, Carl G. "Problems and Changes in the Empiricist Criterion of Meaning" ["Problemas e Mudanças no Critério Empirista de Significado"], *Revue Internationale de Philosophie* [*Revista Internacional de Filosofia*] 41 (1950): 41-46.

Jorgensen, Jorgen. *The Development of Logical Positivism* [*O Desenvolvimento do Positivismo Lógico*]. Chicago: University of Chicago Press, 1951.

Passmore, John. *Philosophical Reasoning* [*Raciocínio Filosófico*]. Nova Iorque: Scribners, 1961.

87

A falsidade de Popper

A investigação racional foi geralmente caracterizada como a busca pela verdade. Entretanto, alguns pensadores buscaram virar essa ideia de cabeça para baixo, priorizando não a obtenção da verdade, mas a evitação da falsidade.

O principal foi o filósofo austro-britânico Karl R. Popper (1902-1994), que sustentou que a investigação racional, e particularmente a investigação científica, é uma questão não de determinar a verdade, mas de eliminar a falsidade:

> A ciência não é um sistema de enunciados certos, ou bem estabelecidos; tampouco é um sistema que avança constantemente rumo a um estado de finalidade. Nossa ciência não é conhecimento (*epistémê*): ela nunca pode afirmar ter alcançado a verdade, ou mesmo um substituto para ela, tal como a probabilidade. [...] Na Ciência, nós não sabemos: podemos apenas adivinhar. E nossas adivinhações são guiadas pela fé não-científica, metafísica (embora biologicamente explicável), em leis, em regularidades que podemos desvelar – descobrir. [...] Nosso método de pesquisa não é defendê-las a fim de provar o quanto estávamos certos. Pelo contrário, tentamos derrubá-las. Usando todas as armas de nosso arsenal lógico, matemático e técnico, tentamos provar que nossas antecipações eram falsas – a fim de apresentar, no lugar delas, novas antecipações injustificadas e injustificáveis,

novos "preconceitos precipitados e prematuros", como Bacon pejorativamente os chamou.[1]

Vendo que a ciência geralmente avança por meio de teorias posteriores que suplementam versões anteriores e inadequadas, Popper sustentou que a eliminação do erro é a parte crucial da investigação, e que a detecção da falsidade é o caminho para o progresso.

A posição de Popper lembra o princípio de eliminação de Sherlock Holmes: "Quando você eliminou todas as outras possibilidades, aquela que resta, não importando quão improvável, deve ser a verdade".

Apesar de sua aparência plausível, todavia, essa priorização popperiana da eliminação da falsidade tem seus problemas. Pois somente quando estamos lidando com um conjunto finito de possibilidades coletivamente exaustivas é que estamos seguros de chegar mais próximos da verdade conforme eliminamos possibilidades incorretas. Sempre que aquele conjunto de possibilidades é indeterminado – ou mesmo, até onde sabemos, infinito – em seu escopo, a eliminação pelo falseamento é um processo infrutífero que não nos levará para mais perto das realidades do assunto. Em um cenário artificial – como aquele dos clássicos contos de detetive de Agatha Christie – eliminar os suspeitos um a um fará com que cheguemos ao mordomo que cometeu o crime. Mas no caso de um assassino na vida real nas ruas de Chicago – e mais ainda na busca de um remédio para o resfriado comum – a prática da eliminação de um suspeito de cada vez não é um procedimento promissor.

Como C. S. Peirce já havia enfatizado bem antes de Popper, a eliminação da falsidade terá pouca utilidade na busca pela verdade, a menos que a eliminação de respostas incorretas reduza cada vez mais o campo das possibilidades ainda abertas àquelas que são inerentemente mais plausíveis e promissoras. O método falsificacionista de investigação de Popper exige que a resposta verdadeira se encontre em um conjunto pré-identificado de alternativas – uma condição que muito facilmente

---

[1] Karl R. Popper, *The Logic of Scientific Discovery* [*A Lógica da Descoberta Científica*] (Nova Iorque: Basic, 1969), 278-279.

permanece insatisfeita e que é, de fato, impossível de satisfazer em assuntos científicos nos quais a verdade é geralmente uma agulha em um palheiro insondável.

Anedotas relacionadas

38. O alicerce firme de Descartes, 165
61. O elefante desconcertante de Saxe, 251
93. A satisfação de Simon, 373
99. O quarto chinês de Searle, 397

Leituras adicionais

Popper, Karl R. *The Logic of Scientific Discovery* [*A Lógica da Descoberta Científica*]. Nova Iorque: Basic, 1969.

Rescher, Nicholas. *Peirce's Philosophy of Science* [*A Filosofia da Ciência de Peirce*]. Notre Dame: University of Notre Dame Press, 1978.

88

A ameaça de Boulding

Em um intrigante artigo de 1965 intitulado "A Ameaça de Matusalém" ["The Menace of Methuselah"], Kenneth Boulding (1910-1993), um influente economista, teórico social e reformador americano, contemplou as implicações sociais e econômicas de um tempo de vida humana substancialmente aumentado. E ali sua análise deixou claro que o que parece ser, do ponto de vista dos indivíduos, um efeito positivo irrestrito – o aumento de nossa expectativa de vida –, pode provar-se, do ponto de vista da sociedade em geral, como sendo uma negatividade decisiva.

Especificamente, o pensamento de Boulding seguia a seguinte linha: suponhamos que a expectativa de vida dos seres humanos aumentasse rapidamente de algum modo, passando de aproximadamente setenta para setecentos anos. Que tipo de consequências seguramente previsíveis um tal alongamento drástico do tempo de vida teria para os arranjos sociais e, acima de tudo, econômicos da sociedade? No encalço dessas deliberações, Boulding examinou questões como:

- O amontoamento de populações humanas conforme a taxa de saída do palco do mundo é diminuída;
- O escopo diminuído para novos talentos, conforme a vida produtiva de gênios e indivíduos exemplares tem sua duração multiplicada;
- A concentração de riquezas sob o impacto dos juros compostos.

Através de uma multidão de exemplos desse tipo, Boulding conseguiu justificar o título de seu artigo demonstrando que um vasto leque de consequências claramente negativas derivaria inevitavelmente do prolongamento substancial da vida.

A especulação de Boulding é altamente iluminadora para deliberações acerca de políticas públicas. Por um lado, ela serve para mostrar que incursões significativas em assuntos sociais e políticos sempre têm de ser realizadas de modo sistemático. A perspectiva futura de resultados indesejáveis e danos colaterais é frequentemente inevitável nesses assuntos. Mudanças planejadas "com as melhores das intenções" para resolver um problema frequentemente podem produzir resultados indesejáveis em outros lugares – e, de fato, frequentemente o farão. E o equilíbrio resultante de positividades e negatividades deveria sempre ser levado em conta cuidadosamente na inovação social.

Por outro lado, a especulação de Boulding manifesta o valor de "pensar fora da caixa". Ordinariamente nos inclinaríamos a pensar que, já que consideramos benignamente a longevidade como uma coisa boa, quanto mais dela melhor. Mas aquela hipótese de Matusalém claramente mostra que esse não é o caso de modo algum. Arranjos que à primeira vista poderiam parecer desejáveis podem ter consequências inesperadas, que enfaticamente não o são.

Anedotas relacionadas

18. O meio-termo dourado de Aristóteles, 87
48. As abelhas de Mandeville, 205

Leituras adicionais

Boulding, Kenneth. "The Menace of Methuselah" ["A Ameaça de Matusalém"], *Journal of the Washington Academy of Sciences* [*Revista da Academia de Ciências de Washington*] 55 (1965): 171-179.

Rescher, Nicholas. "Why Isn't This a Better World?" ["Por Que este não é um Mundo Melhor?"]. *Reason and Religion* [*Razão e Religião*]. Frankfurt: ONTOS, 2013.

Os verbos de Austin

O filósofo de Oxford, John L. Austin (1911-1960), foi um membro importante da escola da filosofia da linguagem ordinária, que buscava extrair lições filosóficas da atenção cuidadosa sobre o modo como a linguagem é usada por falantes educados na comunicação cotidiana. A ideia orientadora era que, nas deliberações filosóficas, "devemos prestar atenção aos fatos da linguagem *real*, o que podemos e não podemos dizer, e *precisamente* por quê".[1]

Austin reclamava que os filósofos se fixam em afirmações factuais e alegações de conhecimento, excluindo a grande variedade de outras coisas que fazemos – e que podemos fazer – com a linguagem. E, consequentemente, ele reclamou: "Uma coisa, no entanto, que será muito perigoso fazer, e que somos muito inclinados a fazer, é considerar que sabemos *de algum modo* que o uso primário ou primitivo das sentenças deve ser, pois deveria ser, enunciativo ou constativo no sentido preferido pelos filósofos, de simplesmente pronunciar algo cuja única pretensão é ser verdadeiro ou falso e que não é sujeito à crítica em qualquer outra dimensão. Nós certamente não sabemos que esse é o caso".[2]

Segundo a visão de Austin, as deliberações filosóficas acerca da linguagem se prenderam ao papel informativo da linguagem, negligenciando outros usos importantes da linguagem. E ele reclamou que isso levou os

---
1 J. L Austin, *Philosophical Papers* [*Artigos Filosóficos*] (Oxford: Clarendon, 1961), 37.
2 J. L. Austin, *How to Do Things with Words* [*Como Fazer Coisas com Palavras*] (Cambridge: Harvard University Press, 1962), 72.

filósofos a uma transição bastante inapropriada de atos de fala para "atos de conhecimento" – que são meramente uma ilusão linguística (em vez de uma ilusão de ótica). Pois – assim argumentou Austin – tais coisas simplesmente não existem.

Assim, considere que as atividades nas quais as pessoas podem se envolver sejam representadas por respostas possíveis à pergunta "O que você está fazendo?". Aqui Austin enfatizou que há um contraste importante entre verbos que podem responder a essa pergunta e verbos que não podem. Portanto, alguém pode dizer: *Estou envolvido em* –

- correr a corrida;
- estudar cálculo;
- procurar minha bolsa perdida.

Mas alguém não pode dizer: *Estou envolvido em* –

- vencer a corrida;
- entender cálculo;
- encontrar minha bolsa perdida.

As primeiras são *atividades* que podem resultar na realização dos *estados* posteriores, se levadas a uma conclusão bem-sucedida. Mas aqueles estados representam resultados e não atividades: eles não são ações que estou fazendo, mas resultados (possíveis) dessas ações.

E Austin observou que esse é justamente o caso do conhecimento: ele não é uma atividade, mas um estado final, um resultado possível. Em um uso apropriado, você não pode dizer "Estou conhecendo que 2 + 2 = 4". Você pode estar envolvido em *aprender* um fato, mas não em *conhecê-lo*. O verbo "conhecer" ["*to know*"] não admite um tempo *presente contínuo* no uso correto em inglês. E assim, pensar e falar como se houvesse algo como um "ato, ação ou atividade de conhecer" é simplesmente um engano gramatical. O conhecimento não é um tipo de atividade, mas um possível estado final no qual vários tipos de atividades, como investigar, ou aprender, ou memorizar, podem resultar. Aqueles teóricos que deliberaram sobre "atos de conhecimento" estavam simplesmente latindo embaixo das árvores erradas.

Com base em tais exemplos, Austin e seus seguidores sustentaram que a confusão filosófica e o erro podem frequentemente (e alguns extremistas pensaram que podem *sempre*) ser evitados pela atenção apropriada dada aos detalhes linguísticos.

Anedotas relacionadas

1. A torre de Babel, 21
15. O conhecimento de Platão, 75

Leituras adicionais

Austin, J. L. *How to Do Things with Words* [*Como Fazer Coisas com Palavras*]. Cambridge: Harvard University Press, 1975.

Austin, J. L. *Philosophical Papers* [*Artigos Filosóficos*]. Oxford: Clarendon, 1961.

Urmson, J. O, *et al.* "J. L. Austin". Em *The Linguistic Turn* [*A Virada Linguística*]. Editado por R. Rorty. Chicago: University of Chicago Press, 1967.

Warnock, G. J. *J. L. Austin*. Londres: Routledge, 1989.

90

As desculpas de Austin

O texto "Um Apelo por Desculpas" ["A Plea for Excuses"] de J. L. Austin é uma tentativa clássica de extrair lições filosóficas de uma atenção cuidadosa prestada ao uso linguístico ordinário. Considere o seguinte:

- Quando devolvo o dinheiro ao gêmeo idêntico da pessoa que o emprestou, faço isso "por engano" – mas um engano que é "apenas natural" e que deveria ser considerado virtualmente desprovido de culpa;
- Quando derrubo você porque escorreguei em uma casca de banana, faço-o inadvertidamente "por acidente", e não sou culpado.

Há muitos casos em que faço sem ser culpado algo que eu não deveria fazer – e que certamente eu não faria se o mundo fosse um lugar mais cooperativo e amigável para com seus usuários.

Mas infelizmente ele não é. E não há nenhuma maneira de explicitar em detalhes exaustivos todas as circunstâncias que poderiam constituir uma desculpa apropriada para um ato infeliz. Não se pode listar todas essas condições concebivelmente desculpáveis – há simplesmente possibilidades demais. Posso ser desculpado por falhar em cumprir um compromisso por "circunstâncias além do meu controle", mas também é possível que eu devesse ter exercido um devido cuidado para impedir que essas circunstâncias surgissem.

E às vezes uma desculpa que de outro modo seria válida pode deixar de funcionar. Aqui Austin insistiu que não há nenhuma maneira adequada de explicitar de antemão o que esse conjunto de circunstâncias invalidadoras das desculpas inclui:

> Examinar desculpas é examinar casos onde houve alguma anormalidade ou falha: e como frequentemente ocorre, o anormal lançará luz sobre o normal, nos ajudará a penetrar o véu cegante da facilidade e da obviedade que esconde os mecanismos do ato natural bem-sucedido. Torna-se rapidamente claro que os colapsos sinalizados pelas várias desculpas são de tipos radicalmente diferentes, afetando diferentes partes ou estágios do maquinário, que as desculpas consequentemente selecionam e destacam para nós.[1]

A conclusão que Austin propôs tirar de uma atenção cuidadosa prestada ao uso linguístico é que em questões sobre o caráter apropriado ou inapropriado das ações não há nenhuma perspectiva futura de alcançar um nível de detalhes pleno e abrangente, e não há nenhuma esperança de encontrar regras explícitas de precisão algorítmica.

A principal entre as maiores lições aqui é o fato de que há uma necessidade indispensável de bons julgamentos em questões de ética. As regras e princípios atuantes aqui (tão prezados por teóricos rigoristas como Kant) não são, enfim, nada mais que orientações cuja implementação apropriada exige bom senso e sensibilidade.

Anedotas relacionadas

2. O burro de Esopo, 25
52. O menino de Kant, 219
93. A satisfação de Simon, 373

---

[1] J. L. Austin, "A Plea for Excuses" ["Um Apelo por Desculpas"], *Proceedings of the Aristotelian Society* [*Atas da Sociedade Aristotélica*] 57 (1956-1957): 5--6.

Leituras adicionais

Austin, J. L. "A Plea for Excuses" ["Um Apelo por Desculpas"]. *Proceedings of the Aristotelian Society* [*Atas da Sociedade Aristotélica*] 57 (1956-1957): 1-30.

Statman, Daniel, ed. *Moral Luck* [*Sorte Moral*]. Albany: SUNY Press, 1993.

91

O teste de Turing

Será que máquinas podem pensar? Uma pergunta interessante! Mas antes de abordá-la, seria melhor fazer outra: o que indica a presença do pensamento? Por qual padrão devemos julgar que o pensamento está atuando e que um ser inteligente estaria em questão, quando se trata de um produto engenhoso de artifício científico?

O logicista, matemático e criptoanalista inglês Alan Turing (1912-1954) propôs aqui um teste que soa simples. Segundo a visão dele, deveríamos estar preparados para atribuir inteligência a máquinas se e quando não pudéssemos distinguir em situações de interrogatório entre a operação delas e a de seres humanos. O procedimento resultante do teste de Turing é, portanto, simples: realize um diálogo de perguntas e respostas com o interlocutor. Se e quando não houver nenhuma maneira (interna ao diálogo) de dizer se é um ser humano ou uma máquina que está respondendo, aquele interlocutor deve ser reconhecido como um ser inteligente.

Mas será que esse é um teste razoável?

É hoje transparentemente claro que, ao responderem perguntas sobre movimentos aconselháveis de xadrez, computadores podem se sair tão bem quanto humanos. Além disso, suponha que a agenda de perguntas inclua um pedido de uma informação do tipo que pode ser encontrado em um livro de referência – um dicionário, digamos, ou uma enciclopédia ou almanaque. Uma vez que esse tipo de coisa poderia ser programado na memória de busca de um computador, supostamente não haveria nenhuma maneira possível de distinguir a natureza de nosso respondente – exceto, talvez, por meio de uma performance superior! (Afinal, "errar é humano") Claramente, há um conjunto impressionante de coisas humanas que um computador também pode fazer tão bem quanto nós mesmos – ou ainda melhor. Mas em que ponto esse tipo de performance estabelece um pensamento real?

Suponha que perguntemos a nosso respondente sobre suas próprias atividades: você responderá todas as minhas perguntas com sinceridade? Você responderá mais perguntas amanhã? Você responderá afirmativamente à próxima pergunta que eu lhe fizer? Novamente, contanto que mentir seja uma opção disponível, aqui também não haverá nenhuma maneira direta de distinguir qual o tipo de interlocutor em questão, se um ser pensante ou um autômato engenhosamente programado.

Aparentemente, se há de fato uma diferença de performance inteligente entre humanos e máquinas, o teste de Turing simplesmente não é forte o suficiente para detectá-la. Algo mais desafiador pode ser necessário. Mas o que mais – além de intercâmbios de pergunta e resposta – poderia ser invariavelmente exigido?

Uma possibilidade poderia ser mudar de respostas verbais para performativas, mudando de perguntas factuais para instruções. O problema com o teste de Turing parece estar na natureza excessivamente intelectualizada e puramente textual de seu procedimento. Para qualificar um ser como artificialmente inteligente – um ser cujos procedimentos são baseados em pensamentos reais – devemos monitorar não apenas comportamentos verbais, mas também comportamentos realmente manipulativos: não apenas textos, mas também ações. Talvez a verbalização simplesmente não seja suficiente, e a *ação* inteligente seja um requisito para o pensamento. A capacidade de responder de maneira inteligente ao nível de perguntas concretas pode não ser adequada para estabelecer as credenciais do pensamento da maneira como seria de se esperar para seres inteligentes. Pois, dadas as limitações da linguagem, as perguntas terão um conjunto restrito e bem definido de respostas possíveis, ao passo que o conjunto de respostas possíveis no nível comportamental pode se provar potencialmente aberto e ilimitado.

Anedotas relacionadas

32. O debate de Valladolid, 141
45. O moinho de vento de Leibniz, 193
74. Os novos homens de Wells, 299
99. O quarto chinês de Searle, 397

Leituras adicionais

Cooper, C. B., e Jan Van Leeuwen, eds. *Alan Turing: His Work and Impact* [*Alan Turing: Sua Obra e Impacto*]. Nova Iorque: Elsevier, 2013.

Leavitt, David. *The Man Who Knew Too Much: Alan Turing and the Invention of the Computer* [*O Homem que Sabia Demais: Alan Turing e a Invenção do Computador*]. Nova Iorque: W. W. Norton, 2006.

92

As maçãs de Urmson

O filósofo de Oxford, J. O. Urmson (1915-2012), é usualmente classificado como um membro da escola da filosofia da linguagem ordinária, embora ele próprio nunca tenha endossado um método particular de compreensão, acreditando que "o filósofo vê o que precisa ser feito e o faz". Uma das coisas que Urmson pensava que precisavam ser feitas era defender a racionalidade da valoração, em oposição àqueles que, como A. J. Ayer e os positivistas lógicos, a enxergavam como uma verborragia sem sentido, ou que, como C. L. Stevenson, da Universidade de Michigan, a enxergavam como um preferencialismo puramente pessoal, "questão de gosto", com "x tem valor" equivalendo a "eu aprovo X".

Urmson se dedicou a refutar esse niilismo de valores, não por meio de princípios gerais, mas por meio de um exemplo concreto, um estudo de caso. E para essa finalidade ele se concentrou em algo simples e comum: maçãs. A valoração delas, enfatizou ele, não é arbitrária e sem fundamento: há padrões de fundamentação definidos, definidos por agricultores para estabelecer o grau de qualidade de diferentes tipos de maçãs e classificá-las em vários níveis de qualidade (super ou extra sofisticadas, e assim por diante). Consequentemente, a base para suas deliberações não tinha origem na especulação de algum filósofo, mas nos regulamentos do Ministério da Agricultura e da Pesca para graduar e empacotar maçãs. Nesse âmbito há características factualmente determinadas – acessíveis à observação e à inspeção – que disponibilizam critérios determinantes da qualidade. E esses padrões cognitivamente convincentes e comumente aceitos fornecem a valoração significativa e informativa da qualidade das maçãs. E os mesmos tipos de processos atuam no julgamento da qualidade em exposições de flores, em exposições de cães, e coisas semelhantes. Assim, segundo a visão de Urmson: "Sendo os enunciados de gradação, conforme eu sustento, objetivamente decidíveis, eles são, por muitas razões, mais importantes e impressionantes que meras indicações de preferências e aversões pessoais. [Por essa mesma razão] nós, portanto, tendemos a usá-los [mesmo] quando tudo que temos realmente o direito de fazer é enunciar nossas preferências e aversões".[1]

E assim, argumentava Urmson, aqueles teóricos que adotam uma posição desdenhosamente subjetivista em questões de gradação valorativa simplesmente ignoram as realidades da prática concreta. Em sua adesão cega a sua ideologia doutrinal, os céticos acerca de valores ignoram o fato de que a valoração não é um procedimento idiossincrático e ineficaz, mas um processo racional que é – ou deveria ser – sujeito a regras contextualmente convincentes. E Urmson via essa situação como particularmente proeminente em assuntos éticos e morais:

> A resistência a reconhecer o mecanismo ordinário de gradação como operante na moral é estabelecida pelo fato não questionado de que a gradação moral é muito mais importante; temos sentimentos muito mais fortes sobre a obtenção de graus morais elevados do que outros [tipos de gradação]. Ser um bom jogador de críquete é algo excelente à sua maneira, mas não vital; ser um bom cidadão, um bom pai, um bom homem, é algo muito diferente. Isso cria a impressão de que chamar alguém de um bom homem é logicamente diferente de chamá-lo de um bom jogador de críquete. O único argumento que levantarei sobre isso é que ao atribuir graus às pessoas em assuntos não-morais e ao atribuir graus a coisas estamos lidando com qualificações dispensáveis nas pessoas, e com coisas dispensáveis. Mas a gradação moral afeta a totalidade da vida e do intercurso social de alguém – um baixo grau nisto faz com que outros graus elevados não sejam importantes.[2]

---

1 J. O. Urmson, "On Grading" ["Sobre a gradação"], *Mind* [*Mente*] 59 (1950): 163.
2 Urmson, "On Grading", 168.

Vista sob essa luz, a valoração desempenha um papel significativo e apropriado nos assuntos humanos. E Urmson argumentou que ela o faz sobre bases essencialmente factuais e empíricas, refletindo a resposta natural dos seres humanos em situações nas quais seus interesses estão em jogo.

Anedotas relacionadas

3. Os teólogos animais de Xenófanes, 29
61. O elefante desconcertante de Saxe, 251
80. O urinol de Duchamp, 321

Leituras adicionais

Dancy, Jonathan, *et al.*, eds. *Human Agency: Language, Duty, and Value* [*Ação Humana: Linguagem, Dever e Valor*]. Stanford: Stanford University Press, 1988.

Urmson, J. O. *The Emotive Theory of Ethics* [*A Teoria Emotiva da Ética*]. Londres: Hutchinson, 1968.

Urmson, J. O. "On Grading" ["Sobre a Gradação"]. *Mind* [*Mente*] 59 (1950): 145-169.

93

A satisfação de Simon

Os economistas são geralmente extremistas: para a maioria deles, o nome do jogo é maximização (por exemplo, da efetividade em relação aos custos) ou minimização (por exemplo, do esforço). Mas o teórico da informação e economista americano vencedor do prêmio Nobel, Herbert Simon (1916-2001), provou ser uma exceção crucial nesse caso. Ele propôs a ideia de que os tomadores de decisões na vida real não se esforçam para alcançar soluções ótimas e maximamente efetivas, mas sim soluções *satisfatórias*, ao optarem por aquelas que são meramente boas o suficiente para suprirem as necessidades da situação. Onde outros enxergaram a racionalidade econômica como exigindo uma otimização visando o melhor realizável, Simon enxergou como sendo crucial uma *racionalidade delimitada* que se conforma com o que é bom o suficiente para os propósitos à mão.

Há uma boa dose de bom senso prático nessa abordagem. E há muita verdade no provérbio de que o melhor é inimigo do bom. Pois ao se esforçarem por uma perfeição inalcançável, as pessoas frequentemente perdem oportunidades mais realistas de melhorar as coisas. Assim, em questões de escolha onde nenhuma solução possivelmente agradará a todos, uma pessoa faz bem em optar por uma alternativa que cause o mínimo de aflição.

Essa situação é prontamente ilustrada em processos de votação. Assim, considere que quatro indivíduos (*A-D*) indiquem sua ordem de preferências entre quatro alternativas (*I-IV*).

	I	II	III	IV
A	1	4	3	2
B	4	1	3	2
C	4	3	1	2
D	1	3	4	2

Claramente, não há nenhuma solução ótima aqui – não importando qual alternativa seja adotada, nem todos obterão sua primeira escolha. Para cada uma das alternativas *I-III* haverá pelo menos duas pessoas que ficarão seriamente desagradadas, obtendo resultados classificados em último lugar (3 ou 4). Mas com a alternativa *IV*, embora ninguém fique maravilhado (obtenha a escolha 1), ninguém ficará gravemente descontente com um resultado classificado como 4. Assim, um bom conselho para todos é que "se acomodem" aceitando a segunda melhor opção e se contentando com algo que, embora decididamente sub-ótimo, é "bom o suficiente nas circunstâncias".

A ideia de Simon de aceitar a adequação local pode encontrar uma aplicação construtiva na própria filosofia. Pois ela pode desmotivar a respeitável, mas vã busca filosófica por um *summum bonum* global: um bem supremo. Afinal, uma busca pela "vida boa" pode, e sem dúvida deve, adotar a abordagem sensata de olhar para modos de vida que são bons o suficiente, em vez de buscar o único que é supremamente o melhor.

Anedotas relacionadas

1. A torre de Babel, 21
2. O burro de Esopo, 25
56. O paradoxo de Condorcet, 231
94. O dilema do prisioneiro, 377

Leituras adicionais

Kahneman, Daniel, Paul Slovik, e Amos Tversky. *Judgment under Uncertainty* [*Julgamento sob Incerteza*]. Cambridge: Cambridge University Press, 1982.

Simon, Herbert. *Reason in Human Affairs* [*A Razão nos Assuntos Humanos*]. Stanford: Stanford University Press, 1983.

94

O dilema do prisioneiro

No final dos anos 1940, os matemáticos Merrill Flood (1908-1991) e Melvin Dresher (1911-1992) do tanque de pensamento RAND [*Research and Development – Pesquisa e Desenvolvimento*] na Califórnia formularam um problema de teoria das decisões para o qual um matemático de Princeton, A. W. Tucker (1905-1995), deu posteriormente o formato (e o nome) de "dilema do prisioneiro". O problema apresenta a situação de dois acusados, agora separados, mas antes em colaboração, presos em uma situação na qual, se nenhum deles confessar, apenas uma acusação menor poderá ser provada contra eles, enquanto que, se ambos confessarem, uma pena pesada será imposta. Mas se um deles tem a evidência do Estado e o outro não, então a sentença daquele que confessou será substancialmente menor. A situação resultante terá o aspecto da tabela 1.

Tabela 1. Prováveis sentenças de prisão para os prisioneiros *A* e *B* (em anos de encarceramento)

	B confessa	*B* não confessa
A confessa	5/5	1/6
A não confessa	6/1	2/2

Nota: Um registro *a/b* indica uma sentença de *a* anos para *A* e *b* anos para *B*.

Aqui *A* raciocina com base em princípios padronizados de teoria das decisões, princípios de prudência com a segurança em primeiro lugar: "Se eu confessar, então, qualquer que seja a escolha de *B*, estarei melhor do que eu estaria de outro modo". E *B*, é claro, raciocinará de maneira semelhante. Assim nossos acusados chegarão ao que é claramente um resultado sub-ótimo para ambos, perdendo a oportunidade de alcançar um resultado que é mutuamente muito preferível.

Outra abordagem possível – baseada em uma consideração de probabilidades – também parece promissora. Considere que *A* avalie a probabilidade de *B* confessar como sendo *p*. Mas agora considere a tabela 2. Aqui, não importando como *A* avalie de fato a probabilidade *p* de *B* confessar, novamente, se ele próprio confessar ele obtém o que parece ser o melhor resultado, e assim, sob o ângulo da expectativa, a confissão mútua parece ser o caminho prudentemente sensato.

Tabela 2. O resultado esperado para *A* (em anos de encarceramento)

	B confessa	*B* não confessa	Expectativa
A confessa	$5p$	$1(1-p)$	$4p+1$
A não confessa	$6p$	$2(1-p)$	$4p+2$

Há claramente um paradoxo aqui. Ao fazer "a coisa racionalmente aconselhável", nossos dois prisioneiros perdem um resultado disponível que é claramente superior e mutuamente preferível.

Há, no entanto, ainda outra maneira diferente de olhar para isso. Pois *A* poderia raciocinar como se segue: suponhamos que o problema tenha uma solução racional – que é, afinal, o que está sendo pedido. Uma vez que meu oponente está exatamente na mesma posição que eu, esta terá de ser idêntica para nós dois. Assim nós dois agiremos exatamente da mesma maneira. Mas isso deixa apenas duas possibilidades, dentre as quais não confessar é obviamente a melhor. Essa perspectiva também parece inteiramente sensata.

Claramente, há diferentes linhas de abordagem aparentemente racional, em particular uma (a autoproposição de uma jogada segura) que é principalmente voltada para o resultado, e outra (racionalmente orientada) que é principalmente orientada para o processo. Do ponto de vista de um teórico, elas infelizmente conduzem a resultados divergentes. Assim, em última análise não há aqui nenhuma solução decisivamente correta. A escolha dependerá da orientação, baseada na experiência do indivíduo que escolhe, para decidir se a prioridade de ênfase deve ser dada ao egocentrismo bastante comum ou à racionalidade um tanto idealizada das pessoas.

O exemplo comunica a instrutiva lição de que há maneiras muito diferentes de abordar a questão, mas que são perfeitamente "racionais", especialmente aquelas baseadas na prudência em primeiro lugar, em considerações de simetria, e no probabilismo. A escolha que alguém faz entre as alternativas que tem diante de si se transforma em uma escolha de segunda ordem: que tipo de abordagem deve ser empregada na tentativa de resolver a questão imediata? Considerações abstratas de racionalidade teórica não podem resolver o problema de qual perspectiva adotar. A questão é uma de harmonização entre a situação específica à mão e os procedimentos teóricos disponíveis para sua solução.

Anedotas relacionadas

2. O burro de Esopo, 25
56. O paradoxo de Condorcet, 231
93. A satisfação de Simon, 373
97. A prescrição do Dr. Psycho, 389

Leituras adicionais

Axelrod, Robert. *The Evolution of Cooperation* [*A Evolução da Cooperação*]. Nova Iorque: Basic, 1984.

Harrington, Joseph E. *Games, Strategies, and Decision Making* [*Jogos, Estratégias e Tomada de Decisões*]. Nova Iorque: Worth, 2009.

Howard, Nigel. *Paradoxes of Rationality* [*Paradoxos de Racionalidade*]. Cambridge: MIT Press, 1971.

Poundstone, William. *Prisoner's Dilemma* [*O Dilema do Prisioneiro*]. Nova Iorque: Anchor, 1992.

Rapoport, A., e A. M. Chammah. *Prisoner's Dilemma* [*O Dilema do Prisioneiro*]. Ann Arbor: University of Michigan Press, 1965.

Williams, J. D. *The Complete Strategist* [*O Estrategista Completo*]. Santa Mônica: RAND, 1954.

95

Um bonde chamado Desastre

Em um artigo de 1967, a filósofa inglesa Philippa Foot (1920-2010) apresentou uma charada ética amplamente discutida, que dizia essencialmente o seguinte:

> Você está parado ao lado de um trilho, quando vê um bonde desgovernado vindo em sua direção. Claramente o condutor perdeu o controle. À frente há cinco pessoas atadas ao trilho. Se você não fizer nada, as cinco serão atropeladas e mortas. Felizmente, você está ao lado de uma alavanca comutadora: girar esse comutador fará com que o veículo fora de controle siga por um trilho lateral, um trilho de manobra, logo à sua frente. Mas há uma dificuldade: no trilho de manobra você vê uma pessoa atada ao trilho. Desviar o bonde resultará inevitavelmente na morte dessa pessoa. O que você deveria fazer?[1]

A situação do bonde oferece uma escolha entre duas alternativas desagradáveis. As alternativas são *agir* ou *não agir*, desviar ou não desviar o bonde. Os respectivos resultados são apresentados na tabela 1.

---

[1] Adaptado de David Edmonds, *Would You Kill the Fat Man?* [*Você Mataria o Gordo?*] (Princeton: Princeton University Press, 2013), 9. O exemplo de Foot apareceu originalmente na *Oxford Review* [*Revista de Oxford*] 5 (1967). Ele figurou com proeminência em seu *Virtues and Vices* [*Virtudes e Vícios*].

Tabela 1. Agir ou não agir

	Consequência	
	Para o mundo	*Para o agente*
Inação	várias vidas perdidas	liberdade em relação à responsabilidade causal por esse resultado
Ação	uma única vida perdida	suportar a responsabilidade causal por esse resultado

A pergunta operante aqui é: será que um agente moral é obrigado a assumir a responsabilidade causal por um mau resultado a fim de impedir um resultado que seja ainda pior para o esquema geral das coisas? Em suma: será que a injunção "minimize os danos" constitui uma obrigação moral? Se não, então o agente pode se abster de agir e se afastar, com a reação sempre popular: "Isso não é minha responsabilidade". Se sim, então é claro que nosso agente é obrigado a desviar o bonde, e assim suportar a responsabilidade causal pelo resultado infeliz.

Na tradição ética do Ocidente, a maioria dos sistemas éticos – sejam eles cristãos, kantianos, ou utilitaristas – aceita a minimização de danos como uma obrigação suprema. E com base nisso, nosso agente deveria lamentavelmente desviar o bonde, assumindo a culpa da responsabilidade causal como uma cruz que um agente moral tem de carregar em um mundo imperfeito. Mas em uma variante ética de não causar danos, priorizando manter as mãos limpas, nosso agente teria de "deixar a natureza seguir seu curso".

E é claro que o problema admite variações intermináveis. E se em vez daquelas cinco pessoas tivéssemos uma bomba matando mil? Ou se a escolha fosse entre um jovem sacerdote e um velho pedófilo? Muitas considerações éticas podem entrar em jogo nas variações do perturbador experimento de pensamento de Foot.

Anedotas relacionadas

2. O burro de Esopo, 25
52. O menino de Kant, 219
93. A satisfação de Simon, 373

Leituras adicionais

Cathcart, Thomas. *The Trolley Problem, or, Would You Throw the Fat Guy Off the Bridge? A Philosophical Conundrum* [*O Problema do Bonde, ou, Você Jogaria o Cara Gordo da Ponte? Uma Charada Filosófica*]. Nova Iorque: Workman, 2013.

Edmonds, David. *Would You Kill the Fat Man?* [*Você Mataria o Gordo?*]. Princeton: Princeton University Press, 2013.

Foot, Philippa. *Virtues and Vices* [*Virtudes e Vícios*]. Oxford: Blackwell, 1978.

96

A Terra Gêmea de Putnam

A ideia de uma Terra Gêmea foi apresentada em um artigo de 1973 pelo filósofo de Harvard, Hilary Putnam (1926-), para defender um argumento de amplas consequências na filosofia da linguagem. Efetivamente, seu exemplo é baseado na seguinte suposição: imagine um planeta hipotético, a Terra Gêmea, bastante semelhante à Terra, mas com uma importante diferença, a saber, que o que é universalmente reconhecido como "água" na Terra Gêmea (preenchendo seus lagos, tanques de armazenamento, banheiras, e assim por diante) na verdade não é H_2O mas alguma outra substância, W, que se comporta como água. Então é claro que por "água" aqueles habitantes da Terra Gêmea de fato entendem alguma outra coisa (a saber, W). Mas o que eles de fato pensam e dizem sobre a "água" é para todos eles (exceto, possivelmente, para os químicos durante seus horários profissionais) substancialmente o mesmo que nós pensamos e dizemos sobre o assunto.

Sendo esse o caso – assim argumentou Putnam – "água" significa outra coisa na Terra Gêmea, e, portanto, o *significado* não é algo subjetivo (algo que "se encontra na cabeça"), mas é uma questão de realidade objetiva das coisas. Pois o que ocorre na vida mental daqueles habitantes da Terra Gêmea é (ou pode-se supor que seja) o mesmo que ocorre conosco quando discutimos a água. Mas alguma outra coisa de fato está em questão: eles *pensam* sobre a água assim como nós, mas eles *se referem* a algo bastante diferente. E, segundo a visão de Putnam, a referência objetiva sobrepuja o significado determinado pelo pensamento.

Embora isso soe plausível, há um problema. O nó é que não é difícil nem implausível virar a questão de cabeça para baixo, sustentando que, embora essa *referência* seja diferente da nossa, o *significado* é o mesmo. Pois enquanto Putnam considera que o significado é independente do pensamento e determinado pela referência, alguém poderia da mesma maneira inverter o raciocínio e sustentar que o significado é independente da referência e determinado pelo pensamento. Em termos fregeanos, a questão é simplesmente se é o sentido (*Sinn*) ou a referência (*Bedeutung*) que deve ser visto como o principal determinante do "significado". E assim, poderia ser sustentado sem anomalia que as pessoas da Terra Gêmea *entendem* por água, com sentido, exatamente o mesmo que nós, mas que, graças a fatores contingentes de seu ambiente, ocorre que elas *se referem* a alguma outra coisa com essa terminologia.

Todavia, também se poderia argumentar que se o nível das considerações fosse deslocado de uma sociedade inteira para um indivíduo particular, então o argumento de Putnam de que "o significado não está na cabeça" é bem colocado. Pois claramente o significado dos termos não é uma questão de convicção pessoal potencialmente idiossincrática, mas de normas socialmente estabelecidas.

E assim, mesmo em uma questão aparentemente tão simples quanto essa a respeito do que as palavras significam, a reflexão cuidadosa indica um complexo maquinário de engrenagens dentro de engrenagens.

Anedotas relacionadas

21. O navio de Teseu, 97
71. A estrela da manhã de Frege, 287

Leituras adicionais

Davidson, Mathew, ed. *On Sense and Direct Reference: Readings in the Philosophy of Language* [Sobre o Sentido e a Referência Direta: Leituras em Filosofia da Linguagem]. Boston: McGraw-Hill, 2007.

Pessin, Andrew, e Sanford Goldberg, eds. *The Twin Earth Chronicles* [*As Crônicas da Terra Gêmea*]. Armonk: M. E. Sharpe, 1996.

Putnam, Hilary. "The Meaning of Meaning" ["O Significado de Significado"]. *Mind, Language, and Reality* [*Mente, Linguagem e Realidade*]. Cambridge: Cambridge University Press, 1975. Reimprime seu artigo "Meaning and Reference" ["Significado e Referência"], *Journal of Philosophy* [*Jornal de Filosofia*] 70 (1973): 197-211, no qual o experimento de pensamento da Terra Gêmea se originou.

97

A prescrição do Dr. Psycho

O paradoxo do Dr. Psycho, do presente autor, fornece mais um exemplo instrutivo das complexidades da decisão racional.[1] Considere o problema colocado por um amigo seu um tanto excêntrico, o Dr. Psychic Psycho, um bioquímico também inteligente, sério, confiável e geralmente sagaz e autoconfiante, que se considera um paranormal clarividente e de fato tem um bom registro passado de previsões estranhas. Depois de vocês terem acabado de comer maçãs juntos, ele surpreende você com a seguinte declaração:

> Tenho notícias interessantes para você. Você deve considerar seriamente tomar essa pílula. Como você sabe (uma vez que nós recentemente determinamos isso juntos), ela contém a substância X, que, como você também sabe (mas consulte esta farmacopeia se estiver em dúvida), é fatalmente venenosa por si mesma, mas ainda assim fornece um antídoto infalível para o veneno Z – embora de fato tenha alguns desagradáveis efeitos colaterais menores. Agora, a maçã que lhe dei, que você acabou de comer, foi envenenada por mim com Z – ou não – em conformidade com minha previsão sobre você tomar ou não tomar a pílula de antídoto. É claro que eu, seu bom e velho amigo, só terei envenenado a maçã se tiver previsto que você

---

[1] Sobre esse problema, ver o artigo do autor, "Predictive Incapacity and Rational Decision" ["Incapacidade Preditiva e Decisão Racional"], *European Review* [*Revista Europeia*] 3 (1995): 325-330.

iria de fato tomar o antídoto. E não se preocupe – como você sabe, sou muito bom em fazer previsões.[2]

A partir desse ponto seu estranho amigo se apressa e desaparece da cena. Qualquer perspectiva de forçá-lo a revelar a verdade desaparece com a partida dele. E um sentimento terrível desce sobre você – você não pode deixar de acreditar nele. De fato, você suspeita fortemente que ele passou por toda essa ladainha para fazer você tomar a pílula problemática. O que você vai fazer? Sua vida parece depender de prever o resultado de tomar aquela pílula.

É claro que você passa a fazer um rápido cálculo de teoria das decisões. Para começar, você mapeia o espectro de possibilidades disponíveis conforme a tabela 1.

Tabela 1. Alternativas sobre as escolhas do Dr. Psycho

Você	*Ele prevê*	*De acordo com ele, você*	*Seu sistema contém*	*Resultado?*
toma	corretamente	toma	Z, X	sobrevive
toma	incorretamente	não toma	X	morre
não toma	corretamente	não toma	nenhum	sobrevive
não toma	incorretamente	toma	Z	morre

Não é um quadro bonito. Afinal, você tem uma chance de morrer quer tome ou não a maldita pílula. O que fazer?

Note que, não importando o que você faça, a mesma situação básica ocorre. Se ele prevê corretamente, você sobrevive; se ele prevê incorretamente, você morre. Uma vez que nada que você faça tem qualquer efeito no resultado (que depende inteiramente da competência dele como adivinho, e, portanto, de circunstâncias que você não pode controlar nem influenciar), não importa o que você faça.

---

2 Ver Nicholas Rescher, *Paradoxes* [*Paradoxos*] (Chicago: Open Court, 2001), 269-275.

O fato é que às vezes a análise racional *subdetermina* a escolha de uma solução aconselhável: não existem quaisquer argumentos convincentes para escolher uma possibilidade em contraposição a alguma outra alternativa. E a presente situação é, por assim dizer, uma prima dessa outra. Em ambos os casos, torna-se impossível dizer com confiança justificada como mesmo um agente idealmente racional procederia. Em tal caso, não existe nenhum auxílio racional: "você paga e se arrisca".

Mas o caso presente tem um outro aspecto. Pois há sempre a possibilidade de que o doutor esteja mentindo – que a única coisa que ele fez com a maçã foi contar uma história fictícia sobre ela. Então você não tem nada a ganhar tomando a pílula. Assim, levando tudo em conta, seria melhor para você deixar as coisas como estão, esperando que o bom doutor seja ou um mentiroso ou um gênio.

Anedotas relacionadas

64. A senhora ou o tigre, 263
94. O dilema do prisioneiro, 377

Leituras adicionais

Campbell, Richmond, e Lanning Sowden. *Paradoxes of Rationality and Cooperation: Prisoner's Dilemma and Newcomb's Problem* [*Paradoxos de Racionalidade e Cooperação: o Dilema do Prisioneiro e o Problema de Newcomb*]. Vancouver: University of British Columbia Press, 1985.

Rescher, Nicholas. *Paradoxes* [*Paradoxos*]. Chicago: Open Court, 2001.

98

Predicados vadios

Muitos logicistas permanecem comprometidos com a assim chamada doutrina intuicionista de que só se pode afirmar apropriadamente que algo com uma certa descrição existe quando é possível de fato fornecer um exemplo concreto desse algo. E trabalhando a partir dessa ideia, vários metafísicos de inclinação positivista afirmam que alegações existenciais só são apropriadas quando exemplos substanciadores podem ser apresentados. Entretanto, há um sério impedimento no caminho dessa abordagem de "mostre-me", a saber, a fragilidade e a fraqueza do intelecto humano e o escopo limitado de nosso conhecimento.

O fato é que é possível fazer referência a um item de maneira oblíqua, de modo tal que, como uma questão de princípio, toda e qualquer perspectiva futura de sua identificação específica seja impossibilitada. Esse fenômeno é ilustrado pelas alegações (claramente inquestionáveis) sobre a existência de:

- uma coisa cuja identidade nunca será conhecida;
- um fato que nunca ocorreu a ninguém;
- uma pessoa que foi absolutamente esquecida por todas as pessoas hoje em dia;
- uma ocorrência que ninguém nunca mencionou;
- um número inteiro que nunca é individualmente especificado.

Tais itens certamente existem. Mas eles são *inacessíveis de maneira identificativa*: identificá-los de modo concreto e específico como portadores do predicado em questão é o mesmo que desfazê-los imediatamente como itens assim caracterizados.

Podemos, é claro, discutir tais indivíduos em geral, e mesmo descrevê-los em certa medida, mas o que não podemos fazer é identificá-los. Eles eludem o alcance da especificidade. Sua inacessibilidade cognitiva faz parte da própria especificação em questão, tal como:

- ser um grão de areia que ninguém nunca notou;
- ser uma pessoa que passou para o esquecimento total;
- ser uma pergunta nunca formulada;
- ser uma ideia que ninguém menciona mais.

Identificar um tal item desfaria automaticamente sua caracterização especificativa. Tais predicados são "vadios", no sentido de *não terem nenhum endereço conhecido ou moradia fixa*. Apesar de terem aplicações, esses predicados não podem ser especificamente exemplificados – eles não podem ser alocados em um ponto particular.

No contexto das deliberações presentes, devemos encarar a perspectiva futura de que o presente "mundo possível ótimo" seja um predicado vadio, no sentido de que, embora seja plausível assegurar que exista (ou que poderia muito bem existir) tal coisa, ainda assim não se pode afirmar que este mundo ou qualquer outra alternativa definitivamente especificável a ele se qualifiquem como portadores desse predicado.

Os predicados vadios denotam a inevitabilidade de áreas de ignorância e incognoscibilidade. A esse respeito, eles são emblemáticos do fato de que uma das áreas mais cruciais, e ainda assim mais problemáticas de investigação, relaciona-se ao conhecimento acerca de nossas insuficiências cognitivas. Por certo não há nenhum problema com a ideia de que Q seja uma questão que não possamos responder. Mas é impossível obter uma designação mais definida de nossa própria ignorância, pois não podemos saber qual é a resposta correta que é desconhecida para nós. Não só na filosofia, mas também na vida cotidiana, devemos estar preparados para abrir as asas do pensamento sobre coisas que têm de ser aceitas "sem ser vistas", sem sermos capazes de encará-las acuradamente para um escrutínio mais próximo.

Anedotas relacionadas

21. O navio de Teseu, 97
76. O rei da França de Russell, 307

Leituras adicionais

Rescher, Nicholas. *Epistemic Logic* [*Lógica Epistêmica*]. Pittsburgh: University of Pittsburgh Press, 2005.

Rescher, Nicholas. *Unknowability* [*Incognoscibilidade*]. Lanham: Rowman and Littlefield, 2009.

99

O quarto chinês de Searle

Os teóricos cognitivos frequentemente sustentam que conhecer um fato é ser capaz de dar respostas corretas a perguntas feitas sobre ele. Mas essa ideia plausível não funciona. Considere os seguintes intercâmbios de perguntas e respostas:

> P: Quando Jones chegará aqui?
> R: Quando ele chegar aqui.
> P: Quando será a próxima chuva?
> R: Da próxima vez que gotas de chuva caírem do céu.
> P: Qual é a raiz quadrada de 2?
> R: Aquele número que, quando multiplicado por si mesmo, gera 2 como produto.

Nestes e em todos os outros casos desse tipo, a resposta está bastante correta, mas não é informativa de modo algum. Consequentemente, a habilidade de dar respostas corretas para perguntas não é necessariamente indicativa de um *conhecimento* substantivo. E estendendo essa ideia ainda mais, o filósofo americano John Searle (1932-) forneceu um argumento convincente no sentido de que a habilidade de dar respostas corretas para perguntas não é nem mesmo necessariamente indicativa de *compreensão*:

> Imagine que eu, que não sou um falante de chinês, esteja trancado em um quarto com vários símbolos chineses em caixas. Recebo um livro de instruções em inglês para combinar símbolos chineses

com outros símbolos chineses, e para devolver montes de símbolos chineses em resposta a montes de símbolos chineses inseridos no quarto através de uma pequena janela. Sem meu conhecimento, os símbolos inseridos através da janela são chamados de perguntas. Os símbolos que devolvo são chamados de respostas para as perguntas. As caixas de símbolos que tenho são chamadas de um banco de dados, e o livro de instruções em inglês é chamado de um programa. As pessoas que me dão as perguntas e que planejaram o livro de instruções são chamadas de programadores, e eu sou chamado de computador. Imaginemos que eu fique tão bom em misturar os símbolos, e os programadores fiquem tão bons em escrever o programa, que eventualmente minhas "respostas" para as "perguntas" sejam indistinguíveis daquelas de um falante nativo de chinês; eu passo no teste de Turing para entender chinês. Mas, ao mesmo tempo, não entendo uma palavra de chinês.[1]

O "tradutor perfeito" que pode responder corretamente a todas as perguntas do formato "Será que a sentença I_1 na linguagem L_1 significa o mesmo que I_2 na linguagem L_2?" é alguém que dominou as relações entre simbolismos. Questões do formato "Como você diria na sua língua o que I_1 significa em L_1?" podem ainda ser totalmente impossíveis de responder para esse tradutor. E toda e qualquer pergunta do formato "Se I_1 em L_1 fosse verdadeira – se, por exemplo, fosse o caso que o enunciado em francês 'Cette femme là vous deteste' ['Aquela mulher odeia você'] fosse verdadeiro – que tipo de resposta da sua parte seria adequada?" ainda poderia deixar o tradutor perplexo na ausência de um corpo considerável de informação contextual.

Portanto, a *compreensão* claramente envolve mais do que a manipulação linguística (a esse respeito os pragmatistas acertaram). Pois o que parece ser crucial para uma compreensão inteligente não é a mera habilidade de fornecer respostas corretas por si mesmas, mas a gestão de um procedimento ou método pelo qual a correção (atual ou pelo menos provável) daquelas

---

[1] John Searle em Samuel Guttenpan, ed., *A Companion to the Philosophy of Mind* [*Um Guia à Filosofa da Mente*] (Oxford: Blackwell, 1994), 546.

respostas possa ser estabelecida: em suma, o que é essencial aqui é o *processo*, em vez do *produto*.

Anedota relacionada

91. O teste de Turing, 365

Leituras adicionais

Searle, John. *Consciousness and Language* [*Consciência e Linguagem*]. Cambridge: Cambridge University Press, 2002.

Searle, John. *Minds, Brains, and Science* [*Mentes, Cérebros, e Ciência*]. Cambridge: Harvard University Press, 1984.

100

A inclinação da curva de sino

O livro de 1994 de Herrnstein e Murray sobre *A Curva de Sino* [*The Bell Curve*] alcançou um sucesso imponente por meio de um escândalo.[1] Pois suas deliberações giravam em torno de uma consideração principal que dizia mais ou menos o seguinte: há uma discrepância estatística em testes de QI entre brancos e negros, que evidencia uma capacidade discrepante de se beneficiar com treinamento e educação. O fato, no entanto, é que qualquer inspeção detalhada do assunto mostra que esse fantasma imaginário de terríveis consequências é uma proposição muito duvidosa. Para trazer isso claramente à luz, é útil considerar um caso que tem substancialmente a mesma estrutura, mas uma carga emocional muito menor.

O caso de comparação que vale a pena ponderar é o da diferença entre masculino e feminino no contexto da longevidade. Vamos tomar como algo admitido – como é certamente plausível com base nas evidências disponíveis no presente – que a expectativa de vida de homens e mulheres representa uma característica desejável que é, além disso, mensurável, biologicamente determinada, e significativamente insensível a manipulações (adicionais) de políticas sociais em sociedades tecnológicas já avançadas. E considere também admitido que – como indicam todas as evidências

---

[1] Richard J. Herrnstein e Charles Murray, *The Bell Curve: Intelligence and Class Structure in American Life* [*A Curva de Bell: Inteligência e Estrutura de Classes na Vida Americana*] (Nova Iorque: Free, 1994).

disponíveis – as mulheres têm a vantagem sobre os homens a respeito dessa característica em particular, com apenas um homem a cada três ou quatro sobrevivendo ao tempo de vida médio para as mulheres. Será que essa situação por si mesma justifica quaisquer conclusões sobre a instituição de políticas sociais que afetem diferencialmente os interesses de homens e mulheres?

Considere as possibilidades. Será que a existência de uma discrepância na curva de sino para a expectativa de vida de homens e mulheres implica que a sociedade deveria investir mais em saúde para os homens do que em saúde para as mulheres? Será que isso significa que, uma vez que os homens têm menos anos para desfrutar dos benefícios da vida, algo deveria ser feito para beneficiá-los de alguma maneira compensatória? Será que isso significa que, uma vez que as mulheres têm mais anos inativos por ano de vida produtiva do que os homens, seus direitos anuais sobre benefícios socialmente distribuídos são diminuídos? A resposta aqui é claramente: *nenhuma das alternativas acima*. O fato de que as mulheres vivem mais tempo do que os homens não tem por si mesmo nenhuma implicação sobre como os bens e males de uma sociedade deveriam ser distribuídos entre eles. É – ou deveria ser – perfeitamente claro que, no caso da longevidade diferencial de homens e mulheres, simplesmente não há quaisquer considerações válidas de políticas públicas que beneficiariam justamente um grupo em contraposição ao outro. Quer você seja um igualitarista que deseja que todos sejam tratados da mesma maneira, ou um chauvinista que pensa que um grupo deveria ser beneficiado em detrimento do outro – de qualquer maneira, a discrepância da curva de sino por si mesma não faz nada para ajudar ou prejudicar sua causa.

Uma lição importante aqui se relaciona ao que poderia ser chamado de princípio da homogeneidade temática na teoria da inferência racional. O princípio tem o seguinte formato: se uma inferência convincente deve produzir uma conclusão de um certo tipo como resultado, então as premissas também devem constituir entradas desse mesmo tipo.

Esse princípio se aplica diretamente ao caso presente. Estatísticas são uma questão de relatórios puramente factuais. Assim, se uma conclusão final deve emergir, deve haver premissas de política substantivamente comprometidas, para além desses relatórios estatísticos, que possam suportar o peso probatório da argumentação.

Por si mesmas, tais disparidades estatísticas não tem quaisquer implicações para as políticas. Somente em conjunção com algo que seja em si mesmo um princípio substancial de política – seja ele explícito ou implícito, tácito ou visível – é que elas podem ter implicações para as políticas. Elas só podem funcionar como premissas menores em argumentos com uma premissa política maior. E então será aquela premissa política maior que suportará o peso e fará o trabalho real. Nenhuma conclusão socialmente adversa pode ser tirada das estatísticas de Herrnstein-Murray por si mesmas.

Anedotas relacionadas

72. Os suicídios de Durkheim, 291
88. A ameaça de Boulding, 355

Leituras adicionais

Rescher, Nicholas. "The Bell Curve Revisited" ["A Curva de Sino Revisitada"]. *Public Affairs Quarterly* [*Assuntos Públicos Trimestral*] 9 (1995): 321-330.

101

A demolição de Derrida

O filósofo francês Jacques Derrida (1930-2004) é mais conhecido por desenvolver um método de análise textual que se tornou conhecido como desconstrução. Uma grande parte de sua fama é devida à obscuridade deliberadamente urdida de sua escrita (e, sem dúvida, também de seu pensamento).

O ocultamento pela linguagem é a senha aqui. Assim, Derrida escreve:

> A diferença sexual primordial é tenra, gentil, pacífica; quando aquela diferença é atingida por uma "maldição" [...] a dualidade ou duplicidade do dois torna-se uma oposição desenfreada, de fato bestial. [...] Esse esquema não se encaixaria nem na teologia metafísica nem na teologia eclesiástica. Mas a primordialidade (pré-platônica, pré-metafísica ou pré-cristã) à qual Heidegger nos convoca para retornarmos [...] não tem *nenhum outro conteúdo e nem mesmo outra linguagem* senão o do platonismo e do cristianismo. Essa primordialidade é simplesmente aquele início a partir do qual coisas como a metafísica e o cristianismo são possíveis e pensáveis. Mas isso constitui sua origem arquimatinal, e seu horizonte ultraocidental não é nada senão esse vazio de repetição, no sentido mais forte e mais incomum desse termo.[1]

O que isso significa, e qual é seu objetivo, é em grande medida "deixado como um exercício para o leitor" – e muitos acadêmicos ficam felizes em responder ao desafio.

---

1 Jacques Derrida, "Geschlecht II" ["Sexo II"], em *Deconstruction and Philosophy* [*Desconstrução e Filosofia*], ed. J. Sallis (Chicago: University of Chicago Press, 1987), 193.

A posição de Derrida já estava incorporada no famoso dito de Talleyrand de que "a fala foi dada ao homem para distinguir seu pensamento". Pois o que está em questão é efetivamente uma teoria da conspiração acerca do discurso. Aplicando esse princípio à análise de textos, o objetivo da desconstrução não é elucidar, esclarecer, tornar explícito, mas antes sugerir significados ocultos, agendas escondidas. No que diz respeito ao texto, o que está na página impressa importa menos que o que está escondido da vista, sugerido, implicado, indicado. A unidade da desconstrução está em encontrar no texto aquilo que seu autor busca ocultar – e do qual talvez nem mesmo tenha consciência.

O conflito entre os desconstrucionistas e seus críticos reflete assim uma profunda divergência de visões sobre o papel dos textos na comunicação. E nesse ponto o texto não mais pertence a seu autor, mas sim a seus intérpretes. Onde os filósofos analíticos buscaram encontrar a verdade nos detalhes do discurso, o que os devotos da desconstrução veem a si mesmos como encontrando é em grande medida a incompreensão e a autoilusão, e na medida em que tal teoria do discurso filosófico se sustenta, somos levados de volta ao ponto de partida do conto da Torre de Babel.

Anedotas relacionadas

1. A torre de Babel, 21
44. O limite textual de Leibniz, 189
66. O esquilo de William James, 267

Leituras adicionais

Norris, Christopher. *Derrida*. Cambridge: Harvard University Press, 1987.

Sallis, John, ed. *Deconstruction and Philosophy: The Texts of Jacques Derrida* [*Desconstrução e Filosofia: os Textos de Jacques Derrida*]. Chicago: University of Chicago Press, 1987.

ÍNDICE DE NOMES

Nota: quando os indivíduos são tema de uma anedota, eles e as subsequentes referências de páginas da anedota aparecerão em **negrito**.

Ackrill, J. L. – 85
Ackroyd, Peter – 147
Aécio de Antioquia – 47
Agostinho de Hipona, Sto. – 80, **103-105**, 116, 189(n)
Aldrich, Henry – 23, 201-203
Alfonso X – 119-122, 198, 236, 296
Anaxágoras – 55-56
Anaximandro de Mileto – **39-41**, 57, 236
Angell, Norman – 137, 156, 224, 273, **313-315**
Annas, Julia – 65
Ariosto – 170
Aristóteles – 15, 33, 33(n), 34, 39, 40, 59(n), 60(n), **79-80**, **81-85**, **87-91**, 95(n), 105, 112(n), 127, 131, 256, 294, 318, 329, 344, 356
Armas, Frederick A. de – 172
Armstrong, Karen – 31
Arquimedes – **95-96**, 191(n), 309
Arrow, Kenneth J. – 233
Austin, John L. – **357-359**, **361-363**
Averróis – 31, 48, 94, 102, **131-134**, 213, 230, 254, 256, 260, 264, 269, 327, 335, 344
Avicena – 94, **109-110**, 266
Axelrod, Robert – 273, 379
Ayer, A. J. – **347-349**, 369

Bacon, Francis – 93, 352
Bardon, Adrian – 105
Barnes, Jonathan – 34, 43
Barnes, T. D. – 102

Baroise, Jon – 60
Beeley, Philip – 189(n), 191, 285
Beethoven, Ludwig von – 253
Bergh, Simon van den – 134
Berkeley, George – 22, 334
Bignon, abade – 189
Black, Duncan – 233
Black, Max – 28
Borel, Émile – 53, 191, **303-305**
Borges, Jorge Luis – 24, 192, 283, 285, 304
Boulding, Kenneth – 206, 248, **355-356**, 403
Bowler, Peter J. – 273
Bradley, F. H. – 104
Braithwaite, Richard B. – 326
Brandom, Robert – 133(n)
Bregman, Jay – 57
Broadie, Sarah – 73
Burchfield, J. D. – 261
Buridano, Jean – 96, **111-114**, 266
Burnet, John – 29(n), 31, 36, 40, 47(n), 48, 280(n)
Burns, Robert – 119(n), 121

Cahn, Steven M. – 28, 117
Calderón de la Barca, Pedro – 159, **169–172**
Campbell, Richmond – 391
Casas, Bartolomé de las – 142, 143
Cathcart, Thomas – 383
Chammah, A. M. – 380
Chardin, Pierre Teilhard de – 73, 248, **337-339**
Charlesworth, C. B. – 300
Charlesworth, D. – 300
Chisholm, Roderick M. – 99, 345
Christie, Agatha – 352
Church, Ralph W. – 210
Cícero – 59(n), 60(n)
Clark, Michael – 203
Clausewitz, Karl von – 136

Collingwood, R. G. – 22, 24, 31, 166, 179, 264, 270, 312, 327, **329-332, 333-336**, 344
Condorcet, M. J. A. de – 156, **231-233**, 374, 379
Copérnico, Nicolau – 161
Copleston, Frederick C. – 114, 124, 239
Couturat, Louis – 190(n)
Coyne, Jerry A. – 249
Crombie, I. M. – 69
Cutler, Sir John – 97

Danton, Arthur C. – 323
Darwin, Charles – 224, **247-249**, 271, 272, 299
Della Rocca, Michael – 180
Demétrio Falereu – 97
Demócrito de Abdera, 27–28
Derrida, Jacques – 322, **405-406**
Descartes, René – 94, **157-160**, **161-163**, **165-167**, 169, 172, 190, 193, 210, 353
Despland, Michel – 230
Dick, Steven J. – 53, 183
Diógenes – 47
Diógenes Laércio – 35, 280(n)
Dodd, Tony – 134
Dresher, Melvin – 377
Duchamp, Marcel – **321-323**, 371
Duhem, Pierre – 112-113(n)
Dummett, Michael – 292(n)
Durkheim, Émile – 40, **291-294**, 403

Edmonds, David – 325(n), 326(n), 328, 381(n), 383
Eidinow, John – 325(n), 326(n), 328
Epimênides – **59-61**
Esopo – **25-28**, 113, 233, 264, 269, 362, 374, 379, 383
Espinosa, Bento – 22, 166, **177-180**, 284
Etchemende, John – 60
Ettlinger, Max W. – 189(n)
Eubulides de Mégara – 59-60

Euclides – 127, 165
Evans, Melbourne G. – 85
Ewing, A. C. – 216

Faquarson, Robin – 233
Filipe II – 141
Fisher, Alec – 28
Flood, Merrill – 377
Foot, Philippa – 381, 382, 383
Frege, Gottlob – 60, 128, 202, **287-289**, 309, 386

Gale, Richard – 270
Gardner, Martin – 61
Gettier, Edward – 77, 78
Giges, o Pastor – **67-69**, 220
Gilson, Etienne – 131(n), 134
Goethe, Johhann Wolfgang – 149, 150, 152
Grayling, A. C. – 310
Grumett, David – 339
Guy, John – 147

Hahn, Charles H. – 36, 41
Harrington, Joseph E. – 379
Hawking, Stephen – 105
Hawley, Katherine – 46
Heath, T. L. – 34, 46, 191(n)
Hegel, G. W. F. – 155, **235-236**, 338
Heidegger – 405
Heilbronner, Robert – 207
Heine, Heinrich – 280
Hempel, Carl G. – 349
Henrique VIII – 145
Henry, Desmond Paul – 125
Henslin, James M. – 294
Heráclito – **35-37**, 45, 80, 99, 105, 280, 282
Herrnstein, Richard J. – 401, 403
Hill, C. T. – 41

Hintakka, Jaakko – 82(n)
Hobbes, Thomas – 64, 97, 137, **153-156**, 206, 272, 314
Hodge, David – 37
Hodge, Hi-Jin – 37
Horácio – 88
Howard, Nigel – 233, 380
Huemer, Michael – 78
Hume, David – 163, **209-210**, **211-213**, 256, 335
Hunter, Graeme – 175
Huygens, Christiaan – 52, 143, **181-183**, 300

Inglis, Fred – 336
Inwood, Michael – 236
Irwin, Terence – 69

Jacobs, W. W. – 122, 295, 297
James, William – 22, 57, 110, 117, 132, 134, 253, 253, 257, **265-266**, **267-270**, 406
Joachim, Harold Henry – 91
Johansen, T. K. – 73
Johnson, Peter – 332, 336
Jorden, Jeff – 175
Jorgensen, Jorgen – 349
Judson, Lindsay – 83(n)

Kahn, Charles H. – 34, 41
Kahneman, Daniel – 375
Kant, Immanuel – 22, 23, 48, 69, 90, 104, 137, 146, 210, **215-217**, **219-221**, **223-225**, **227-228**, **229-230**, 235, 236, 255, 256, 257, 272, 314, 331, 332, 334, 335, 362, 383
Kaufmann, Walter – 277, 280(n), 282
Kelly, J. N. D. – 102
Kelvin, William Thomson, Lorde – 33, 254, **259-261**
Kenny, Anthony – 289, 328
Khayyám, Omar – 80, **115-117**, 121, 214, 230
King, A. G. – 261
Kirk, G. S. – 31, 34, 36(n), 37, 41, 46, 48, 51(n), 53

411

Kirkham, Richard L. – 94
Kosto, Bart – 318
Kotarbiński, Tadeusz – 269(n)
Kropotkin, Peter – 156, 206, 220, 224, **271-273**
Kuehn, Manfred – 217, 220, 225, 228
Kyburg Jr., Henry E. – 312

Larson, E. J. – 300
Lasswitz, Kurd – 53, 191, **283-285**, 304
Leavitt, David – 367
Lederman, Leon – 41
Leibniz, G. W. – 22, 52, 56, 57, 73, 121, 122, 166, 169, 171(n), 172, **177-180**, **189-192**, **193-196**, **197-199**, 210, 216, 228, 236, 282, 283, 284, 285, 296, 304, 334, 367, 406
Lesher, J. H. – 31
Leucipo de Mileto – 47
Locke, John – 57, 110, **185-187**, 284
Lodge, R. C. – 69
Lukacher, Ned – 280(n), 282

Machiavelli [Maquiavel], Niccolò – 23, 64, **135-138**, 146
MacIntyre, Alasdair – 177(n)
Mandeville, Sir Bernard – 64, 146, 151, 156, **205-207**, 239, 356
Manuel, Frank Edward – 147
Manuel, Fritzie Prigohzy – 147
Marlowe, Christopher – 149, 150(n), 152
Matusalém – 355, 356
Maugham, W. Somerset – 115, 116(n)
Maurer, Armand – 129
Mayer, Bryan – 239
McCabe, Herbert – 245
McInerny, Ralph M. – 134
Meinong, Alexius – 307
Melsen, Andrew G. van – 49
Mill, John Stuart – 69, 151, **243-245**, 266
Miller Jr., Fred D. – 345
Minio-Paluello, L. – 112(n)

Montesquieu, Charles de – 64
Moore, George Edward – 162, 163
More, Thomas – 64, 135, 137, **145-147**, 224
Moser, P. K. – 78, 94
Mulder, H. – 78, 94
Murray, Charles – 401, 403
Myers, Gerald E. – 270

Newman, James R. – 34
Newton, Isaac – 33
Nicolovius, Friedrich – 223
Nietzsche, Friedrich – 36, **275-277**, **279-282**, 284
Noonan, Harold W. – 213
Norris, Christopher – 406

O'Hara, John – 117
Orígenes – 189(n)

Pakaluk, Michael – 91
Pallen, Mark J. – 249
Parmênides – 104
Parrish, John M. – 138
Pascal, Blaise – 110, **173-175**
Passmore, John A. – 199, 292(n), 328, 349
Peirce, C. S. – 352
Pilatos, Pôncio – **93-94**, 110, 134, 348
Pitágoras – **33-34**, 72, 73, 85, 228, 318
Platão – 15, 36, 55, 56(n), 57, **63-65**, **67-69**, **71-73**, **75-78**, 79, 93, 94, 112(n), 128, 135, 137, 146, 153, 156, 159, 166, 169, 189(n), 220, 228, 295, 296(n), 307, 338, 359
Plotino – 295(n)
Plutarco – 97, 99
Popkin, Richard – 180
Popper, Karl R. – 325, 326, 348, **351-353**
Poundstone, William – 380
Prescott, William H. – 143
Price, Daryl H. – 65, 69

Protágoras – 30
Pruss, Alexander R. – 41, 180
Pryor, Sara A. – 251(n)
Putnam, Hilary – 78, 183, **385-387**
Pyle, Andrew – 49

Quine, W. V. – 308, 309, 310

Rahman, Fazlur – 109(n), 110
Randall, John Herman – 334(n), 336
Rapoport, A. – 380
Raven, J. E. – 31, 34, 36(n), 37, 41, 46, 48, 51(n), 53
Recco, Greg – 65, 69
Rey, Abel – 282(n), 287(n)
Richardson, Lewis Fry – 34, 45, 85, 90, **317-319**
Robespierre, M. M. I. de – 276
Rohl, David – 24
Rorty, Richard – 163
Ross, W. D. – 40, 82(n), 85, 87(n), 90, 91
Rousseau, Jean-Jacques – 154, 155, 156
Ruickbie, Leo – 152
Runciman, W. – 78
Russell, Bertrand – 76, 78, 96, 171, 195, 196, 236, 288, **307-310**, **311-312**, 325, 326, 395
Ryle, Gilbert – 164

Salmon, Wesley C. – 44(n), 46
Saxe, John Godfrey – 28, 94, 179, 230, **251-254**, 260, 312, 353, 371
Sayers, Sean – 65, 69
Schofield, M. – 31, 34, 36(n), 37, 41, 46, 48, 51(n), 53
Schopenhauer, Arthur – 112(n), **237-239**
Searle, John – 57, 78, 143, 172, 196, 353, 367, **397-399**
Shakespeare, William – 142, 143, 303
Sharlu, H. I. – 261
Shaw, G. B. – 301
Shoemaker, Sydney – 345
Siger de Brabant – 132

Simmel, Georg – 281(n)
Simon, Herbert – 28, 34, 85, 90, 159, 175, 233, 245, 276, 296, 353, 362, **373-375**, 379, 383
Simônides de Ceos – 36
Simplício – 95(n)
Singer J. D. – 315
Slovik, Paul – 375
Small, Melvin – 315
Smith, Nicholas D. – 345
Smith, W. T. – 24
Sócrates – 40, **55-57**, 68, 75, 76, 112(n), 187, 196, 266
Sonneborn, Liz – 134
Sorenson, Roy A. – 96
Sowden, Lanning – 391
Spade, Paul V. – 125
Spaight, Robert – 339
Spencer, Herbert – **255-257**
Stalin, Joseph – 137
Sternfeld, Robert – 203
Stevens, Rex Patrick – 221
Stevenson, C. L. – 369
Stockton, Frank R. – 263, 264
Strauss, Leo – 138
Striker, Gisela – 82(n)
Stump, Eleonore – 129
Swanton, Christine – 245
Swinburne, Richard – 345

Tanner, Michael – 277
Taylor, C. C. W. – 49
Taylor, Charles – 236
Teeteto – 75, 76, 77, 78, 307(n)
Tertullianus [Tertuliano], Quintus Septimus – **101-102**, 128, 134
Terzis, George N. – 88(n)
Thomas, William – 259
Thompson, Kenneth – 294
Tito, Josip B. – 137

Tomás de Aquino, Sto. – 123, 125, **127-129**, 132, 174, 335
Tomasello, M. – 24
Tomkins, Calvin – 323
Trasímaco – 137
Trout, J. D. – 78, 94
Tucker, A. W. – 377
Turing, Alan – 57, 143, 196, 270, **365-367**, 399
Tversky, Amos – 375
Twain, Mark – 95, 251

Urmson, J. O. – 164, 359, **369-371**

Van Pelt, Miles – 319
Voltaire, F. M. A. de – 198, 199

Wallis, W. T. – 57
Warnock, G. J. – 359
Wells, H. G. – 183, 248, **299-301**, 322, 338, 367
Whitaker, C. W. A. – 80
White, N. P. – 78
Whitehead, A. N. – 195, 196
Whittaker, Thomas – 57
Williams, J. D. – 380
Wittgenstein, Ludwig – 163, 164, **325-328**, 332, 348
Wood, Allen W. – 221, 228

Xenófanes de Cólofon – **29-31**, 48, 96, 102, 183, 254, 256, 260, 327, 344, 371

Zenão de Eleia – 36, **43-46**
Zupko, Jack – 114

Esta obra foi composta em CTcP
Capa: Supremo 250g – Miolo: Pólen Soft 80g
Impressão e acabamento
Gráfica e Editora Santuário